臨終の住まいの建築論

西村　謙司

中央公論美術出版

亡き妹に捧げる

撮影：金井杜道（Kanai, MORIO）

口絵1　恵心僧都像　滋賀・聖衆来迎寺

撮影：金井杜道（Kanai, MORIO）

口絵2　山越阿弥陀図　京都・金戒光明寺

写真提供：中央公論新社

口絵3　西仙房心寂　臨終場面　法然上人絵伝　京都・知恩院

写真提供：中央公論新社

口絵4　野宮左大臣公継　臨終場面　法然上人絵伝　京都・知恩院

口絵5　中将法如尼像　奈良・当麻寺

口絵6　極楽堂から娑婆堂へ来迎する
二十五菩薩　奈良・当麻寺

口絵7　娑婆堂で来迎を待つ中将法如尼　奈良・当麻寺

口絵8　中将法如尼の往生讃嘆場面　奈良・当麻寺

口絵9　法如尼化生像を棒持し来迎橋を往還する観音・勢至菩薩　奈良・当麻寺

口絵10　娑婆堂から来迎橋と極楽堂を見る　奈良・当麻寺

口絵11　来迎橋を渡る二十五菩薩　奈良・当麻寺

口絵12　法如尼化生像と観音菩薩
奈良・当麻寺

口絵13　東に大和三山と奈良盆地がひろがる
来迎橋　奈良・当麻寺

目次

第二部　「臨終の住まい」のあり方

第三部　「臨終の住まい」の諸相

臨終の住まいの建築論

本書は、独立行政法人日本学術振興会平成二十年度科学研究費補助金（研究成果公開促進費）の交付を受けた出版である。

序文

今から遡ることおよそ千年前の十世紀末、比叡山横川の恵心僧都源信によって『往生要集』という書物が記されれた。その第一章にあたる大文第一〈厭離穢土〉では、地獄、餓鬼、畜生、阿修羅、人、天の相が明らかにされるとともに、それらが厭離されるべき場所であることが説かれている(1)。例えば、人道は、不浄、苦、無常の相を顕す場所であり、「人道かくの如し。実に厭離すべし(2)」とされている。他方、第二章にあたる大文第二〈欣求浄土〉では、〈厭離穢土〉をふまえて、浄土が欣求されるべき理想の場所であり、そこへ往生すべきことが記されている。以下『往生要集』では、厭離穢土・欣求浄土の実践行為として「念仏」のあり方が縷々説かれている。

そのような浄土の教えは、律令制度や鎮護国家仏教の瓦解に伴うこの時代特有の現世否定的な社会動向、そうした社会状況と共に浮上してきた無常感、さらには仏教の末世観の浸透、と響き合って、比叡山の僧侶のみならず広く貴族層にも受容され、「藤原時代の浄土教(3)」と言われる一つのムーブメントを時代の中に形成した。同時に、その浄土教をふまえて多くの芸術作品が制作され、「浄土教美術」、「来迎芸術」として、現在我々が眼にすることのできる形で結実している。

石田一良は文化史学の立場から、「浄土教美術」を恵心教美術、法然教美術、親鸞教美術と大きく三つに分類し、浄土教美術の歴史的展開のあり方と個々の作品の宗教美術的意義を明らかにしている(4)。研究材料である作品の多くは絵画・彫刻であり、特に称名を大切にした法然、親鸞に関わる美術作品として建築が取りあげられることは少ないが、「観想」を重視した源信に関わる美術作品の中では、建築が問題にされることがあり、恵心浄土教と建築の間に親密な関わりがあることを知ることができる。

また、大串純夫は美術史学の立場から、恵心浄土教と関わりの深い「来迎芸術」のあり方を問題にし、「「来迎芸術」の成立基盤を広い視野から立体的に再構成[5]」することを試みている。有名な「来迎芸術論」では、迎講の発展過程が表1のように示され、比叡山で伝統的に行われてきた念仏行事の延長上に迎講を位置づけ、さらにその延長上に当麻寺の踟供養を位置づけている。また、表2のような表も提示されており、時とともに変化する念仏の形式に応じて、念仏の道場や来迎芸術の形式が変容していると考えられていることがわかる。すなわち、大串の研究方針は、「浄土教思想を論理的に表現した源信のテキストの世界と、浄土往生の願望を美的に表現した仏画《イコン》の世界とを儀礼的に媒介する行為的表現[6]」である「迎講」を研究の軸にすえ、「恵心僧都の思想と「迎講」や来迎図の関係[7]」を通して「来迎芸術」の成立基盤を明らかにするというものである。当時の「宗教・芸術運動を根本のところで動機づけ方向づけたのが平安時代の中期に活躍した恵心僧都・源信であり、かれの主著『往生要集』であった[8]」とし、『往生要集』との関連を通して来迎芸術のあり様を明らかにしようとする試みであり、総じて、来迎芸術の本質が「死の芸術の誕生」としてとらえられ、あわせてその歴史的展開の相が丹念にたどられている[9]。

本研究は、これら先学の研究成果の教示によって研究の指針を得、恵心僧都源信による浄土の教えとともに構築された建築のあり方を、そこで営まれた行為の解明を通して明らかにする試みである。

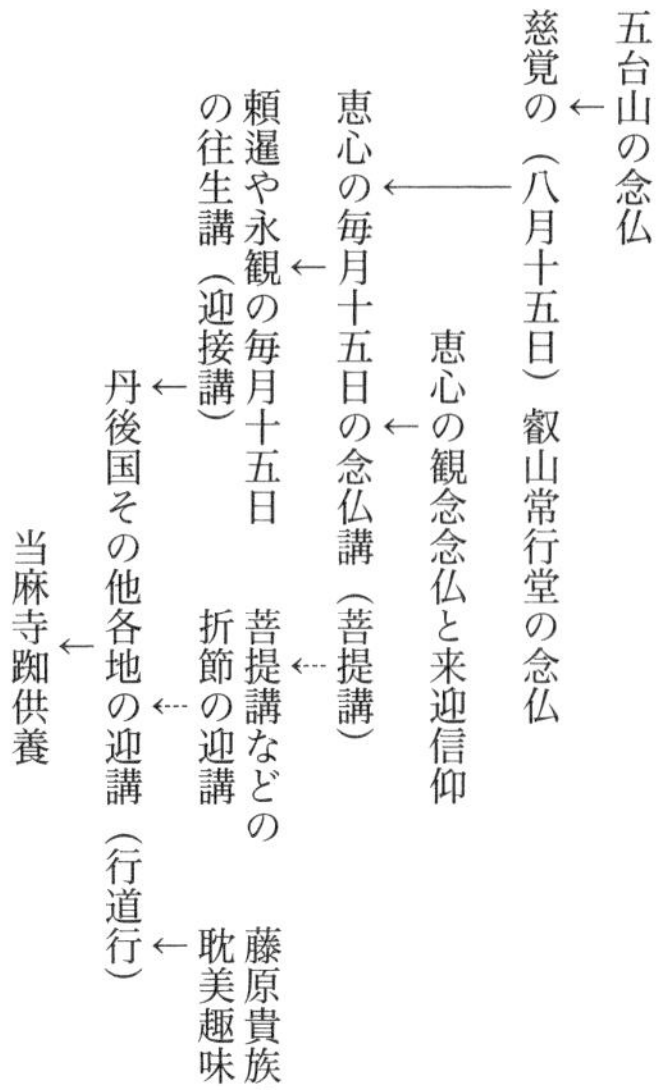
五台山の念仏
慈覚の（八月十五日）叡山常行堂の念仏
恵心の観念念仏と来迎信仰
恵心の毎月十五日の念仏講（菩提講）
頼暹や永観の毎月十五日の往生講（迎接講）
菩提講などの折節の迎講
藤原貴族の耽美趣味
丹後国その他各地の迎講（行道行）
当麻寺踟供養

表1　迎講の発展過程

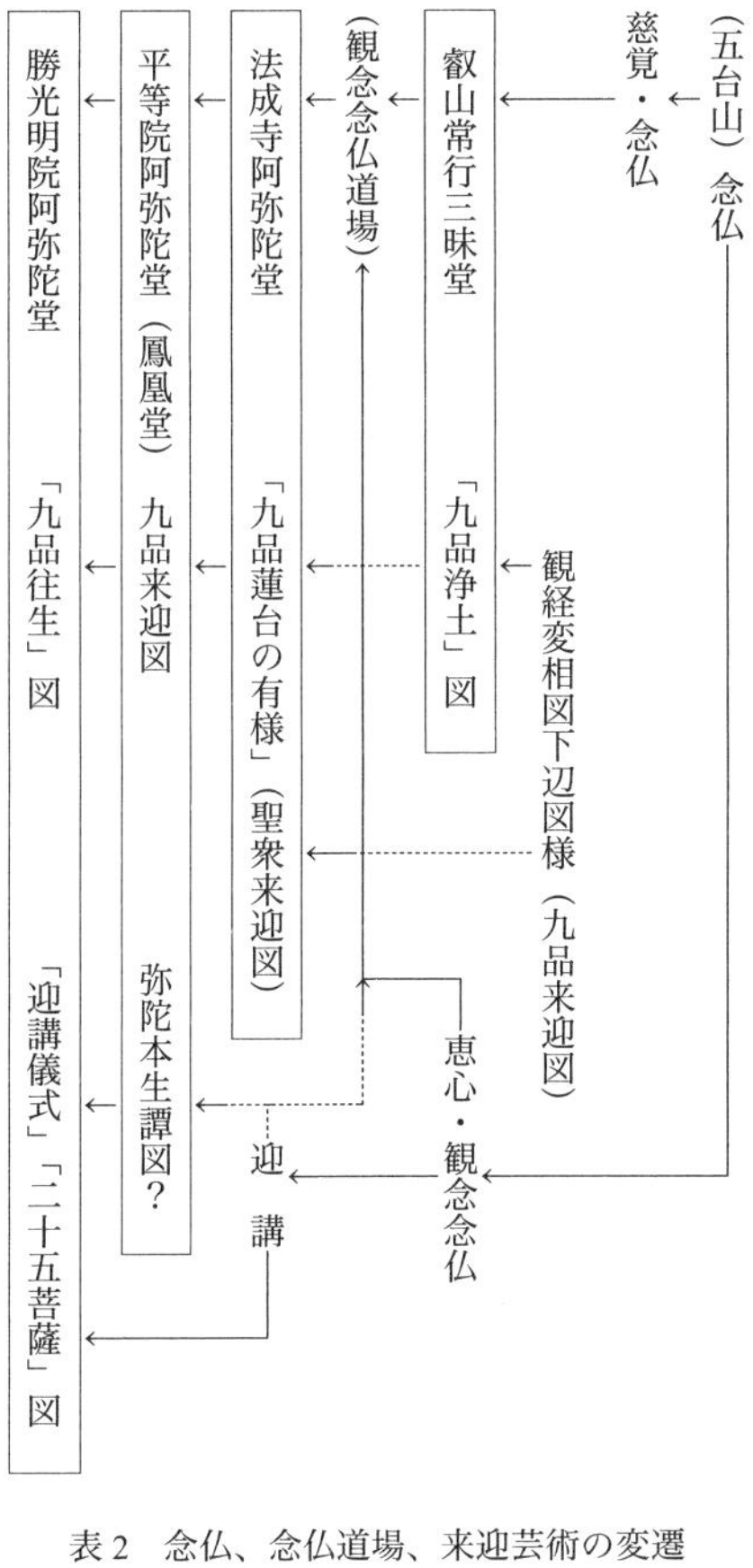
（五台山）念仏
慈覚・念仏
観経変相図下辺図様（九品来迎図）
叡山常行三昧堂
「九品浄土」図
恵心・観念念仏
（観念念仏道場）
法成寺阿弥陀堂
「九品蓮台の有様」（聖衆来迎図）
迎講
平等院阿弥陀堂（鳳凰堂）
九品来迎図
弥陀本生譚図？
勝光明院阿弥陀堂
「九品往生」図
「迎講儀式」「二十五菩薩」図

表2　念仏、念仏道場、来迎芸術の変遷

一方、西洋の歴史の中で育まれてきた「建築」という概念は、近代の幕開けとともに日本に導入され、それ以降様々な形をとって展開・構築されてきた。(10) ある概念の展開・構築の歴史は、同時に反省の歴史でもあり、「建築」という概念の見直し再構築は、日本では先ず、ギリシアへの帰還、西洋の知の源への遡行に拠って試みられた。森田慶一によって、「建築」に「原理的知識をもち、職人たちの頭に立ち、諸技術を統べ、制作を企画し指導しうる工匠の技術」(11)という日本語の定義が与えられたのはこうした洞察の賜物である。他方、森田による西洋へのまなざしとは逆に、同じ分離派の堀口捨己は東洋とりわけ日本における「(建築)」概念の発掘を行った。(12) 伊東忠太、丹下健三、増田友也達が日本・朝鮮・中国・インドへ向かう動向もまた、こうした潮流に重なっている。(13) とりわけ増田は、西洋・東洋の枠を越えた「建築以前」(14)という所にまで遡り、そこから改めて「生活環境の構成」(15)として、新たなる世界における建築概念の構築を試みた。

そのような背景を経て、玉腰芳夫は古代日本の「すまい」を「生きられる空間」として解明することを試み、その後「浄土教建築の建築論的研究」という、人間の根本問題である生死を主題とした「すまい」の建築論的研究に取りかかった。(16)

現在、増田の言う「生活・環境の構成」は、「場所の構造」と捉え直され、建築的場所論として建築論研究が進展している。その成果として『建築的場所論の研究』が刊行されている。(17) その序論「〈場所〉ということ」では、日本の建築論研究の動向とともにヨーロッパの建築論研究者であるクリスチャン・ノルベルグ＝シュルツの建築的場所論が紹介され、シュルツが、「ハイデッガーの〈住まうこと〉、〈建てること〉をふまえて、実存的意味における〈住まうこと〉が建築の目的であり、〈住まうこと〉を可能にする場所をつくることが建築に課せられた課題である[18]」としていることが審らかにされている。また、「玉腰芳夫や西垣安比古のめざした建築論的トポス志向は、即物的事象を超えた、人間の身体性―精神性のものであった。それは、上田閑照のいうような個別的な場所つまり諸場所の、その総体としての場所、さまざまな場所を包括する最終的な場所を解き明かそうとする、建築的場所を哲学的・人間学的に捉えようとする学問《ヴィッセンシャフト》（スキエンチア）である。それが建築論の課題である[19]」としている。これらのことから、建築論の課題は、一．〈住まうこと〉のあり方を言論において明らかにすること[20]。二．「場所」の成立構造の解明を試みること[21]。にあるとすることができ、現在、既往研究をふまえて建築論研究を行うのであれば、この二点を研究課題として論考を進めるべきことがわかる。

本研究は、上述の既往研究に導かれて、「住まう」ことの解明と「場所」の構造究明を試みるものである。なかでも、とりわけ本研究が「臨終」に着眼するのは、「死への先駆こそが我々を本来的な実存へともたらし、真に「すまう」ことの可能性を拓いてくれる[22]」と言われている事に拠る。すなわち、死は、他人事ではなく、各自が引き受けなければいけないところの存在の喪失であり、代理が不可能な出来事である。それ故、死は「それぞれの人の固有な真実の存在そのもの、各自自身の固有な実存[23]」を顕す出来事として捉えられる。それが、本来的に「住まう」ことのあり方と本来的に「住まう」ことの成立する場所（「人間存在の根拠[24]」）の究明への糸口として「臨終の住まい」という特殊な事例を選んだ所以である。

また、本研究が問題にする「臨終の住まい」が営まれる浄土教建築では、「物的、感覚的場所と仏法の法界（浄土）という絶対的場所との存在論的差異そのことが問題化[25]」すると考えられる。つまり、浄土教建築においては、「物的、感覚的場所」と「仏法の法界（浄土）という絶対的場所」と言う二つの場所の差異と即一のあり様が問題になる。それ故、浄土教建築という事例を問題にすることによって、「場所」の重層構造が具体的な問題を含んで明らかになる可能性があると考えられる。〈物的、感覚的場所としての仏堂〉と〈絶対的場所としての浄土〉との関わり合いのあり様を解明することによって、両者の関係を構造的に明らかにし、「場所」の成立構造の究明につなげたいと考えている。

本研究の指針は以上の通りであるが、以下、研究の具体的な方針を明らかにしておきたい。

先ずはじめに、第一部第一章で、臨終の場所を「建てる」ことのあり方の解明を試みる。ここでは、『栄花物語』を研究材料とし、「殿」(藤原道長)が臨終を迎える場所となる「御堂」を「建てる」ことのあり方を明らかにすることを試みる。臨終の場所を「建てる」ことの動機、目的、方法の解明を中心にした論考を行う。

第二部は、三つの章によって構成され(第二章・第三章・第四章)、臨終の場所に「住まう」ことのあり方を明らかにするとともに臨終の「場所」の構造究明を試みる。

第二章では、第一章の論考を受けて、『栄花物語』巻三十〈つるのはやし〉に叙述されている「殿」の臨終場面を研究材料とし、「殿」が臨終の時に営んだ「住まい」のあり方を、諸場所の構造とともに明らかにする。

第三章では、『栄花物語』で叙述されている「殿」の「臨終の住まい」の原型を提示していると考えられる『往生要集』の読解を通して、「臨終の住まい」のあり方の原理的解明を試みる。

第四章では、形式化された「臨終の住まい」の事例として、「臨終行儀」を取りあげ、『往生要集』を通して営まれた「臨終の住まい」の諸形式の特徴と形式化のあり様を明らかにするとともに、諸形式を通じて見られる場所的特性を「臨終の住まい」の形式的特質として解明することを試みる。

第三部も、三つの章によって構成され（第五章・第六章・第七章）、そこでは『往生要集』の「臨終行儀」をふまえて営まれたと考えられる「住まい」の諸事例を取りあげ、その個々について建築論的に論考を試みる。

第五章では、『往生要集』以後の「臨終の住まい」の歴史的展開の様子を明らかにする。

第六章では、「臨終の住まい」の形式化という観点から、「迎講」の形式と内容、そして「迎講」の形式変化の様子を明らかにする。

第七章では、形式変化をともなって史的に展開してきた迎講の集大成的な位置づけを担っている当麻寺の練供養の舞台空間の構造と建築的意義をその形と意味に着眼して明らかにする。

以上、上述の方針に従って、浄土教建築を通して「臨終の住まい」の建築論的研究を試みる。

〔註〕

1　石田瑞麿校注『原典　日本仏教の思想四　源信』、一一～五二頁、岩波書店、一九九一年

2　同上書、四一頁

3　井上光貞『新訂　日本浄土教成立史の研究』、一一二～一五五頁、山川出版社、一九七五年や大野達之助『上代の浄土教』、吉川弘文館、一九七二年。伊藤真徹『平安浄土教信仰史の研究』、平楽寺書店、一九七四年。速水侑『浄土信仰論』、雄山閣出版、一九七八年などを参照。

4　石田一良『浄土教美術　文化史学的研究序論』、ぺりかん社、一九九一年

5　山折哲雄「解説」（大串純夫『来迎芸術』、一八五頁、法蔵館、一九八三年所収）

6　同上

7　同上書、一八頁

8　同上書、一八五頁

9　同上書、一八七頁

10　伊東忠太「「アーキテクチユール」の本義を論して其譯字を撰定し我か造家學會の改名を望む」、『建築雑誌』第九十号、一九五頁、造家学会、一八九四年では、「「アーキテクチユール」の語源は希臘に在り高等藝術の意義を有す然れども希臘人は嘗て自ら此語を用ゐしとあらず羅馬人之を以て宮殿寺院等を設計築造するの藝術に命名せしより傳て今日に至り其本邦に傳來するや或は之を譯して建築術と云ひ建築學と云ひ若くは造家學と云ふに至り終に之を攻究するの造家學會を現出するに至りたり」としている。また、大野由美子、前川道郎「辞書資料における「建築」という語について〜成立と展開〜」、『日本建築学会近畿支部研究報告集』、一〇七三頁、日本建築学会、一九九五年によると、「「建築」という語は、江戸末期の文久二年（一八六二）に、わが国最初の英和辞書である『英和対訳袖珍辞書』において、堀達之助によって創作された造語」であるという。また、菊池重郎「明治初期におけるARCHITECTUREの訳語について」、『日本建築学会論文報告集』第六五号、一四四頁、日本建築学会、一九六〇年によると、明治初年（一八六七〜一八八九年）の英和辞書では、「Architecture」の訳語として、「建築学」、「大工ノ学問」、「造営学」、「建築術」「造営建築学」、「造営術」などの言葉があてられていることがわかる。ちなみに、同論文によると、「Build」は、「造営スル」、「建ル」、「礎石ヲ舗ク」、「普請スル」、「築ク」、「建立スル」、「築造スル」、「設ケル」、「構ル」、「安スル」などの日本語で意味づけられていたことがわかる。

11　森田慶一『建築論』、一六一頁、東海大学出版会、一九八八年

12　堀口捨己「建築における日本的なもの」、『思想』一四四号、岩波書店、一九三四年

13　伊東忠太『日本建築の研究』、龍吟社、一九三六〜一九三七年。伊東忠太『東洋建築の研究』、龍吟社、一九三六〜一九

三七年。丹下健三『伊勢　日本建築の原形』、朝日新聞社、一九六二年。丹下健三『桂―日本建築の伝統と創造』、中央公論社、一九七一年。増田友也『増田友也著作集』、ナカニシヤ出版、一九九九年などを参照。

14 前田忠直「建築以前への問い―増田友也の思索の方法について」、日本建築学会編『日本近代における建築論・建築意匠論のルーツを探る』、三一〜四一頁、日本建築学会、一九九九年を参照。

15 増田友也同上書、第I巻、三五六頁

16 玉腰芳夫『古代日本のすまい』、ナカニシヤ出版、一九八〇年や建築論研究グループ編『玉腰芳夫遺稿集　浄土教建築の建築論的研究』、建築論研究グループ、一九八六年を参照。

17 前川道郎編『建築的場所論の研究』、中央公論美術出版、一九九八年

18 前川道郎「〈場所〉ということ」、同上書、一八頁。また、ハイデッガーの「Bauen Wohnen Denken」に関しては、中村貴志訳・編『ハイデッガーの建築論―建てる・住まう・考える―』、中央公論美術出版、二〇〇八年があり、この翻訳の草案を参考にした。

19 前川道郎「〈場所〉ということ」、同上書、二一頁。玉腰芳夫は、「場所《オルト》には、そこやここという相対的場所と絶対的ことしての場所があり、前者は後者に基づくという在り方をとることが分明となった。しかも、前者は対象化しうるのに対して、それを支える後者は生きられるのみであった」とする。（玉腰芳夫「場所と形式―建築空間論の基礎的考察」、『理想』五五八号、八四頁、理想社、一九七九年）

20 前川道郎前掲論文では、「〈住まう〉とは狭義の意味における住宅あるいは住居に限定された問題ではない。〈住まう〉とは、実存としての人間が人間として、精神と一つである身体によって空間的に生きる、空間において生きる、そのことのすべての営為」（七頁）とされている。つまり、「住まい」や「住まう」という言葉が、狭義の寝食のあり方のみに限定されて使用されるのではなく人間の実存に触れる厚みある言葉と捉えられている。本稿もこれに従う。同論文には、「住するというのは死を能くしうるものたち［人間］が存在するその存在の根本動向である」（一五頁）とい

う文章が引用されており、「住」という言葉に隠された哲学的意味が明らかにされている。また前川論文では、「住まう」という動詞を名詞化して「住まうこと」という言葉を鍵語としているが、本稿は、「住まうこと」という言葉を多用せず、「住まい」という言葉を、「住まう」という動詞が名詞化した言葉と捉え、名詞ではあるが動的な意味をもつ言葉として用いる。他方、「住まい」という言葉を「すまい」とも呼ばれる「住居」という言葉程、固定的ではない言葉として用いており、〈住まう―住まい―住居〉という言葉の形式連関に即して意味を見出している。また、通常名詞として用いられるが時として動的な意味を担う「場所」という言葉に親近する言葉と考えている。

21

同上論文では、「空間とは人間がみずからのまわりに張り広げるみずからの身体の広がり、延長であるとすれば、場所（トポス）とは人間存在がそこにおいてある、そのあり方のありどころ」（二三頁）とされ、「空間」と「場所（トポス）」という言葉の定義が試みられている。本稿は、この定義に従って論考を進める。但し、本稿は「諸場所」と「場」、「場処」、「場所（トポス）」とを対比的に捉え、前者を相対的、後者を絶対的な意味をもつ言葉とする。そして「場所」（括弧トポス無し）を両者を含む上位の言葉とする。「場所」という言葉は、「諸場所」をも指し、「場」、「場所（トポス）」をも指す自由度のある両義的な言葉とし、文脈、あるいは場所という言葉の前におかれる修飾語によってその言葉の性質を限定できるように用いる。

また同上論文の中では、上田閑照の『場所』から「我々の存在は場所に「於てある」存在であり、場所とは「我々のいる場所である」。我々にとってそのつどの場所は、家庭とか学校とか都市とかヨーロッパとかシベリアとか、あるいはまた、自然とか社会とか歴史とか、あるいはまた産業界とか文学界とか空想界とか、限られた特定の意味空間（それぞれの時間的・歴史的ないし超歴史的連関も含めて）である。その場合、場所ということ自身の性格からして場所と場所が並び、それがまた別の場所に於てあるというように入り組んで多元的重層的になっている。そのような事態の総体の場所、すなわち様々な場所を包括する最終的な場所、諸場所の場所、我々にとっての包括的な意味空間、それが世界と言われるものである」（上田閑照『場所――二重世界内存在――』、二七～二八頁、弘文堂、一九九二年）という文章が引かれ、場所の重層性が明らかにされている。本研究は、このような重層した場所の構造を浄土教建築において解明することを試みるものである。

また、場所究明に関して、『建築的場所論の研究』所収の加藤邦男「場所と建築を巡って」では、「場所に「於てある」ことが生じる、その時、外的もしくは内的な契機に誘われて、「見る」ということが生起しており、そのそこに何ものかが生成し始めそれに気づく己がその何ものかの知覚と同時に自覚するのである。場所と知覚もしくは自覚の契機はその場合、原初的には、自然のもの、偶然の産物、人工の工作物のいずれでもあり得るのであり、極端には、己の内的な「何ものかを見ようとする」強い意志に動かされることによって、通常の視覚以前のある広がり感として知覚されうることがある」(四二頁)と、場所的構築に際して、「見る」というあり方の重要性が説かれており観想を重視する『往生要集』の論考を行う本稿に意義深い示唆を与えている。

22 西垣安比古『朝鮮のすまい――その場所論的究明の試み』、七頁、中央公論美術出版、二〇〇〇年

23 渡邊二郎「哲学における死の問題」、(関東学院人文科学研究所編『〝死〟を考える』、二二二頁、理想社、一九九四年所収)

24 前川道郎前掲論文、二三頁

25 田中喬、伊従勉「編者あとがき」、(建築論研究グループ編『玉腰芳夫遺稿集　浄土教建築の建築論的研究』、八八頁、建築論研究グループ、一九八六年所収)

第一部　臨終の場所を「建てる」ということ

第一章　「心たくみ」ということ

序

『栄花物語』には次のような仏教建築に関する興味深い文章がある。

今《いま》はたゞ「いつしかこの東《ひんがし》に御堂《みだう》建《た》てゝ、さゝしう住《す》むわざせん。となん造《つく》るべき、かうなん建《た》つべき」といふ御心企《だくみ》いみじ。

（岩波・栄花・上・四四四頁）(1)

これは物語の登場人物である「殿」（藤原道長）が、「御堂」（法成寺）建立の構想を練っている時を描写した場面である。(2)短い文章であるが、建築のはじまりを捉えた場面描写であり、建築の源初的なあり方を究明する手がかりを与えてくれる文章のように思われる。本章では、この引用文の中で建築的行為を言い表していると思われる言葉、すなわち「建てる」、「住む」、そして特に「心たくみ」という言葉に注目し、引用文の解釈を通して、この場面に顕れている建築のあり方を明らかにすることを試みる。浄土教建築の根拠とそのあり方を少しでも明らかにしたいとする一つの試みである。

上記引用文の中に出てくる「心たくみ」という言葉は、建築学、とりわけ建築生産技術史に関する論考の中で取り挙げられ、既に平安時代の建築生産技術の一つのあり方を表す言葉として史的に位置づけられている。本論に入る前に、先ず、既往研究を概観し、それとの比較によって本研究の立場を明らかにしておきたい。

建築生産の結果としての建物の議論に傾きがちであった建築史学に反省を加え、建築生産の素因や法則性を明らかにすることを試みた渡辺保忠の『日本建築生産組織に関する研究』では、建築生産の原因としての建築生産組織の構造を社会史的に解明する研究が行われている。[3] 古代・中世・近世という時代区分を貫く時間軸を通して、建築生産組織を各時代の社会の位階秩序の中に位置づけ、時代ごとの特質を相互に比べることによって、建築生産組織の社会史的体系を明らかにしている。その中で、「心たくみ」という言葉は、建物の造形を決める意向を表す言葉として、そしてそれが藤原道長という一貴族によって発せられた言葉として捉えられている。また、建築生産組織の技術指導が、大工・少工といった技術官人を中心として行われていた奈良・平安初期や、座の座衆によって建築生産が行われていた中世のあり方に比して、平安中期における建築生産技術の一つの特色を指し示す言葉とされている。建築生産組織を統率する者の社会的階位は時代ごとに変化し、平安中期では藤原道長や鳥羽上皇などの貴族や皇室の意図が直接建物の造形を方向づけるものとなり、その時の「意匠」のあり方を表す言葉として「心たくみ」という言葉が用いられていたと解釈されている。

また、「心たくみ」と言われる行為の内実を史的に解明することを試みた論文として、小林文次による『藤原時代における貴族の「心たくみ」をめぐって』がある。[4] 小林は、「心たくみがいかようのものであつたかは、具体的な史料によつて跡づけする以外に窺いえないであろう」とし、鳥羽殿東殿内の勝光明院の造営記録である『長秋記』を通してその時の建築生産組織の指揮系統を明らかにすることによって、「心たくみ」のあり方を解明されようとした。つまり勝光明院の造営では、「建築主（上皇）―奉行（師時）―行事―工匠」といった具合に、勝光明院の住み手となる上皇を頂点とする建築生産組織が形成されており、上皇が住み手であると同時に建築生産の統率者であるということが明らかにされている。小林によると、「心たくみ」とは、このような鳥羽上皇個人によって発せられる主体的な設計行為であって、個人の主体的な意向がそのまま造形にまで写し出されるようなあり方を指し示しているとされる。そして、そのような設計行為が行われることになった背景として、仏教を受け入れる主体が国家から貴族へと変化し、その変化と共に当時の人間のあり方が「個人的、現実的」なものに向かっていったという時代見解を挙げている。

本研究は上記既往研究に導かれて、個人が設計主体となっている平安中末期の建築的行為に着眼し、その建築的行為が何を根拠に、どのような方法で、何を目的として行われていたのかということを明らかにするものである。しかし、本研究は冒頭引用文に見られる建築的行為を当時の社会の位階秩序の中に位置づけたり、既往の建築生産技術史の枠組を改変しそれの再構築を試みるものではない。あくまでも既往研究の指示しているところをふまえて、仏教の広範な層への浸透とともに、「個」ということが問題になり、「個人」が自分自身の「住まい」を構築している事例、すなわち、「住む者」と「建てる者」とが同一人物である『栄花物語』の「殿」に着眼し、その人物を通して語られた「建てる」こと、「住む」こと、「心たくみ」といった建築的行為のあり方を場所論的に究明することを試みるものである。(5)

上述のように、ここでの目的はこれら建築的行為のあり方を明らかにすることにあるが、その際、特に「心たくみ」という言葉の意味を明らかにすることを主として、論考を進めていく。意味の解明には、「心たくみ」という言葉を形式的な側面から捉え、その言葉の用例を集め、用例の比較から言葉の意味を限定していく辞書的な方法と、「心たくみ」という言葉が『栄花物語』の中で用いられることになった経緯を物語の文脈から探り「心たくみ」という言葉の意味の限定を行う方法があろうが、ここではその両者を重ねながら究明を進めていく(6)。そして引用文に見られる建築的行為が、単に「たくむ」という仕方で行われるのではなく、「心」をともにして行われているという点に注意し、「心たくみ」という言葉で表現されている重層的な建築的行為の具体像を体系的に解明していきたいと考えている。

一　「たくみ」ということ

「心たくみ」という言葉の意味を形式的な側面から解釈するにあたって、先ず「たくみ」という言葉に注目したい。「心たくみ」を形式的な面から見ると、「心」よりは「たくみ」という言葉に建築的な意味が色濃く現れているように思われるからである。

序でも少し触れたが、律令制に基づく建築生産組織は、官人である大工（少工）を頂点として技術指導が行われ、その下に長上工、番上工、飛騨工、仕丁（駈仕丁）といった工人、赴役民が続くピラミッド的構成をなしていたとされる(7)。よく知られている飛騨工とは、ある程度木工技術をもっていた下級木工であり、常置的に建設諸官司に配属され、臨時に配属される仕丁と区別された赴役民であったと言われている。この律令制に基づく建築生産組織の階位の構成と名称を見ると、組織の中では「頭脳的高次技術層から肉体的単純技術層に及ぶ技術の分化(8)」が行われていたが、その一方で、知的労働技術者と肉体労働技術者を区別することなく建築生産に関わる技術者は、全て「工（たくみ）」という言葉を含む名称で呼ばれていたということがわかる。(9) つまり、律令時代において「たくみ」という言葉は、上級・下級に関わらず統一的に建築生産技術の担い手を意味する言葉であったということが窺えるのである。

　さらに遡って、「たくみ」という言葉の語源に関して考究を進めると、「たくみ」という言葉が単に建物を造る人を示す言葉ではないことがわかる。『東雅』には「タクミとは造《ツク》るといふ語の転也。（略）。タは手《タ》也。我国之俗、凡そ合作《アハセツ（ママ）》る事をクムといふ。（略）。俗に手を叉するを手を組《ク》むといひ、両人相抱持するをも組《ク》むといひ、凡ソ営造之事をキリクムといひ、クミタツルなどいふがごとき皆是レ也」(10) とあり、「たくみ」が、「造る」という動詞としての意味をもつ言葉であることがわかる。さらに、「たくみ」は「手」「組み」の義とされており、単に知的な造形技術を意味するわけではなく、身体をともなって行われる造形技術を意味していたであろうことも窺い知ることができる。

　また、『日本国語大辞典』では、「たくみ」は「動詞「たくむ（工）」の連用形の名詞化」(11) とされ、『上世における「たくみ」の概念とその歴史的実態について』では、「「タクミ」は語源的には「造る」といふ語から出てゐるが、轉じて「造る人」の意とな」(12) るとされている事から、「たくみ」という言葉は、もともとは上記のように造形技術という人間の動的な働きを言い表す言葉であったが、しだいにそれが静的に捉えられるようになって名詞として定着し、造形技術をもって働く人の職名を言うようになったと考えることができよう。

　さらに、品詞による意味の違いに関して見ておくと、動詞として用いられる時は「いろいろ考えてよい方法を見つけ出す」や「計略をめぐらす。計画的にする」といった現代語で意味づけられ、名詞としては先の「動詞「たくむ（工）」の連用形の名詞化」と考えると、〈考えてよい方法を見つけ出す人〉あるいは〈計画的にする事〉となり、転じて、「手や道具を用いて物を作り出すことを業とする人（特に木材で物を作る職人）」あるいは「もっぱら行う仕事、工夫、趣向、はかりごと」という意味が見出されている。[13]一方、形容動詞とされる場合には「てぎわよくすぐれているさま、巧妙、器用」などの意味が見出されている。これらを総じて見ると、「たくみ」とは、上述したように身体的な働きをともなって事物に関わっていく造形行為の事を意味しているのであるが、ただ無闇に身体のみを用いて行われる造形技術ではなくて、いろいろ考えてよい方法を見出しながら「計画的に」そして「巧妙に」行われる技術知をもって実践される造形行為であると考えることができる。

そして、『栄花物語』を見ると、「心たくみ」を含めて「たくみ」という言葉の用例は五件である。そのうち四件は、「堂《だう》の上《うへ》を見上《みあ》ぐれば、たくみども二三百人登《のぼ》り居《ゐ》て」（岩波・栄花・上・四四七頁）というように、建物を造る職人という意味で用いられている。しかし、冒頭引用文に見られる「心たくみ」という言葉の「たくみ」に関しては、同じように建設技術者という意味を取ると、その言葉を含む文章の意味を理解することができなくなる。それ故、上に見てきたように言葉の源へ還って、動的に解釈する必要があるように思われる。

二　歌論に見る「心」と「たくみ」

引き続き「心たくみ」の形式的な側面からの考究として、和歌の制作論の中にでてくる「心」と「たくみ」という言葉の用例を見ていきたい。和歌の制作論、とりわけ古代から中世にかけて著された歌論を見ると「心」や「たくみ」という言葉で表される事象が和歌の制作において重要なはたらきをしていることがわかる。「心たくみ」という言葉の意味を物語の文脈に即して見ていく前に、制作活動を行う際、鍵語となっている「心」と「たくみ」

のあり方を明らかにしておきたい[14]。

先ず、有名な『古今和歌集』序（以下『古今集』序）から、「心」と「たくみ」という言葉が用いられている所を抜粋してみよう。

ありはらのなりひらは、その心あまりて、ことばたらず。しぼめる花のいろなくて、にほひのこれるがごとし。（略）ふんやのやすひでは、ことばはたくみにて、そのさま身におはず。いはば、あき人のよききぬきたらんがごとし。[15]（傍点引用者）

これは貫之が業平と康秀を対比的に評価している所である。簡単に解説しておくと、貫之は、業平の詠む歌を評価して、内容は豊かで他人にうったえかけてくるものがあるが、形式的な工夫が乏しく、作品としては完成の域に到達していないとする[16]。他方、康秀の歌に関しては、形式面では技巧的なものを感じるが、巧みに形成された表現形式に内容が相応していないことを説いている。実際、業平と康秀の歌が貫之の言う通りであるかどうかを検討する余地は本書にはないので差し控えるが、ここでは、貫之の歌論が心詞論に則って展開されていること、そして、「心」と「詞」とが歌の内容と形式とに対応し、両者を対比的に捉えて歌論が述べられていることを知ることができよう。また、「たくみ」という言葉は、歌の内容を言い表す「心」ではなく「心」の表現形式としての「詞」と結びついて、「詞」のあり方を言い表す言葉として用いられていることにも注意しておきたい。つまり、『古今集』序では、「心」は歌の内容、「たくみ」は歌の表現形式のあり方を表しており、「心」と「たくみ」という言葉は両者対照的な仕方でそれぞれ別の事象を表す言葉として用いられているのであって、「たくみ」という言葉は、その言葉のもつ性格上、直接「心」と結びついて用いられる言葉ではなかったということを知ることができるのである。

次に、同じく『古今集』序に、詠歌における「心」のはたらきと意味について見ておきたい。

やまとうたは、ひとのこゝろをたねとして、よろづのことの葉とぞなれりける。世中にある人、ことわざしげきものなれば、心におもふことを、見るもの、きくものにつけて、いひいだせるなり。(17)

ここでは、歌が、「心」を根拠として詠まれるものとして捉えられており、「心」が歌の制作の根底的なはたらきを担っていることを知ることができる。そして、見るもの聞くものによって、「心」に起きた様々な事象の一端が「詞」と成って実を結ぶものが歌と考えられているということも確認できる。つまり、「心」の表現として形成された「詞」の織りなす言語体系の総体が歌なのであり、詠歌は「心」なくして行われ得ることではないと考えられているのである。

また、「心」が制作活動において重要であるというのは、「歌」の場合に限られることではないことが知られている。「物語」における人物造形や建物の制作においても同じように重要なはたらきを担っていることを『栄花物語』に見ることができる。

例えば、

五郎君三位中将《道長》にて、御かたちよりはじめ、御心《こゝろ》ざまなど、兄君達《あにぎみたち》をいかに見奉《みたてまつ》りおぼすにかあらん、ひきたがへ、さま〴〵いみじうらう〳〵じう（おゝしう）、道心もおはし、わが御方に心《こゝろ》よせある人などを心《こゝろ》ことにおぼし顧《かへり》みはぐゝませ給《たま》へり。御心《こゝろ》ざますべてなべてならず、あべき限の御心ざまなり。

（岩波・栄花・上・一〇六頁）

といった文章がある。これは作中に見られる人物紹介の一部で、「五郎君」とは藤原道長を指している。引用文によって「かたち」と「心」によって人物造形が行われていることを見ることができる。通常は「かたち」のみで人物造形が行われるが、ここでは外貌の叙述のみでは捉える事のできない「五郎君」の人間像を「心」という言葉を介して叙述し、一人の人物を包括的に説明することが試みられている。また特に「五郎君」や「殿」の人物造形の特徴として「外貌については記述がない[18]」という事も指摘されている。この事は、「殿」が「心」なければ語ることのできない独特の気分・雰囲気を醸し出している人物で、外形だけで捉えることのできない奥深い人物であることを示していると言えよう。すなわち、『栄花物語』の「殿」という人物は、「心」のあり様が叙述される事によって作品世界の中で位置づけを得ているのであって、気分や雰囲気をともなった人間像を表す「心」は「殿」という人物を形象する際に欠かすことのできない言葉である事がわかる。

他方、建物の制作に関しては次のような例がある。

殿の造《つく》り様《ざま》、はじめは古體《こたい》の昔造《むかしづくり》なりしかば、屋《や》の丈《たけ》いと短《みじか》くうちあはぬ事多《おほ》かりしを、この度《たび》は殿の御心のうち合《あ》ふ限造《かぎりつく》らせ給へば、世《よ》にいみじき見物なり。

（岩波・栄花・上・四二六頁）

焼亡した京極殿の再建の場面で、以前の建物は古風な昔造りで屋根の高さが低く「殿の御心」に相応しいものではなかったが、殿の焼失、再建をきっかけとして、最大限を尽くして「殿の御心」に「うち合う」ように京極殿を造り直したという事が述べられている。「うち合う」というのは、「殿の御心」と造られつつある京極殿の理想像とが「うち合う」という事であろうから、ここでの「心」は、単に「殿」の感情を示しているわけでなく、建物の理想像と感応している「心」を示していると言えよう。「京極殿」と「殿」との間を切り結ぶ媒体として「心」があり、「心」は「殿」の内的な働きでありながら、造られつつある「京極殿」の理想像を現す媒体となって、外的な事物に関わっていく働きであることを見ることができる。「殿」の人物形象に「心」を欠かすことができなかったように、建物を造る場合においても「殿の御心」なくしてはそれが成立し得ないのであって、「心」が物語や建物の制作活動において重要なはたらきを担っていたということを窺い知ることができる。

このように歌、物語、建物の制作活動にあたって重要なはたらきを担っている「心」であるが、さらに『古今集』を読み進めていくと、「心」という一つの言葉に、次元の異なる様々な意味が見出されていることがわかる。例えば、上引の『古今集』序の緒言のように、「心」は「人の心」、すなわち、人間の主体的な感情や意志を意味することがある。これは、歌を人の感情表現として見る見方による「心」の解し方であると言えよう[19]。その「心」の具体は、喜悦、友愛、自然、悲哀、怨恨、転変などの性格をもって表される[20]。

また、同じく『古今集』序の、

こゝに、いにしへのことをも、哥のこゝろをも、しれる人、わづかにひとり、ふたり也き[21]

という文章の中に、「哥のこゝろ」という言葉が見出せる。通常、「哥のこゝろ」というのは、歌の内容を示し、「心」が単に人間の内側に属するものではなくて、客体的にある物事の内容を示す事を教えてくれるのであるが、この場合は少し異なっている。引用文を読むと、「哥のこゝろ」が、単に歌の内容を表しているのみではなく、それを知ることが出来るのが、わずかにひとりふたりのみであるような、歌の本質、本性を意味していることがわかる。

このように「心」という言葉には異なった次元の意味がそれ自身の中に隠されている。それ故、その意味をどのように見出すことができるかということが常に問題になる言葉なのであり、究極的にはその言葉の意味を見出すことが物事の本質を明らかにする事につながるような深まりのある言葉であると言えよう。

次に、別の歌論に「心」と「たくみ」という言葉の用例を見ていきたい。『新古今和歌集』が編纂された頃には、「心」と「たくみ」という言葉の関係が少し変わってきているように思われるからである。例えば、定家の著作とされる『近代秀歌』には、次のような例がある。

昔、貫之《つらゆき》、歌の心巧みに、たけ及び難く、詞強く、姿おもしろきさまを好みて、余情妖艶《ようえん》の躰をよまず。(22)

これは定家が貫之の詠歌のあり方を評価している所である。貫之の歌の「心」、「たけ」、「詞」、「姿」は優れているが、「余情妖艶の躰」が欠如している所に問題の指摘がある。ちなみに、現代語訳を挙げておくと、「貫之には知的内容がすぐれて自然の中に重味があり、表現の力強さと艶麗とをかねてゐるが、餘情妖艶（有心）の趣がない」[23]とされている。また、『古今集』では対比的な関係にあった「心」と「たくみ」という二つの言葉が、ここでは結びついて「心巧みに」という一つのまとまりのある言葉として用いられていることにも注意しておきたい。その「心巧み」という言葉は、『歌論集』の中に注記があり、「趣向、即ち題にもとづく場面構想の立て方」という意味をもって解釈されている。[24]「心巧み」とは、歌が形作られる以前の内容に関わる言葉であるが、単に形式と区別された内容を表しているわけではなく、内容をともなった形式が形作られる際の形式化のあり方、または、形式化へ向けて構想される内容のあり方を指し示し、詠歌の制作活動のなかでも、その制作過程の状態を言い表していると考えられる。それ故、『近代秀歌』の「心巧み」は、形容動詞的な意味を重ねて解釈され、「歌の心巧みに」が、「歌の趣向の立て方が巧妙で」[25]（傍点引用者）と現代語訳されている。

三　「心たくみ」ということ

（一）「心たくみ」の動機

ここから、『栄花物語』の文脈に沿って「心たくみ」という言葉の意味の解明を試みる。特に『栄花物語』で用いられている「心」という言葉の意味に注意して、「心たくみ」という建築的行為のあり方、すなわち「心たくみ」の動機、目的、方法を明らかにしたい。

『栄花物語』の読解を試みるにあたって、先ず『栄花物語』の構成の概略を簡単に述べておこう。『栄花物語』は、「歴史物語」というジャンルに分類され、四十巻からなる書物である。四十巻のうち前三十巻を正篇、後十巻を続篇とする。正篇の巻三十〈つるのはやし〉には、「殿」の臨終場面、巻十五〈うたがひ〉には、「殿」の病・出家・御堂造営発願の場面が描かれており、物語の構成上重要な位置に「殿」の人生の転機にあたる場面が叙述されている。また、巻十五を含む、巻十七〈おむがく〉、巻十八〈たまのうてな〉、巻二十二〈とりのまひ〉等を「法成寺グループの諸巻」と言い、これらが核となって物語が構成されていることも既に指摘されている。(26) 特に、巻十五と巻三十の両巻は、歴史叙述を建前とする『栄花物語』の中でも特に主題の明確な巻であり、両巻は「「往生伝体」の構成要素を媒介として相呼応しており」、両巻合わせて「思想的にも一貫した、云わば、「道長往生物語」」と理解されている。(27) 冒頭に引いた文章が載せられているのは、巻十五であり、この巻は「栄花物語の中の仏教的な主題の諸巻を総括しつつ、その総序をなし、代表するような位置に立つ一巻でもある」(28) と言われている。

その巻十五の巻末には、巻全体を貫いている仏教的な世界観が端的に叙述されている。「心たくみ」という言葉が語り出されることになる背景を知るために先ず見ておきたい。

具体的には、「世中像《〈ザウ〉》法の末《すゑ》になりて」といった語り口や、以下の文章にそれを見ることができる。

一切世間《いさいせけん》に生《しやう》ある物は皆《みな》滅す。(壽《ず》)命無量《みやうむりやう》なりといへども、必《かなら》ず盡《つ》くる期あり。盛《さかり》あるものは、必《かなら》ず衰《おとろ》う。會《あ》ふものは、離別あり。果報として常なる事なし。

(傍点引用者、岩波・栄花・上・四五七頁)(29)

世界を構成する諸々の物や事は、恒に一定の状態を維持されてあるわけではなく、生滅変転する存在であることが説かれている。引用は一部であるが、ここでは世界を無常としてみる見方、無常観が明らかにされ、常なく変転する現象世界において人が生きているということの自覚が語られている。(30) さらに、「世中像法の末になりて」

と、そのように変転する世界からの解脱、すなわち、輪廻解脱の悟りが開かれることが不可能になる末法の時代に入っていくといった世界観も加えて明らかにされている。世界が無常なままで何事も実を結ぶことのない時代になっていくという末法観が示されているのである。

このような無常、末世的な世界観が語られている中で、「殿」は、すべて「佛《ほとけ》を造《つく》り堂を建て、僧《そう》をとぶらひ、力《ちから》を傾《かたぶ》けさせ給《たま》ふ」（傍点引用者）存在として物語られている。先立って言えば、巻十五以降、物語は上述の仏教的な世界観を背景として宗教生活を営む「殿」の「（御）榮花」を描いている。「世《よ》のはかなさにつけても、殿は猶《なを》「いかで本意《ほい》遂《と》げなん」」と、はかない世において「たゞ佛《ほとけ》を頼《たの》む」「殿」の姿が物語られているのである。(31) 常ならぬ世において迷える衆生の意識の構造を明らかにし、絶対の安らぎとしての極楽へ往生することを教える仏法が無化されるという末法観に突き当たった所で、かえって仏教が重要な意味を持っていることが実感され、「あはれなる末《すえ》の世《よ》にて、佛《ほとけ》を造《つく》り堂《だう》を建《た》て、僧《そう》をとぶらひ、力《ちから》を傾《かたぶ》けさせ給《たま》ふ」と仏教を大切にした住まいを営む「殿」の物語が展開している。そして、本稿が問題とする「心たくみ」は、そのような「殿」の宗教生活のはじまりの場面、つまり巻十五の巻頭に登場する。

以下、巻十五の巻頭から物語のあらすじを追いながら論を進めていこう。

巻十五〈うたがひ〉は、殿が病に罹る場面から物語がはじまる。その場面を引用しておくと、

我《わが》御心地《ち》もよろしからずおぼしめさるれば、「この度《たび》こそは限《かぎり》なめれ」とおぼさるゝにも、物心細くおぼさる。

（岩波・栄花・上・四三九頁）

とある。引用文の「限」という言葉は、生死の境を縁取る「殿」の命の限界のことを指している。[32]殿の命にも限りがあり、殿も一人の人間として死から逃れることができないということが明らかにされているのである。すなわち、巻十五の巻頭では、殿の命を無化してしまう死によって殿の命が限定されている事が語られ、「一切世間《いさいせけん》に生《しやう》ある物は皆滅《みな》す」という事が現実に殿の身に迫ってきている事を知らしめているのである。無常、末法的世界観と人間の死の問題とが重なり合いながら「殿」の物語が展開していく様子を窺い知ることができよう。物語の背景となる世界のあり方と殿の生き様とが微妙に響き合って物語が形成されているのである。

本章の冒頭に触れた「御堂」のことは、「殿」が上述の「限」に出会った場面においてはじめて叙述されることになる。その様子は以下のようである。

年頃《としごろ》の御本意《ほい》、たゞ出家せさせ給て、この京極《きやうごく》どのゝ東《ひんがし》に御堂《みだう》建《た》てゝ、そこにおはしまさんとのみおぼさるゝに、

(岩波・栄花・上・四四〇〜四四一頁)

病による死生の自覚を契機として、自分自身のそれまでのあり方を根本的な所から疑い、反省し、「出家」という仕方で自身の生き方を改めていくことを明らかにする殿の様子が語られている。その殿自身のあり方を示す「出家」の思し召しと同時に「御堂」のことが叙述されていることに注意したい。殿は自身の命に限りがあることを自覚し、自身のあり方を「出家」という仕方で改めていく。それと同時に、殿の「住まい」の基点となる「場所」のことが問い直されているのである。つまり、ここでは「殿」のあり方と殿が住まいを営む「場所」のあり方との間に深い関わりがあることを知ることができるのであり、「御堂」が、単に生産物と言われるような外的価

値に重きをおいた抽象的な物などではなく、建て主であり住み手である「殿」と内的に響き合って形成される生きた具体的な「場所」であるという見方に立って物語が叙述されていると言うことができよう。

巻十五の物語は、上引の殿の出家と御堂建立の発願の事を叙述した後、殿の出家、病悩平癒の事を描き、

> この御悩《なやみ》は、寛仁三年三月十七日より悩《なや》ませ給て、同廿一日に出家せさせ給へれば《御歳五十四》、日長《なが》におぼさるゝまゝに、さるべき僧達《そうたち》・殿《との》ばらなどゝ(御)物語《ものがたり》せさせ給て、御心地《ち》こよなくおはします。
>
> (岩波・栄花・上・四四四頁)

と、年月を記した編年体形式の文章で、殿が病に罹った事と出家した事を史実として時間軸に刻み込む。そして、この文章に続いて、本章冒頭に挙げた引用文が載せられているのである。[33]

すなわち、巻十五の巻頭から本章の冒頭引用文が語られるまでの間には、罹病、死生の自覚、出家の思し召しと御堂建立の発願、出家、病気平癒、御堂建立といった具合に、めまぐるしく変化する「殿」の人生のあり様が叙述されている。このように見てくると、本稿が問題としている「心たくみ」は、何の脈絡もなく語り出されている言葉などではなく、殿の生き様やそれに呼応している物語の背景世界のあり方と密接に関係したところで語り出された言葉と考えるのが適切であるように思われる。つまり、殿の死生の自覚や無常、末世的世界観の自覚なくして「心たくみ」という言葉が語り出されることはないということである。そしてそのように考えると、物語の展開から、「心たくみ」とは、仏法が無化されるという末世的世界観や「殿」の命を無化する死といった非存在を負うことによって動機づけられた行為であり、また、そのような否定的契機を介して見出された〈限りある

世界〉において、「出家」し仏の道を選び、「たゞ佛を頼ん」でその〈かけがえのない世界〉を生きる殿に相応した宗教的行為であると言うことができよう。つまり、「心たくみ」は、単に建物を造る生産行為などと言って済まされる行為ではなく、自らの生を脅かす死に直面した「殿」がいかなる「場所」において生きてゆくのかという自問を内に含んだ生に関わる技術行為であると解釈することができる。そしてこの物語の場合、その「場所」の具体は、仏の教えを大切に頂く宗教的場所としての「御堂」がそれにあたる。

では、その建てられた「御堂」とはいったいいかなる場所なのであろうか。そして、そこではどのような「住まい」が成立しているのであろうか。以下、項を変えて見ていきたい。

（二）「心たくみ」の目的

次の検討に移る前に、もう一度、冒頭の引用文を見ておこう。

今《いま》はたゞ「いつしかこの東《ひんがし》に御堂《みだう》建《た》てゝ、さゝしう住《す》むわざせん。となん造《つく》るべき、かうなん建《た》つべき」といふ御心企《だくみ》いみじ。

（今ではもっぱら、「早く第《やしき》の東に御堂を建てて、さっぱりした気持で住むことをしよう。ああいうふうに造ったらよかろうか、こういうふうに建てたらよかろうか」という御心づもりをいろいろなさる。）(34)

引用文を形式的な観点からみると、「いつしか」から「建つべき」までが「殿」の言葉で、「今はたゞ」と「といふ御心企いみじ」が作者の言葉すなわち地の文となっていることがわかる。このように見ると、地の文によって限定された殿の言葉にあたる部分が「御心企」の内容を具体的に示していることを知ることができる。それ故、引用文の「殿」の言葉が何を意味しているのかを検討することによって、「心たくみ」の内容が具体的に明らかになるように思われる。早速、その部分から見ていこう。

「この東に御堂建てゝ」の「この」は、該当場面で殿が居る場所を指示しており、京極殿と考えられている。(35) 京極殿は、寝殿造と言われる様式で建てられていたとされ、当時の状況においては日常的な住まいを営むのに支障のない場所であったと考えられる。(36) しかし京極殿は、巻十五以降の殿のあり方に相応しい場所とはなり得ないとされたのである。それ故、「この」京極殿の「東に」「御堂」が「建て」られることになるのである。(37)

では、その「御堂」とはどのような場所なのであろうか。障りなく日常生活を過ごすことのできるはずの「京極殿」とは何が異なっているのであろうか。「法成寺グループの諸巻」を見ていくと、いろいろな観点から捉えられた御堂の記述がある。その記述から御堂の特質を明らかにしていこう。

例えば、巻十八〈たまのうてな〉には以下の文章がある。

御堂あまたにならせ給まゝに、浄土はかくこそはと見《み》えたり。　（岩波・栄花・下・八三頁）

この巻では「法成寺グループの諸巻」の中に登場する「尼君達」の御堂参詣の様子が物語られており、読者が「尼君達」と視点を重ね合わせることによって御堂の具体的あり様を見ることのできる巻となっている。(38) その巻の冒頭に先ず、地の語り口で、全体を俯瞰するように、右の文が載せられている。簡単な一文であるが、これによって、「御堂」が「浄土」と関わりをもち得る場所であること、そして、「浄土」という場所が「御堂」を媒介として譬喩的に見られ得る場所であるということを確認することができよう。と同時に、「淨土」という場所は、「かくこそは」とあるように、譬喩的な仕方でしか見ることのできない人間世界を超越した場所であるということもまた知ることができるのである。(39)

さらに、巻十七〈おむがく〉には、御堂の内部が描写されている場面があり、次のように叙述されている。(40)

極樂世界これにつけても、いとゞいかにとゆかしく思《おも》ひやり奉《たてまつ》る　（岩波・栄花・下・七〇頁）

これによると、「御堂」が、「極樂世界」を「いとゞいかにとゆかしく」思うことのできる場所となっていることがわかる。つまり、「御堂」は、「淨土」や「極樂世界」とは絶対的に異なる場所でありながら、同時に、その絶対的に超越した「極樂世界」へ「ゆかしく」「思ひやる」ことを可能にする場所として建てられているのである。(41)人間世界の内にありながら、「極樂世界」へと人を気分づけ、「極樂世界」のイメージを喚起する宗教的な性格をもつ場所として建てられているのである。それ故、「この東に御堂建てゝ」とは、「淨土變相の立體的表現」(42)と言われるように、浄土変相図に描かれている建物の絵を三次元化するといった表層的な表現行為を意味しているわけではなく、建物を「建てる」ことによって、人間世界を超越した「極樂世界」を「ゆかしく」「思ひやる」ことのできる「場所」をひらくことをめざした「殿」の内的な要求を示しており、「心たくみ」とは、そのような「場所」を建てることを一つの目的として行われている行為であると言うことができよう。(43)

次に、「さゝしう住む」について見ていこう。

先ず、「さゝしう住む」の「さゝしう」に関しては、松村博司によって「「ささし」という形容詞は他に所見がない」[44]と指摘されていることから、この語の意味は他の諸本との校異や前後の文脈から類推する他ないことをことわっておかねばならない。前者の形式的な側面からの考察は既に行われており、松村は、西本願寺本「すゝしく」の意味をとって梅沢本「さゝしう」を「さっぱりした気持ちで」という意味にとって解釈されている。[45]一方、家永三郎は、公任卿集や六時讃を引き「すずしとは出家の心境を象徴する精神的意味に用ゐられることを忘れてはならない」とし、「それを避暑の意味に解し、道長の造寺の動機の非宗教性を結論することは早計であらう」とする。そして「道長の造寺に當つては何よりも彼の道心が最も重要な動機となつてゐる」ことを強調している。[46]

一方、物語の文脈から究明を行う場合、直接物語を読むことによって、「御堂」における殿の「住まい」の具体を知ることができる。その「住まい」の様子は「法成寺グループの諸巻」に詳しく述べられているが、「心たくみ」の動機と最も響き合うかたちで語られているのは、正篇の最終巻にあたる巻三十に見ることのできる殿の「住まい」の様子であるように思われる。それは、以下に見る殿が御堂において死を迎える場面にあたる。

かくて、日頃《ひごろ》にならせ給へば、「本意《ほい》のさまにてこそは、同《おな》じくは」とて、阿彌陀堂に渡《わた》らせ給。もとの御念誦の間《ま》にぞ、御しつらひしておはします。高《たか》き屏風をひき廻《まは》して立てさせ給、人参《まい》るまじく構《かま》へさせ給へり。ことなる事なければ起《を》き上《あが》らせ給はず。

（岩波・栄花・下・三二二頁）

引用文の「もとの御念誦の間」とは、『栄花物語』の作者と読者にはわかるのであるが、物語をずっと遡って、巻十五に近い巻十八に登場する「尼」が見た「御念誦の所」を指している。[47]ここは「阿弥陀堂」の東廂の中の間に仮設の調度で室礼してできた場所で、母屋の仏像の手に結んだ蓮の糸が引かれている。「御臨終の時この絲をひかへさせ給て、極樂《ごくらく》に往生せさせ給べきと見《み》えたり」とあることから、物語の中では、巻十八の時点で已に「臨終の時」に往生極楽の願いを成就させる場所として意味づけられた場所であることがわかる。「御堂」は、「極樂世界」を「ゆかしく」思うことができる場所であることは先述したが、加えて、殿が臨終の時を過ごす場所であり、また極樂に往生する場所にもなる。さらに、上引に「本意のさまにてこそは、同じくは」とあることから、殿自身が本来的にあることのできる場所として意味づけられていることも窺える。それ故「御堂」は、単に極楽世界を憧憬する場所ではなく、また、臨終の時を過ごす場所であるからといって、けっして空しい虚無としての死が目的とされた場所でもなく、臨終の時にあって殿の本来的要求としての往生極楽の願いを明らかにし、その願いを成就することを明確な目的として実践する積極的な場所となっていることを窺い知ることができる。

では、その御堂で行われている「臨終念佛」とはどのようなものなのであろうか。該当場面を見てみよう。

たゞ今《いま》はすべてこの世に心とまるべく見《み》えさせ給はず。この立《た》てたる御屛風の西面《にしをもて》をあけさせ給て、九體の阿彌陀佛をまもらへさせ奉《たてまつ》らせ給へり。いみじき智者も死《し》ぬる折《おり》は、三《み》つの愛《あひ》をこそ起《おこ》すなれ。まして殿ゝ御有樣《ありさま》は、さま〴〵めでたき御事どもをおぼし放《はな》ちたるさま、後《のち》の世《よ》はた著《しる》く見《み》えさせ給。（略）。すべて、臨終念佛おぼし續《つゞ》けさせ給。佛の相好にあらずより外《ほか》の色《いろ》を見《み》むとおぼしめさず、佛法の聲《こゑ》にあらずより外《ほか》の餘《よ》の聲《こゑ》を聞《き》かんとおぼしめさず。後生の事より外《ほか》の事をおぼしめさず。御目《め》には彌陀如來の相好を見奉《みたてまつ》らせ給、〔御〕耳《みゝ》にはかう尊《たうと》き念佛をきこしめし、御心には極樂をおぼしめしやりて、御手《て》には彌陀如來の御手《て》の絲《いと》をひかへさせ給て、北枕《まくら》に西向《むき》に臥《ふ》させ給へり。

（岩波・栄花・下・三二六〜三二七頁）

御堂の母屋に安置された九体の阿弥陀仏の仏像の傍ら、上述の「御念誦の間」で「臨終念佛」を行うことによって、御堂における本来的な住まいが営まれている所の場面描写である。引用文から、臨終念仏が、目、耳、手を用いて行われていることを知ることができる。つまり、臭覚と味覚を除く、見る、聞く、触れるといった身体感覚が重要視され、そのような身体を活用する行為によって往生極楽の願いの成就、すなわち御堂における本来的な住まいの成立がめざされているのである。さらにまた、そのような身体感覚と同様に、「心」が重要な意味をもっていることも確認することができる。御堂における本来的な住まいの成立場面においては、身体に加えて、「心」が、欠かすことのできないはたらきとしてあることが物語の中に現れて来ているのである。この「住まい」の成立には、通常対照的に捉えられるこれらの身体感覚と心とが相応し、そのはたらきが同じように往生極楽へ向けられていることが要となるのである。つまり殿が「本意のさま」にあることのできる「住まい」は、このように身体と心とを一つにして往生極楽を願う実践行を営むことによって成立する出来事なのであり、「心たくみ」はそのような仕方で営まれる「住まい」の成立を目的として行われている建築的行為なのである。

『栄花物語』にはまた、御堂における「住まい」に関して、次のような興味深い叙述がある。

この尼達《あまたち》、「あはれ、この世《よ》のものとは見《み》えぬものかな」と、「人の心の中に、浄土も極樂もあるといふはまことにこそはあめれ。殿の御前《おまへ》の御心の中《うち》にこゝらの佛《ほとけ》の現《あらは》れさせ給へるにこそあめれ」などぞ。尼君「若人欲了知、三世一切佛、應當《〈ヲウ〉》如是觀、心造諸如來」とうち誦《ずん》じてまかでぬ。

（岩波・栄花・下・八九頁）

「法成寺グループの諸巻」に登場する「尼達」が御堂に参詣している場面である。先に「浄土」や「極樂世界」

が譬喩的にしか捉えることのできない人間世界を絶した場所であることを述べたが、ここでは、尼達が御堂に参詣することによって「人」の「心の中」に「浄土や極樂」が「ある」ことが確かめられていることが明らかにされている。この世を絶対的に超越している場所がこの世に居る「人」の最も内奥に見出されるという矛盾した事態が現実に成立していることが語り出されているのである。そしてこのことは、「浄土や極樂」を願うことが、単に外に向けてユートピアを要求することではなく、人の最も内的なところにおいて「浄土や極樂」が現れるという仕方で自己自身が内から改められていくという宗教体験の成就を願うことであることを意味しており、そのことが物語の中で発見され明らかにされていると解することができよう。

そしてまたここでは、このような宗教体験が成立しているのが「御堂」においてであり、また、「心」という言葉が「浄土」や「佛」が現れる場所として意味づけられているということも確認することができよう。つまり、「御堂」や「心」という言葉が、「この世」において「極樂」を見るといった絶対矛盾を成立させる場所として意味づけられているのである。そしてこの事を、上述の御堂における本来的な住まいの事態と重ね合わせて考えると、絶対超越的なるものを受け容れることのできる両義的な場所として「御堂」や「心」の意味が見出されているからこそ、「殿」が「本意のさま」にあることができ、絶対の安らぎとしての浄土に往生することのできる「住まい」も成立し得たと考えることができよう。両義的な場所として「心」や「御堂」の意味が見出されていなければ、上のように往生極楽の願いを成就させる場所としての「御堂」を「建てる」ことも、また、そこに「心」を不可欠なものとして「住む」ことも物語の中で叙述されることはなかったと考えられる。

（三）「心たくみ」の方法

続けて、冒頭の引用文の解釈を全体を通して進めたい。

先述したように引用文は、「今はたゞ」という地の文に導かれて、殿の「心たくみ」の内容を述べている。その「今はたゞ」の「今」という言葉の示す時間について言及しておきたい。この「今」という時間に関する言葉が、単にその前文に載せられた「寛仁三年三月廿一日」以降の日付を表しているだけではないように思われるからである。というのも、文脈を大事にして読むと、先に見てきたことから、この「今」とは、殿が命の「限」を自覚することによって得られた〈限りある時間〉としての「今」であり、また「出家」とともに「佛に頼む」生き方を選んだ殿の〈かけがえのない時間〉としての「今」であると考えることができる。既に巻十五の特徴として、「歴史の時間と信仰の時間との本質的な対立」が見られる一方で、その「矛盾する両者をともに作品に受け入れ」て物語が展開していることが指摘されているが、この「今」にもその一端を垣間見ることができよう[48]。編年体形式を継承する相対的な時間と相対的な時間を超越した宗教的な時とが重層しているのである[49]。つまり、「心たくみ」という言葉は、二つの絶対的に異なる次元が重なり合う時間としての「今」において語り出されているのであって、そのような「今」において「たゞ」行われる行為であると言えよう[50]。

次に、「いつしか」からはじまっている「殿」の言葉を見ていこう。寛仁三年の三月頃には「御堂」はまだ形ある物として形成されているわけではないので、「この東に御堂建てゝ、さゝしう住むわざせん」というのは未来の願望を表していることがわかる。それ故、「いつしか」という時間に関わる言葉は未来の時間を含んでいる。しかし、『古語辞典』によると、「いつしか」の「シは強意の助詞」で、この古語は実現の時を射程に入れない「いつか」などと同じ意味ではなく、強い実現の意志を含んだ未来の時間に関わる現在の願望を表す言葉であり、それ故「早く」と現代語訳される。(51)これらのことから、この場合の「いつしか」という言葉は、未来の時間に関する言葉であるが、単なる未来ではなく、強い意志が現れている現在の時と未来の時間とが重なり合った途上の時間に関わる言葉であると考えるべきであろう。つまり、「この東に御堂建てゝ、さゝしう住むわざせん」という「心たくみ」の内容は、単に未来の願望を表記しているのではなく、「心たくみ」という行為が語り出されている時点で、既に御堂を「建てる」ことも御堂に「住む」ことも始められているような「実現しつつある願」を叙述していると解釈できよう。建物の造営行為にも様々な次元の行為があるが、「心たくみ」を建築的行為のはじまりを為す構想過程にあたる行為であると考えると、この時点で御堂を「建てる」ことも御堂に「住む」ことも成立しつつあると考えることはそれ程支障ある考えではなかろう。逆に「御堂」を「建て」「住む」ことへの先行的予見がはたらき、それが貫かれていなければ、建築的構想は成り立ち得ないものである。このように見てくると、「心たくみ」とは、かりそめの「建てる」こと、「住む」ことの成立イメージをそのままに保ちながら、同時に、それを現在の時間において実現していく両義的な行為であると言うことができよう。

また、そのように考えて引用文を見直してみると、この構想過程にあたる「心たくみ」という行為の中では、「御堂建てゝ」も「さゝしう住む」もイメージという仕方で同等に仮現していることを改めて確認することができる。通常、「住む」ことは「建てる」ことの目的であって、その目的に到達する為に「建てる」という行為が手段として用いられる、即ち、両者は目的―手段といった相反する関係にあると考えられる。そして、その結果、「建てる」ことと「住む」ことは別々の異なった活動であると見なされる。しかしながら、上引の如く建物の制作行為のはじまりを為す構想の段階においては、「建てる」ことの目的となり、「建てる」こととは異なる活動と見なされるはずの「住む」ことが、「心たくみ」という建築的行為の内に内包されている。「住む」ことは、「心たくみ」という建築的行為の内にイメージとして写されて「建てる」ことと同等に「心たくみ」の内容となっているのである。つまり、構想の段階では、このような仕方で、「建てる」ことと「住む」ことの両者が互いに生きた連関をなし、両者が融合することによって、創造行為としての建築的行為が実践されているのである。連関の場においてぇ「となん」「かうなん」と行きつ戻りつして構想をふくらませている描写もその事を如実に示していよう。

そして、このような相対立する次元の出来事が同時に成立するのは、やはり前項に見たように「心」がそのようなあり方を受け容れる場所であることに拠る。つまり、「心」とは、人間世界の内に人間世界を超えた超越的な場、即ち「浄土」を仮現させる場所であって、そのような矛盾を成立させる両義的な場所であった。それ故、「心」を大切にして行われている「心たくみ」という建築的行為も上述に見たような両義的なあり方をなし得る行為として実践されているのである。

結

ここまで議論を進めてくれば、「心たくみ」という建築的行為が、単に「たくむ」という仕方ではなく「心」がそえられて行われているわけも明らかになろう。すなわち、『栄花物語』では、自らの生を脅かす非存在に直面した限りで、いかなる「場所」において生きていくべきかという人間の根源的問題を課された存在として「殿」の姿が物語られていた。そして、殿の「心たくみ」がそのような否定性を根拠として動機づけられた行為であることも見てきた通りである。その殿が試みたのは、死すべき者として与えられた生を全うし、絶対の安らぎとしての極楽浄土に往生することのできる「場所」を「建て」そこに「住む」という事であった。往生極楽、即ち、死をのり超え、人間世界を絶した場の現成という仕方で経験される宗教体験は、「心」なくしては成就し得ないものであり、また通常相対立したものと考えられる「心」と「身体」とを一つにすることによってしかなし得ないことであった。つまり、「心」とは、このような両義的なあり方を成立させ得るはたらきであり、そのように「心」の意味が見出されているからこそ、死すべき者として生を全うし、この世において往生極楽の願いを実践するといった両義的な目的と方法をもって行われる「心たくみ」という行為も語り出され得たのである。それ故、『栄花物語』にみる浄土教建築の建築的行為は、「心」を拠りどころとして行われる「たくみ」というあり方によってしか成り立ち得ない行為であり、本章冒頭に引いた引用文にはその事が正確に語られていたと言うことができるであろう。

〔註〕

1　以下『栄花物語』からの引用は、松村博司・山中裕校注『日本古典文学大系新装版　栄花物語　上・下』、岩波書店、一九九三年を底本とする。本章では『栄花物語』の引用のみ引用文の後ろに省略記号で頁番号を記す。省略記号の表記は（岩波・栄花・上・○○頁）とし、（　）内の「上」、「下」の付記はそれぞれ上巻、下巻を示す。

2　『栄花物語』には藤原道長、法成寺といった固有名詞は出てこない。それ故、二重表記にした。本書ではその『栄花物語』の作者の意向を尊重し、『栄花物語』の主人公を示す言葉として用いられている「殿」をそのまま引用表記する。殿が臨終を迎える建物も同様に「御堂」と表記する。通常の固有名詞の表記と異なるため括弧を付けて表記するが、文面が煩雑になる部分もあるため、適宜括弧を外した。

また、本書は括弧付きの表記を多く用いているが、その意味は引用、強調、保留である。本書の原稿をなす初出論文では引用を示す場合、できるだけ括弧を付けることを試みていたが、その全てに括弧記号を付記すると、学術的に厳密な文章になる一方で記号の多い文面となり、読みづらくなるため、本書では文脈に応じて括弧を付記しない場合を設けた。そのため、本書の鍵語となる「住まい」、「臨終の住まい」という言葉も括弧付きとそうでない場合がある。本書では、それらを全体を通して統一して用いることよりも、文章の読みやすさを指標としてその区別を行っている。そのため、初出一覧に載せた論文と異なっている部分がある。

3　渡辺保忠『日本建築生産組織に関する研究』、早稲田大学図書館蔵学位論文、一九五九年

4　小林文次「藤原時代における貴族の「心たくみ」をめぐつて」、『建築雑誌』七八八号、一～六頁、一九五二年七月。本論文には、「表題の『心たくみ』は本文中に引用した様に、栄華物語から採つたものであるが、これについて私は東大の大学院に在学中、やはり大学院に居られた浜口隆一氏と連れ立つて伊東忠太先生にお会いして、色々とお話を伺つた当時の事を思い出さずには居られない。その頃建築意匠の研究をされていた浜口氏が、短刀直入に先生に向つて『意匠』とは何でしようか、と問われた時、吾々の緊張した沈黙を破つて答えられた先生の言葉は——それは心のたくみです——であつたからである」という附言が載せられており、小林文次の本論文著作動機を窺い知ることができる。

5　本稿は「建築は単なる構築物ではなく、実はその時代に生きた人々の宗教観・審美観などの価値観を集約的に表現したものであったはずである。したがって建築するという行為を通してみて、はじめて輪郭を現す歴史があっても不思議ではない」（清水擴『平安時代仏教建築史の研究——浄土教建築を中心に』、中央公論美術出版、四頁、一九九二年）とする考えにならい、建築的行為のあり方の解明を試みるものであるが、「平安時代の仏教建築」の建築史学的分析を行うわけではない。また、「場所論的」とは、人間と物との関わり合いを成立させる「場所」に着目した論攷を試みるという程の意味であり、ここでは玉腰芳夫『古代日本のすまい　建築的場所の研究』、ナカニシヤ出版、

6　一九八〇年や前川道郎編『建築的場所論の研究』、中央公論美術出版、一九九八年で行われた研究に立場を重ねる。小林文次が「心たくみ」という言葉を、他の史料によりながら解釈されているのに対して、本研究は『栄花物語』の内容を大切にし、物語の文脈の読解を通して、「心たくみ」という言葉の解釈を行うことを重要視している。『栄花物語』には「殿」の住まいが営まれる「御堂」の建立発願の様子から、「御堂」において「殿」が死を迎える様子まで、御堂造営の全過程が物語られているからである。辞書的な考究はこれを補完するものであるが、「心たくみ」という言葉の用例が少ないため、「心」と「たくみ」とに一端分けてそれぞれの意味を明らかにし、それをふまえて「心たくみ」の意味を浮かび上がらせることを試みる。また、『栄花物語』の「心たくみ」という言葉は、初出例を大切にする『日本国語大辞典』の文例として挙げられており、この言葉の位置づけを知ることができる。「心たくみ」の他の用例には、『治安二年七月法成寺金堂供養記』の「大九地有勝境、因人而後開、人有心匠、逐物而後知、建立道場、號法成寺、境心相固有時耳（傍点引用者）」（藤田経世『校刊美術史料　寺院篇　中巻』、四七六頁、中央公論美術出版、一九七五年）がある。また大工技術の伝書『番匠之起』（国立歴史民俗博物館蔵）の冒頭を見ると、「巧」と「心」とが鍵語として用いられていることを確認することができる。

また、平等院鳳凰堂に関して、『扶桑略記』康平四年十月廿五日条（黒板勝美『新訂増補国史大系　第一二巻　扶桑略記　帝王編年記』、二九七〜二九八頁、吉川弘文館、一九三二年）には「平等院者。水石幽奇。風流勝絶。前有㆔一葦之渡㆓長河㆒。宛如㆑導㆓群類於彼岸㆒。傍有㆔一華之疊㆓層嶺㆒。不㆑異㆘積㆓諸善㆒而爲㆖㆑山。是以改㆓賓閣㆒兮爲㆓佛家㆒。廻㆓心匠㆒兮構㆓精舎㆒。爰造㆓弥陀如來之像㆒。移㆓極樂世界之儀㆒。礼㆓月輪㆒以擧㆑手者。仰㆓引接於八十種之光明㆒。臨㆓露地㆒以投㆑歩者。縮㆓往詣於十万億之刹土㆒。況乎弘㆓一乘之妙文㆒。修㆓三昧之行業㆒。弟子建㆓多寶塔於斯處㆒。安㆓金剛界於其中㆒。露盤之代㆓仙掌㆒。寫㆓輪奐於照明園之雪㆒。風鐸之懸㆓四端㆒。任㆓製造於菩提樹之月㆒（傍点引用者）」とある。ここには「心匠」を廻らせて精舎を構築することが記されており、この記述からも当時の阿弥陀堂の建築に際して「心たくみ」という行為が重要な意味をもっていたことが窺える。

7　新建築学大系編集委員会編『新建築学大系四四　建築生産システム』、九頁、彰国社、一九八二年

8　田邊泰、渡辺保忠「上世における「たくみ」の概念とその歴史的実態について」、『日本建築学会研究報告』第一一号、一頁、日本建築学会、一九五一年

9　京都大学文学部国語学国文学研究室編『諸本集成倭名類聚抄［本文篇］』、五五頁、五六七頁、臨川書店、一九九三年に「四聲字苑云、工、功反、和名太久美」とあり、「工」は「たくみ」と読む。

10　杉本つとむ『新井白石　東雅――影印・翻刻』、一三一頁、早稲田大学出版部、一九九四年

11　日本大辞典刊行会『日本国語大辞典』第一二巻、七一二頁、小学館、一九七四年

12　田邊泰、渡辺保忠前掲論文、同頁

13　本段落の引用は全て、『日本国語大辞典』第一二巻前掲書、七一二〜七一三頁

14　本稿が、以下で挙げる歌論に着目するのは、単に「たくみ」という言葉が用いられているからのみではなく、「平安朝中葉から鎌倉時代へかけては、作歌と歌論とが相伴つて現はれ、兩者の關係の最も密接であつた時代を見る事が出來る」と言われている事にもよる。岡崎義惠『日本文藝學』、五二八頁、岩波書店、一九三五年

15　佐伯梅友校注『日本古典文学大系八　古今和歌集』、一〇〇頁、岩波書店、一九七四年

16　久松潜一『久松潜一著作集五　日本文学評論史　総論・歌論・形態論篇』、二二六頁、至文堂、一九六八年に「心と詞とは内容と形式であつて、InhaltとFormと言つてもよい」云々とあり、これに従って解釈した。

17　『古今和歌集』前掲書、九三頁

18　松村博司『栄花物語全注釈（一）』、三三二頁、角川書店、一九六九年

19　久松潜一前掲書、二二七頁に「古今集序では心は餘情の意味にはならないで、内容としての感情・情緒を指してゐると見てよい」とあることに拠った。

20　高橋和夫「古今和歌集の世界像」、和歌文学会編『和歌文学の世界　第七集　論集　古今和歌集』所収、一二頁、笠

間書院、一九八一年

21　『古今和歌集』前掲書、九九頁

22　藤平春男校注・訳「近代秀歌」、『日本古典文学全集五〇　歌論集』所収、四六九頁、小学館、一九七六年

23　久松潜一前掲書、二七二頁

24　「近代秀歌」、前掲書、同頁

25　同上

26　『栄花物語』正篇三十巻の構造に関しては、松村博司『栄花物語全注釈（四）』、一二三〜一二四頁、角川書店、一九七四年を参照。

27　蔵田敏明「『栄花物語』正編の主題をめぐって⑵──「うたがひ」の巻の問題点を中心として──」、『滋賀大國文』第二二号、三五頁、滋賀大国文会、一九八四年六月

28　河北騰「栄花物語の仏教と道長像──巻十五「疑ひ」をめぐって──」、『獨協大学教養諸学研究』七号、一頁、獨協大学学術研究会、一九七三年三月

29　この文章は『往生要集』大文第一〈厭離穢土〉五〈人道〉三〈無常〉に引かれる大経の偈に拠っていることが指摘されている。『栄花物語全注釈（四）』前掲書、一二〇頁及び石田瑞麿校注『原典　日本仏教の思想四　源信』、三九頁、岩波書店、一九九一年参照。

30　巻十五の巻末の無常、末世観に関しては、山中裕「栄花物語に現れた藤原道長」、『歴史地理』第八十七巻　第一・二合併号、日本歴史地理学会、一九五七年一月や梶山雄一『空入門』、春秋社、一九九二年などを参照。

31　「はかなし」に関しては、「『栄花物語』においては時間は作品世界の展開より超然とした先験的なものと扱われるのみならず、その経過が「はかなし」の語によって認識され」、また『源氏物語』と異なって「「はかなし」の語はその語義に関しては情意の表現に乏しく、様態に大きく傾いていた」とされる。渡瀬茂「死をめぐる叙述について、ふた

たび──『栄花物語』の考察(七)──」、『研究と資料』一〇輯、四一頁、四三頁、研究と資料の会、一九八三年　一二月や唐木順三『無常』、筑摩書房、一九九八年を参照。超然と進みゆく時間の感知に応じて世界の無常なることが自覚される。

32　ここで語られている事態は「栄華の頂点に立つ道長にさえ己れにやってくるはずの死のことが赤裸々に自覚されている事態が叙述されている」と言われている。野崎守英『歌・かたり・理《ことわり》』、五二頁、ぺりかん社、一九九六年

33　「叙述の展開は時間の進行でなく空間のひろがりに」と言われるように、時間に重点をおいた編年体形式の叙述から空間を重視した叙述に展開する所に巻十五の特徴を見ることができる。渡瀬茂「「うたがひ」の巻の時間について──『栄花物語』の考察(八)──」、『研究と資料』一二輯、二六頁、研究と資料の会、一九八四年十二月

34　『栄花物語全注釈（四）』前掲書、三七頁

35　同上書、三八頁

36　「京極殿」（土御門殿）に関しては、太田静六『寝殿造の研究』、吉川弘文館、一九八七年を参照。

37　建物の老朽化が「殿」の居場所を移す原因となっているわけではないことは、巻十四に京極殿焼失再建の場面があり、京極殿が新築されていることからも推察できる。むしろ、この焼失再建の事態によって自身の「住まい」への関心が一層深められたと考える方が適切であろう。

38　尼君達の視点と「御堂」の関係に関しては、渡瀬茂「「たまのうてな」の尼君たち──『栄花物語』の考察(三)──」、『研究と資料』四輯、二七～四五頁、研究と資料の会、一九八〇年十二月を参照。

39　「あはれに尊《たうと》くめでたき事、浄土もかくこそはと推し量《はか》らるゝに、いと尊《たうと》し」（岩波・栄花・下・九六頁）も同様の例として挙げられる。

40　この巻の所収年代は、治安二年七月十三、十四、十五日の三日間で、「歴史物語」を建前とする『栄花物語』の他の諸巻に比べて特異な巻であり、「御堂供養」の記事で一つの巻が形成されている。「法成寺グループの諸巻」は「御堂」

において開かれた法会の様子を豊かに物語っている事を特徴としており、「御堂」における「住まい」の具体を知ることができる。

41 『栄花物語』では「浄土」と「極楽」の間に大きな意味の差が認められていない。「浄土も極樂もあるといふはまことにこそはあめれ」(岩波・栄花・下・八九頁)等参照。

42 家永三郎『上代佛教思想史研究』、三六一頁、目黒書店、一九五〇年

43 『栄花物語』の中には「御堂」に関する叙述の他に、「御堂」を「建て」ている建設現場の描写がある。

そなたざまに趣《おもぶ》けば、海《うみ》の浪《なみ》も柔《やはら》かに立《た》ちて、この御堂《みだう》の物を運《はこ》ばせ、河《かは》も水《みづ》澄《す》みて心清《きよ》く浮《うか》べて参《まい》ると見《み》ゆ。猶《なを》なべてこの世《よ》のことゝは見《み》えさせ給はず。(岩波・栄花・上・四四七〜四四八頁)

建物の建設現場は通常雑然としているものであり、「御堂」の場合も例外ではなく、その活気ある現場の様が語られている場面描写もあるが、『栄花物語』では上引のように「水澄みて心清く」と閑けさの漂う建設場面も同時に物語られている。ここでは「御堂」を「建て」ているその事態が既に「この世」を絶したものに成りつつあることを確かめることができよう。

44 『栄花物語全注釈(四)』前掲書、三八頁

45 同上

46 家永三郎前掲書、三五四〜三五五頁

47 『日本古典文学大系新装版　栄花物語』前掲書、下、三二二頁の頭注参照。

48 渡瀬茂「「うたがひ」の巻の時間について──『栄花物語』の考察(八)──」、『研究と資料』一二輯、一三頁、研究と資料の会、一九八四年一二月

49 『栄花物語』で用いられている「今」に関しては既に論考があり、「「今」は、事象の現在を表し、書かれた事象と作者が同じ時空にあることを前提とする表現である」と指摘されている。福長進「栄花物語の歴史叙述──「今」の表

現性をめぐって――」、『國語と國文學』、二七頁、東京大学国語国文学会、一九八五年七月

50 「ただ」は、「対象に向って直線的・直接的で、何の曲折も、へだてもない意が原義」とされる。大野晋編『岩波古語辞典　補訂版』、八〇一頁、岩波書店、一九九〇年。ちなみに、『往生要集』には、『西方要決釈疑通規』を引いて「常に仏を念じて往生の心を作し、一切の時に於て、心に恒に想ひ巧《たく》め」とある。『原典　日本仏教の思想四　源信』前掲書、一四四頁

51 『岩波　古語辞典　補訂版』前掲書、一一三頁

第二部　「臨終の住まい」のあり方

第二章　『栄花物語』の場合

序

『栄花物語』巻三十〈つるのはやし〉には、「殿」（藤原道長）が、「御堂」（法成寺）で、臨終を迎える様子が描かれている。

その様子は、

あはれ、この御堂の事を夜晝《よるひる》の御營《いとなみ》に心にかけさせ給、又念誦《ず》の最後《さいご》あるべき限《かぎり》おはしましつる。

（岩波・栄花・下・三三三頁）(1)

といった具合で、「殿」は「御堂の事」を常に心にかけて住まいを営み、あるべき限り念誦を行いながら最後の時を迎えたことがわかっている。また、〈つるのはやし〉を含む「法成寺グループの諸巻」（岩波・栄花・上・一一頁）と呼ばれている巻では、「御堂」の内外の様子や「念誦」のあり様が詳しく語られており、『栄花物語』を読むことによって、殿の臨終の「住まい」の様子とその背景となる「場所」のことを知ることができる。さらに、正編の最終巻にあたる〈つるのはやし〉には、「出家せさせ給しところの御事、終《おはり》の御時までを書《か》き續《つゞ》け」、「發心の始《はじ》めより實繫《〈ジッケ〉》の終《おはり》まで書《か》き記《しる》す」と叙述されており（岩波・栄花・下・三三七頁）、御堂において臨終の住まいを営む殿の場面が、単に『栄花物語』の一断片としてあるわけでなく、物語の全体を貫く主題の一端を担うとともに著作動機に関わる重要な場面であることが知られる。

臨終の住まいの営みとは、臨死という人が最も危機的状況にある時に発せられた生の営みである。それ故、知る知らずを問わず常に死に近よりながら生きている人間の生の本来相が最もよく顕れる営みであると考えられる。本章では、この臨終の住まいの成立に関わっている「場所」のあり様に着眼し、その住まいを構成している「場所」の構成秩序のあり方を明らかにすることを試みる。

一　法成寺「阿弥陀堂」について

「殿」の臨終の住まいが営まれるのは、「阿弥陀堂」である。この阿弥陀堂に関しては、既に論考があるので、先ず、既往研究に拠りながら、研究の立場と方法を明らかにしておきたい。

阿弥陀堂の成立背景に関する論考としては、塚本善隆の研究がある。塚本は、『常行堂の研究』で、平安期の常行堂建立の流行が阿弥陀堂建立の流行と深い関係にあることの理由を、円仁伝来の常行堂行事が実は『摩訶止観』の常行三昧と性質を異にしており、中国浄土教家が往生業として修していた法照系の行事に由来することに求めた。常行堂建築の一般的形式は、堂内中央に方形の内陣を取り、そこに阿弥陀仏を本尊とした仏像を安置し、念仏を唱えながら仏像の周囲を行道することができる方四～五間のささやかな堂宇であるとするが、そこで行われた行事が極楽往生のために修せられたものであったことから、極楽信仰が隆昌に向うと共に堂内荘厳の形式も密教的から純浄土教的に至り、三昧堂は阿弥陀堂に接近もしくは変化していったとする。すなわち、常行堂と阿弥陀堂は、そこで行われる行事と密接に関わって形成される建物で、行事の内容のうつりかわりにともなって、常行堂から阿弥陀堂へ、堂や堂内荘厳の形式が変化していったことを明らかにしている。[2] 本研究は、この研究方法にならって、建物だけを分析するのではなくて、建物とそこで行われる行事との関わり合いに着眼して議論を進めていく。本章が問題とする殿の臨終場面は、「阿弥陀堂」における「臨終念佛」の描写でもある。本章では、この場面の解釈によって、「臨終念佛」とともに形成されている「阿弥陀堂」の構造の解明を試みたい。

また、『栄花物語』の「阿弥陀堂」は、通常、法成寺阿弥陀堂を想定して語られているとされ、逆に法成寺阿弥陀堂に関する研究の多くは『栄花物語』の「阿弥陀堂」の記述に拠って行われている。その法成寺阿弥陀堂に関する研究には、様々な分野からのものがあるが、先ず、建築史学の論考から見ておこう。

足立康は、中古における建物が母屋と庇という二つの場所によって構成されていることに着眼し、古書における建築平面の記述が母屋とその庇との二部分に分けて表記されているという「中古に於ける建築平面の記法」を明らかにしている。[3] そして、「九躰阿彌陀堂の平面に就いて」という論考で、『小右記』の法成寺阿弥陀堂の規模を記した記事「彼殿東地京極東邊、造十一間堂[4]」を「其桁行一一間なる」と解釈した川上邦基の見解に対して、それを「記録の誤讀」とし、「小右記の云ふ「十一間堂」とは結局「十一間四面堂」の謂であるから、その桁行は法勝寺のと同じく十三間となる」とした。しかしながら、その後も、法成寺阿弥陀堂の規模に関しては、「正面十一間」

と解釈する意見など様々な見解が出されており、法成寺阿弥陀堂の建築史学的研究においてはこの規模算定が重要な論点の一つとなっている。[5]本稿は、あくまでも『栄花物語』の「阿弥陀堂」解釈を試みるものであるから、これを「母屋」と「廂」からなる建物で、「東向《ひんがしむき》に十餘間《よけん》」（岩波・栄花・下・八三頁）の横に長い建物として、文献のままに、受け取ることにする。

また、福山敏男、杉山信三、清水擴等は、それぞれ法成寺伽藍の復原図を提示し、他の諸堂との関係をふまえて阿弥陀堂の配置や平面構成のあり方を明らかにしている。[6]

その清水擴は、「法成寺の伽藍とその性格」という論考で、建物の形式と堂内の荘厳に着眼し、法成寺伽藍内の他の諸堂との比較から阿弥陀堂の特徴を明らかにするとともに、「平安時代阿弥陀堂の堂内荘厳とその系譜」で、平安時代の阿弥陀堂の多くの事例を挙げ、その中で法成寺阿弥陀堂の建築形式的な位置づけを明示し、平安時代の阿弥陀堂の堂内荘厳の手法は、その多くを法成寺の阿弥陀堂をはじめとする諸堂にみることができるとしている。[7]

文化史学、美術史学からの研究には、石田一良や大串純夫のものがある。石田一良は、無量寿院の建立に源信の教説が多分の影響を与えているとし、法成寺阿弥陀堂を「恵心教「的」美術」の一つとして位置づけている。[8]また、大串純夫は、阿弥陀堂を来迎図や迎講と同類の「来迎芸術」作品の一つとし、恵心僧都の思想と浄土教行事と来迎図と阿弥陀堂との関係について総合的に考察し、それらの諸芸術の中で法成寺阿弥陀堂の位置づけを明らかにしている。[9]

一方、法成寺阿弥陀堂と阿弥陀堂に関わる人（制作者、住人）、つまり建物と人間との関係に着眼して試みられた研究がある。

法成寺阿弥陀堂の制作者に着眼したものとして、杉山信三による研究がある。(10)杉山は、「普請好き」の藤原道長と道長が建てた建物に関する記事を時間軸を通して整理し、道長による建築の史的変遷の過程を明らかにすることによって、法成寺を「院家建築」の一つとして位置づけることができるとしている。

また、住み手の側からの論考として、高取正男による研究がある。(11)高取は、貴族が、寝殿造住宅から仏堂へ、住まいの場所を変えていく様子を調査し、両者の住まいの共通性を「身舎の内奥部に関して抱かれてきた神聖感」に見る。特に、法成寺の阿弥陀堂に関しては、「身舎（内陣）に安置された阿弥陀如来」と「外陣になる廂の間にしつらえられた道長の念誦の間」について言及し、道長の住まいが仏堂において営まれたにもかかわらず、寝殿造住宅の居住様式をそのまま持ちこんでいるとしている。つまり、法成寺阿弥陀堂と寝殿造住宅との相違点は様々にあるが、「身舎と廂をめぐる日常的な生活感覚と意識」すなわち、母屋と廂における住まいのあり方はそのまま継承されているとしている。ここでは、建物の物的形式ではなく、建物に住む人間のあり方に着眼することによって、母屋・廂という場所の構成のあり様が解明されようとしている。本研究は、この研究方法に学び、阿弥陀堂を形式的な側面から見るのみでなく、「阿弥陀堂」と「殿」との関係を大切にし、そこで営まれる住まいの背景となる場所の構造を解明することを試みる。

さらに、建物と人間との関わり合いのあり方に着眼して試みられた研究として、井上充夫、井上光貞、家永三郎による論考がある。

井上充夫は、「われわれがいま問題とするのは浄土思想と阿彌陀堂建築との直接の関係ではない」とし、また同様に、「『鳳凰堂は阿彌陀浄土図を立体化したものである』という風な特殊現象だけを直結する説明が不当である」と言う。(12)そして浄土思想も鳳凰堂式建築も、平安時代の精神的風土という同一の地盤から生え出た二本の植物であって、両者はただその地盤を共有するにすぎないとし、個別の思想を支える「精神的風土」の解明をふまえた上で建築のあり方を明らかにされようとしている。そして、『日本上代建築における空間の研究』では、平安時代の精神的風土の基礎構造を「二元的構造」として捉え、これが浄土思想や建築の成立基盤となっているとし、その上で、建物の「配置・平面等の総合的考察」が試みられている。

また、井上光貞は、阿弥陀堂の造営によって、浄土の荘厳が「たゞ心中に思いうかべられるのみではなくして、これが阿彌陀堂という華麗な造形美術に形象化せられた」とし、浄土の荘厳を観ずる助縁としての宗教的意義に加えて、この建物の建築的意義を認めている。(13)

家永三郎は、「法成寺の創建」という論考で、先ず、道長の精神的遍歴の解釈を行い、それをふまえて法成寺の創建経過について説明している。次に、法成寺に建てられた諸堂の様子を主に『栄花物語』を用いて明らかにし、その結果、「法成寺とは實にこの究極目的—即ち造形・律動の經緯によつて織り出される淨土變相の立體的表現を目標とし、あらゆる藝術部門を總動員して構成された美の一大體系であったと云ふことが出來る」とする。(14) 家永の法成寺研究の目的は、藤原道長の法成寺への関わり方の考察を通して、上代仏教思潮の一つのあり方を明らかにすることにあり、「法成寺の伽藍組織は願主のかかる信仰生活を其の儘反映するものであった」との考えを基に、法成寺と道長の考察を通じて、両者の背後に流れている思想の潮流を明らかにしている。ここでは、「當時の人士はその纖細に發達した美的感受性と創造力とを以て生活を藝術化するにつとめた」のであるが、法成寺造営ではその芸術が「宗教藝術」として質を高めていることを強調している。つまり、法成寺造営は、人間と世界の「有限性の自覺」に触発されて起きた「道心」に拠って動機づけられたものであり、「宗教藝術」として結実する法成寺造営の根底には、「滅罪生善」を目的として「淨土の光景を造形化」する思想が働いているとしている。

図１　法成寺寺域図

本研究は、『栄花物語』の臨終場面の解釈を建築学的立場から試みるものであるが、その際、既往の研究成果をふまえて、場面の背景となっている建物の形態、建物と登場人物との関わり合いのあり方に着眼して研究を行う。幸い『栄花物語』の「阿弥陀堂」は「殿」によって「建て」られ、またそこで「殿」の「住まい」が営まれている。そして『栄花物語』の「法成寺グループの諸巻」には、そのことが豊かに叙述されている。つまり、『栄花物語』の「殿」の建築的行為のあり方を見届けることによって、制作者と住み手の両方の立場から、人間と建物との関わり合いのあり方を究明することができると考えられる。

また、上述の既往研究と異なって、本研究は、あくまでも『栄花物語』の「阿弥陀堂」の研究を行う。それ故、「殿」の住まいが営まれる場所は、道長の経歴よりも、『栄花物語』の文脈の中で位置づけられる必要があると考えている。そして、本稿は、『栄花物語』を体系的に読み解き、その読解に拠って、阿弥陀堂における臨終の「住まい」、つまり、殿の臨終時における阿弥陀堂と登場人物との関わり合いのあり様を場所論的に構造化して提示することを試みる。「臨終の住まい」を成立させている「場所」が全体として「二重性」をあらわしているという基礎構造そのものの究明を根本の課題としたい(15)。

以下、冒頭で触れた「御堂」の建築動機が叙述されている巻十五〈うたがひ〉から考究を進めていこう。

二　「殿」と「京極殿」

『栄花物語』巻十五〈うたがひ〉の巻頭には、「この度《たび》こそは限《かぎり》なめれ」と言う程の病に罹り、御堂造営と出家の願いを立てる殿の姿が描写されている。〈うたがひ〉は、「法成寺グループの諸巻」の最初の巻にあたり、この巻をはじめとして御堂造営の記事は、正篇最終巻〈つるのはやし〉まで一連のものとして叙述される(16)。なかでも、〈うたがひ〉は、無常観・末法観や死の自覚を契機として御堂造営が発願されていることを叙述しており、御堂造営の動機、目的、方法を知ることができる重要な巻となっている(17)。ここでは先ずその〈うたがひ〉の中から、御堂造営発願の様子を示している文章を見ておこう。

年頃《としごろ》の御本意《ほい》、たゞ出家せさせ給て、この京極《きやうごく》どのゝ東《ひんがし》に御堂建《みだうた》てゝ、そこにおはしまさんとのみおぼさるゝ。

（岩波・栄花・上・四四〇～四四一頁）

出家とともに、御堂造営の願いが立てられている場面であるが、その願いが発せられた場所に注意しておきたい。引用文を見るとわかるように「京極殿」がそこにあたる。以下、「阿弥陀堂」の論考に入る前に、出家する前の殿の住まいの拠点であり、出家、御堂造営の願いが発せられた「京極殿」の様子を先ず見ておきたい。「京極殿」との比較によって「阿弥陀堂」のあり方を浮かび上がらせるためである。

京極殿に関しては、既に太田静六等の研究があり、ここではその研究成果に拠りながらその様子を明らかにしていく。『寝殿造の研究』に拠ると、京極殿の所在地は、『二中歴』に「京極殿、土御門南、京極西、大入道殿道長公家」[18]とあることから、土御門大路と京極大路に面している所とされている。[19]この事から、既に杉山信三、福山敏男にも指摘されているように、京極殿は、京極大路という平安京の東境を縁取る境界に面して建てられていたと考えられる。[20]そして、そうであるとすれば、上の引用文から、平安京の東境を東方に越えた所に「御堂」が建てられていると考えることができる（図1）。

また、『栄花物語』には京極殿に関して、「京極殿におはします。寝殿を南殿にて、西對を清涼殿にしたり」（岩波・栄花・下・四三四頁）という記事がある。[21]京極殿の寝殿と西対が、それぞれ南殿、清涼殿と成っているのであるから、これらの建物は、京内、敷地内にある他の建物に比べて、特別に重要な意味を持ち得る寝殿造の建物であったことがわかる。

ここで、一般的な寝殿造の寝殿の形式を池浩三の説明に拠って見ておくと、「敷地一町の上級貴族の邸宅では、寝殿は桁行（東西）五間、梁間（南北）二間の母屋を中心とし、その四周に一間の廂をめぐらす」[22]建物であると

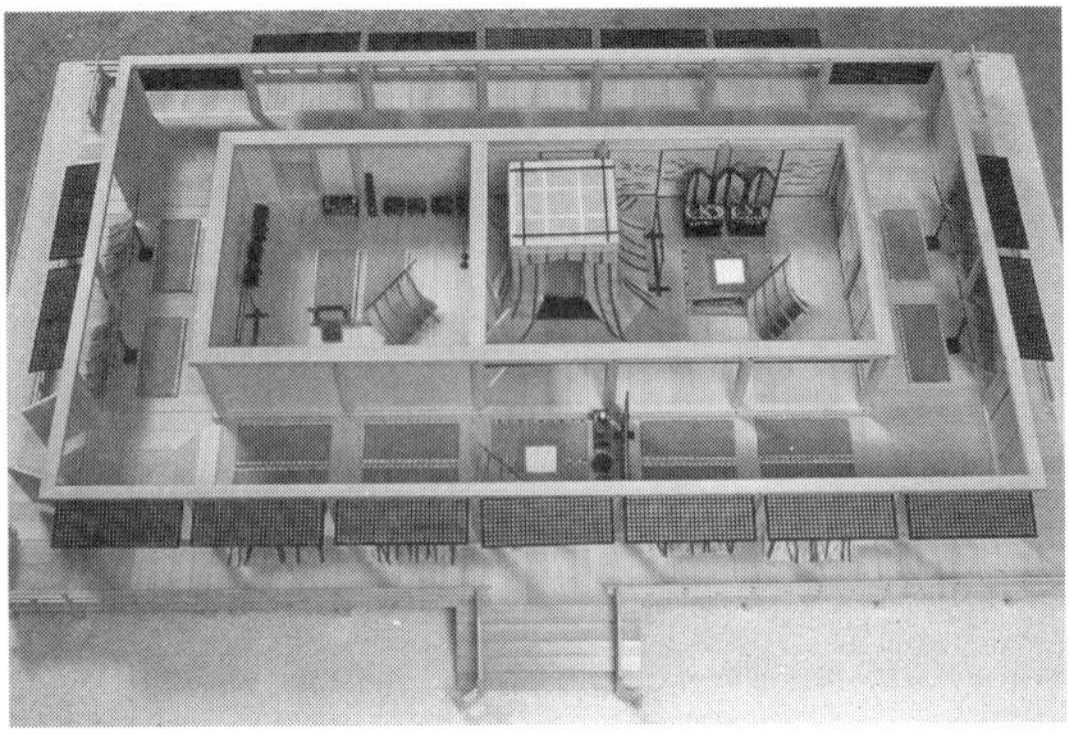

図2　「五間四面」の寝殿内部

考えられる。つまり、方一町の敷地に建てられた寝殿は、母屋と廂からなる五間四面の建物を典型とする。さらに、母屋・廂からなる建物の外周部には簀子が巡っており、その庇と簀子の境には建具が入る。また、屋根は檜皮葺で、柱は丸柱、床は板敷、廂の外部は簀子で、高欄がめぐり、南正面に五級（段）の階段があって、階隠《はしがくし》という庇屋根をかけるといった具合である。注意しておくべきは、母屋の西または東の二間に土壁で囲んだ塗籠という場所があるということである（図2）。その塗籠は、『栄花物語』の土御門殿焼亡の場面に「年頃《としごろ》の御傳《つたは》り物ども、數知《かずし》らず塗籠《ぬりごめ》にて焼《や》けぬ」（岩波・栄花・上・三八〇頁）とあるように、家に代々伝わる家宝のような物を置いておく場所である。天皇などは、皇位の象徴である神器を安置していたという。また、夜御殿《よるのおとど》とも呼ばれ、主人が寝る（「大殿籠る」）場所であり、時には、出産、婚礼、臨終などの通過儀礼が行われ、儀礼の要となる重要な場所として機能し、「母屋」の意味を規定していたとされている。[23]

そして、角田文衛によって提示されている『紫式部日記』や『御産部類記』を見ると、京極殿も上述のような母屋と廂からなる寝殿造形式によって建てられた建物であることがわかる。[24] また、上に見たように、京極殿は、南殿、清涼殿となり得る建物であり、「すべてが所謂寝殿造の形式を其儘完備している」[25]と言われている程に、寝殿造形式を代表する建物であったと考えられている。「御堂」の造営は、このような形式と意味を持つ場所において発願されたと考えられる。

次に、本節冒頭に引いた引用文を、その前後の文脈を含めて、もう一度、見ておこう。

「行《い》かんとも思《おも》ひ侍《はべ》らばこそは」とて、聞《きこ》しめし入《い》れず、たゞ佛《ほとけ》を頼《たの》み奉《たてまつ》らせ給《たま》へり。年頃《としごろ》の御本意《ほい》、たゞ出家せさせ給て、この京極《きやうごく》どのゝ東《ひんがし》に御堂《みだう》建《た》てゝ、そこにおはしまさんとのみおぼさるゝに

（岩波・栄花・上・四四〇〜四四一頁）

この場面は、殿の出家、御堂造営発願の場面であるが、その発願の前に、「晴明〈セイメイ〉・光榮〈クワウエイ〉」(26)という「いと神《かみ》さびたりし者《もの》」が、病に苦しむ殿に「所替《ところか》え」するよう申し出る場面があり、それに対して、「行かんとも思ひ侍らばこそは」と言って聞き入れようとしない殿の姿が叙述されている所である。(27)つまり、病に苦しみ命に限りがあることを自覚せざるを得ない状況にあって、殿は「所替え」はせずに、「京極殿」から「御堂」へと住まいの拠点を移すことを選んでいるのである。(28)それまでの平安貴族において一般的に行われていた「所替え」をすることも、また、「殿」の住まいの拠点であった「京極殿」に居続けることも、否定され、「御家を捨てゝ、出家入道」し、ただ仏を頼み「御堂」に住まうことが肯んじられたのである。(29)上で見てきたように京極殿は、寝殿造形式で造られた建物であり、当時としてはかなり立派で、日常生活を過ごすのに不自由のない場所であったであろうことが窺える。にもかかわらず、住まいの場所を替え、「御堂」を造営しなくてはならないとするのであるから、「京極殿」には無い特別の何かが「御堂」にあるのだと考えられる。では、その「京極殿」には無く「御堂」にある何かとはいったい何であろうか。以下、殿が臨終の場所として選んだ「御堂」に着目して論考を進めていきたい。

三　伽藍構成と「院」の世界

殿が臨終を迎える「阿弥陀堂」の論考に入る前に、先ず、その御堂全体の伽藍構成とそこで行われた御堂供養の様子を見ておきたい。庭園を含む御堂における住まいのあり様を見ることによって、殿が構築しようとした世界を端的に窺い知ることができるように思われるからである。

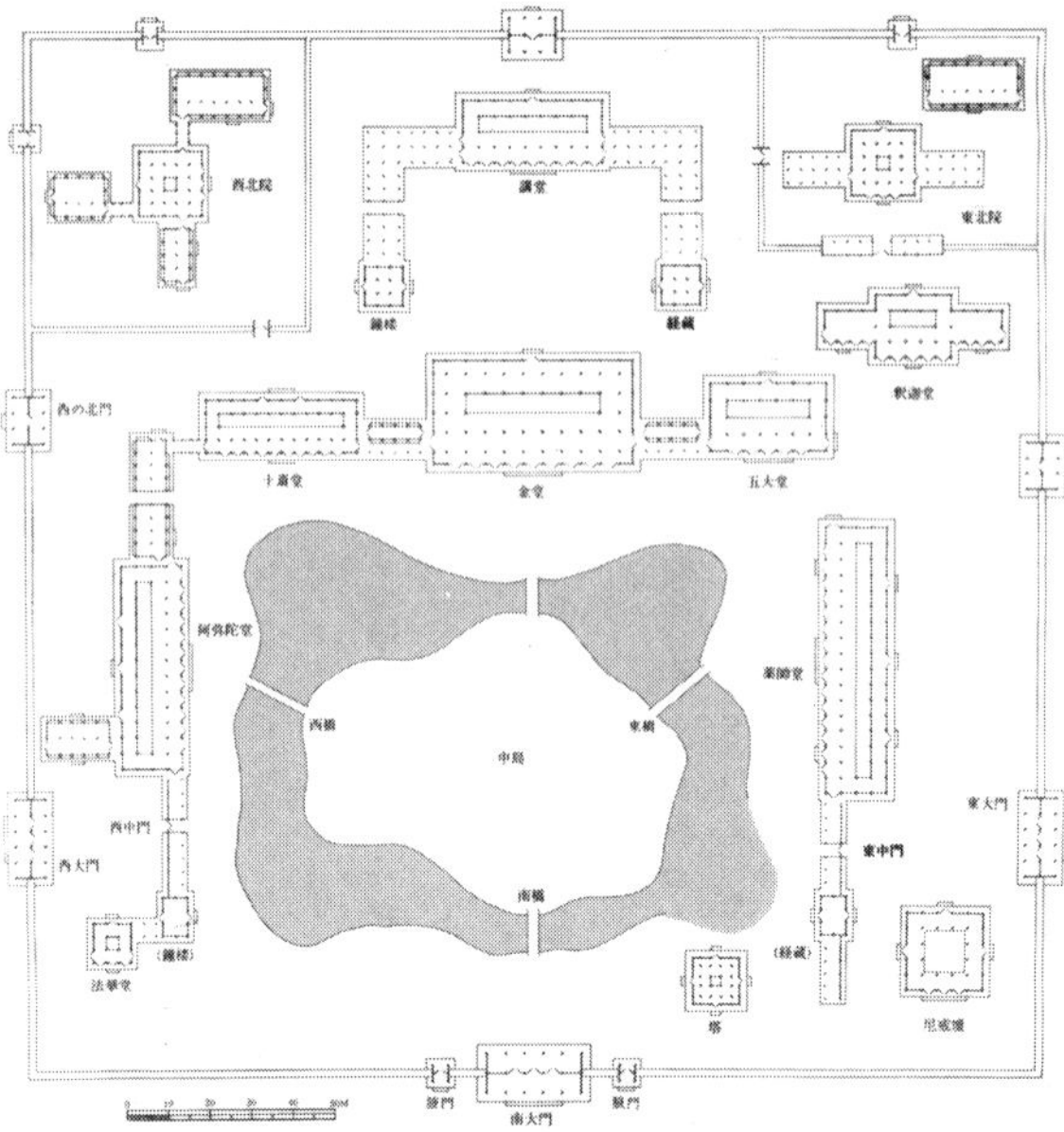

図3　清水擴による法成寺伽藍配置図

物語の論考に入る前に、法成寺の伽藍配置に関する研究が既にあるので、先ず、それを見ておきたい。なかでも、肥後和男、鵜飼峯生、杉山信三、福山敏男、清水擴等は、伽藍の復原を試みており、それを見ることによって、伽藍構成を図的に理解することができる[30]（図3〜図7を参照）。

これらを見比べると、法成寺の伽藍が時代とともに変化し様々な形態をとっていることがわかるが、その一方で伽藍構成に関して、寝殿造住宅や後の浄土教庭園と同様の共通点を見出すことがで

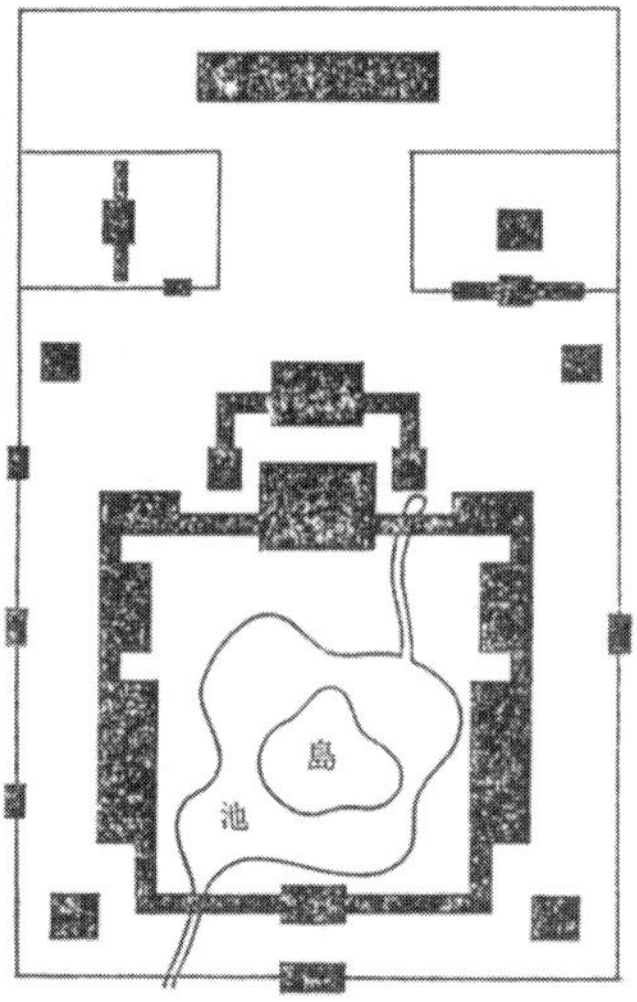

図 6　杉山信三による法成寺伽藍配置図

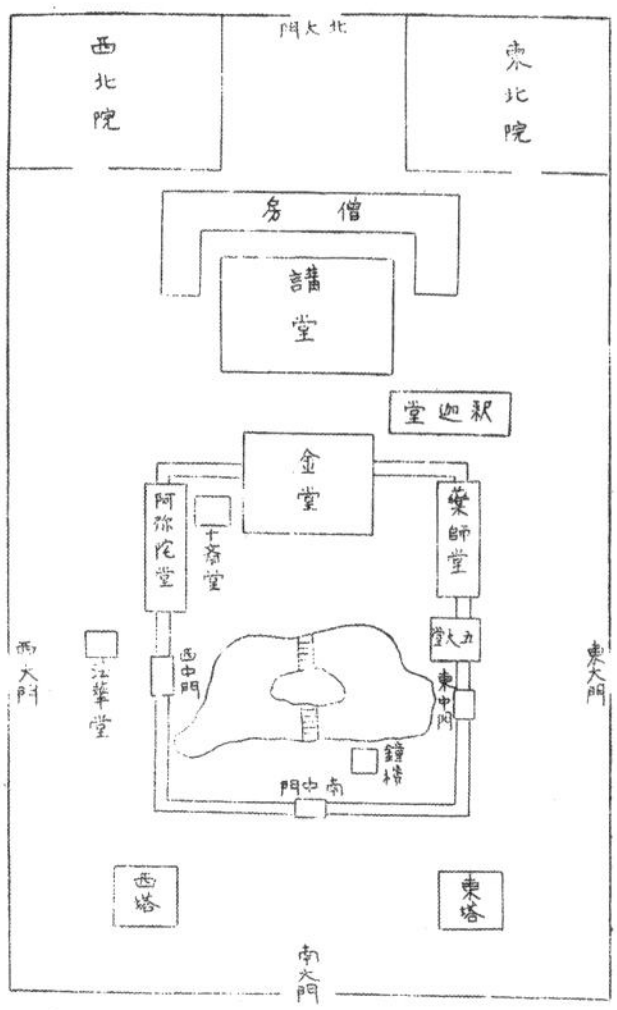

図 4　肥後和男による法成寺伽藍配置図

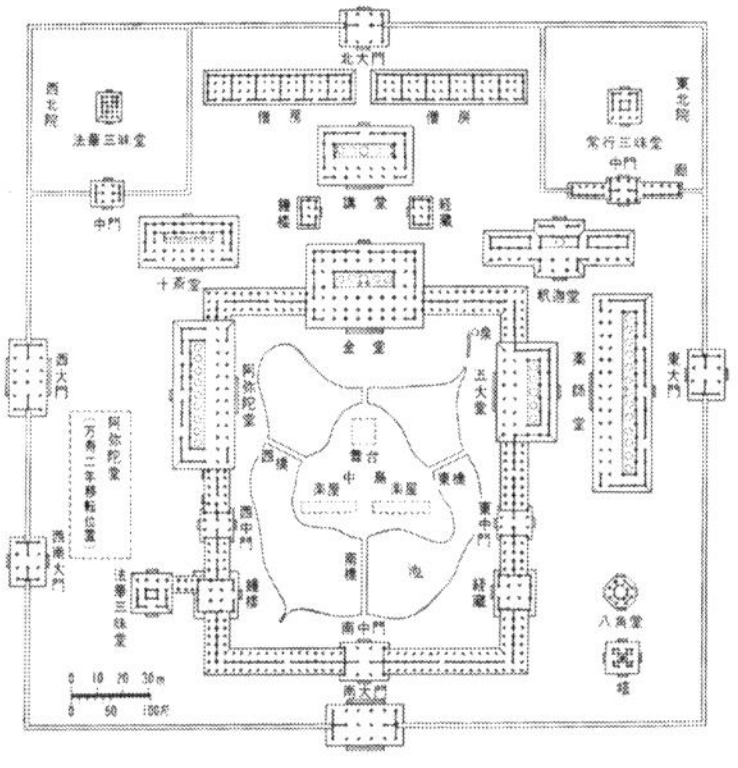

図 7　福山敏男による法成寺伽藍配置図

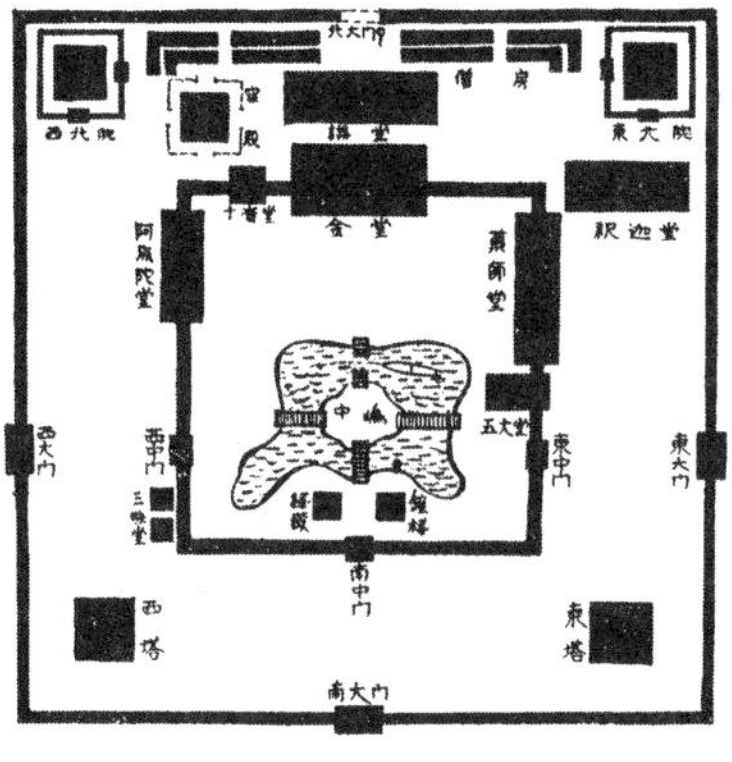

図 5　鵜飼嶺生による法成寺伽藍配置図

きる。それは、敷地の大部分が庭園的要素によって構成されており、特に「池」が敷地面積を大きく占有しているということである。[31] すなわち、法成寺では、敷地の中心、南寄りに大きな池がつくられ、その池の中に中島が築かれる。そして伽藍内の諸要素は、池の中島を中心に同心円状に展開している。すなわち、池の廻りには木が植えられ、建物は池の三方ないし四方を囲うように建てられ、さらに敷地全体の境界部分は築地で囲われ、外部との境を明確にしている。他方、中島には橋がかけられ、池を渡ることができるようになっている。また、当然ではあるが、築地の何ヶ所かには門が設けられ、内外の出入りができるようになっている。このように法成寺伽藍の復原配置図を見ると、年月を経ても基本的に池（中島）を中心に同心円状に展開する空間構成が守られていることがわかる。その一方で、敷地内部の建物は、時代の移りゆきとともに、焼失、再建などを繰り返し、様々な姿を表していることも窺える。

また、『栄花物語』には、そのような庭園と一体となって構築された「院」において行われた儀礼の様子が事細かに叙述されている。以下、「御堂供養《くやう》、治安二年七月十四日と定《さだ》めさせ給へれば」という文章で始まる巻十七〈おむがく〉を引いて、その様子を見ていこう。

先ず、供養が行われる直前の様子が、以下のように叙述されている。

東《ひむがし》の大門に立《た》ちて、東《ひんがし》の方《かた》を見《み》れば、水《みづ》の面《をも》の間《ま》もなく筏《いかだ》をさして、多《おゝ》くの榑《くれ》・材木《ざいもく》を持《も》て運《はこ》び、おほかた御寺《てら》の内《うち》をばさらにもいはず、院の廻《めぐり》まで、世の中の上下立《た》ちこみたり。よろづに磨《みが》きたてさせ給まゝに、院の内《うち》も金剛不壊の勝地と見えてめでたし

（岩波・栄花・下・六一頁）

供養前の活気ある建設現場の様子であるが、この頃には、「院」の内部が、「金剛不壊の勝地」と見られる程に、堂々とした風格と絶対超越的な極楽の雰囲気が漂う姿になってきていることが窺える。〈おむがく〉で叙述されている供養は、金堂の新築を機に行われたものであるが、前後の叙述から、この時点で、阿弥陀堂、五大堂、経蔵、鐘楼、三昧堂、（十斎堂）等が建てられていることがわかっており、これらが池を囲うようにして「院」が形成されていたと考えられる[32]。

そのような姿を顕してきた院内の様子を、『栄花物語』は以下のように語る。

のどかに院の内《うち》の有様《ありさま》を御覧ずれば、庭《には》の砂は水精《すいしやう》のやうにきらめきて、池《いけ》の水清《きよ》く澄《す》みて、色《いろ》〳〵の蓮《はちす》の花竝《はなな》み生《お》ひたり。その上《うへ》に皆佛《みなほとけ》顯《あらは》れ給へり。佛《ほとけ》の御影《かげ》は池《いけ》に寫《うつ》り映《えい》じ給へり。東西南北の御堂〳〵・經藏・鐘樓まで影寫《かげうつ》りて、一佛世界と見えたり。池《いけ》の廻《めぐり》に植木《うへき》あり。枝《えだ》ごとに皆《みな》羅網か〻れり。はなびら柔《やはら》かにして、風《かぜ》なけれども動《うご》く。綠眞珠の葉は瑠璃の色《いろ》にして、頗梨珠の撓《たを》やかなる枝《えだ》は、池《いけ》の底《そこ》に見《み》えたり。柔《やはら》かなる花《はな》ぶさ傾《かたぶ》きて落《を》ちぬべし。綠眞珠の葉は、盛《さかり》なるに夏《なつ》の綠《みどり》の松の如《ごと》し。眞金葉は、深《ふか》き秋《あき》の紅葉《もみじ》の如《ごと》し。虎魄《〈クハク〉》葉（は）、仲秋黄葉の如《ごと》し。白瑠璃の葉は、冬の庭《には》の雪《ゆき》を帶《お》びたるが如《ごと》し。かやうにして様《さま》〴〵色《いろ》〳〵なり。風植《うへ》木を吹《ふ》けば、池の波《なみ》、金玉の岸《きし》を洗《あら》ふ。七寶の橋は、金玉の池に横《よこ》たはれり。雜寶の船《ふね》、植《うへ》木の蔭《かげ》に遊《あそ》び、孔雀・鸚鵡、中の洲に遊《あそ》ぶ

（岩波・栄花・下・六八頁）

引用文冒頭「のどかに院の内の有様を御覧ずれば」とその前後の文脈から、この文章の主格が「御門《みかど》」であると類推される[33]。それ故、上引は「御門」が見た院内の様子が物語られていると考えられる。

引用文を読むと、「金剛不壊の勝地」と呼ばれたように、日常世界とは異なった超越的世界の様子が描写されていることが窺える。すなわち、「庭の砂」は「水精」のようにきらめき、「池の水」は「清く澄み」、「蓮の花」が咲いている。咲いている「蓮の花」の上には、「皆佛顯れ」、「院」において絶対超越的な世界の象徴が垣間見られていることが窺える。他方、「池」には、「佛の御影」と「東西南北の御堂〳〵・經藏・鐘樓」の「影」が写っているとされており、「池」は超越的な世界の象徴の影と現実世界に建てられた建物の影の両者を受容する場所として見られていることがわかる。そして、その現実世界と超越的世界の象徴の「影」と「影」が融け合う場所全体が「一佛世界」と名づけられていることを知ることができる。

「一佛世界と見えたり」以後の文章は、さらに不可思議な叙述が展開する。そこでは、池の廻りの植物の様子が叙述されているのであるが、それは風変わりな植物で、「風なけれども動く」木である。さらにそれらは、日常的には見ることができない植物である事を強調するように、日常世界の植物に喩えて、描写されている。「緑眞珠の葉」は「盛なるに夏の緑の松」に、「眞金葉」は「深き秋の紅葉」に、「虎魄葉」は「仲秋黃葉」に、「白瑠璃」は「冬の庭の雪」を帯びた姿にそれぞれ喩えられ、非日常的な世界の光景が日常的に見ることができる風景に即して描写されている。

このように「院」の内は、通常見ることができる風景とは異なる世界、「一佛世界」が現象し得る場所に成っていることが物語られており、「院」が「一佛世界」への通路として、或いは、そのまま「一佛世界」としてあり得る両義的な場所であることが明らかにされているのである。

四　「殿」と「阿弥陀堂」

「殿」が臨終を迎える「阿弥陀堂」に関しては、『栄花物語』巻十八〈たまのうてな〉の所謂「御堂巡拝記」[34]に詳しく、ここではその叙述に拠りながら、「阿弥陀堂」の特徴を見ていきたい。

先ず、規模と外観に関しては、以下のように語られている。

西《にし》によりて北南《きたみなみ》ざまに東向《ひんがしむき》に十餘間《よけん》の瓦葺《かはらぶき》の御堂あり。榱《たるき》の端《はし》〴〵は黄金《こがね》の色《いろ》なり。よろづの金物《かなもの》皆《みな》かねなり。

（岩波・栄花・下・八三頁）

この文章からは、阿弥陀堂が、伽藍の西側にあり、瓦葺きの「十餘間」の建物であることがわかる。「東向に」とあることから、「向き」をもった場所であることも確認できる。垂木には、金で造られた木口飾金具がつけられており、贅沢に建てられた仏教建築であることが窺える。さらに、簀子に高欄[35]と御階[36]が付いている建物であることも確認でき、水平方向の意匠が強調された寝殿造住宅風の所謂和様の建物を想像することができる[37]。

また、建物の内外を隔てる扉には、「九品蓮臺」の絵が描かれており、九組の扉にそれぞれ上品上生から下品下生までの九品往生の様子が描かれている様を窺い知ることができる。その絵の具体については、「草菴に目を塞《ふさ》ぐ間《あひだ》は、即《すなは》ち蓮臺に蹠《あなうら》を結《むす》ぶ程《ほど》なりけり」と叙述されており、扉絵を見ることによって、「阿弥陀堂」が臨終と極楽往生を成立させる場所であることを窺い知ることができるようになっている。

また、叙述から、内部は板敷の床が張られており、「母屋《もや》」と「廂」によって構成されていることもわかっている。「母屋」と「廂」の様子については、「尼」によって詳しく描写されているので、以下に見ておきたい。

先ず、「母屋」に関しては、

母屋《もや》に佛《ほとけ》おはします　（岩波・栄花・下・八五頁）

とあり、「母屋」が「佛」の場所であることが明らかにされている。その「佛」に関しては、この文章に続けて、詳しく語られている。それに拠ると、「佛」がいろいろな様相をもって表される存在であることがわかる。例えば、その「佛」は、「丈六の彌陀如來」と言い換えられている。つまり、「佛」は、単に空想の存在などではなく、人間世界の身体尺度に応じて把握される形ある存在であり、「彌陀如來」と名づけられて意味の通る存在として理解されていることがわかる。また別に、「佛」は、「實には借像にしてたゞ名のみなり」と言われており、「佛」が、仮に「丈六」という寸法をもって表された「借像[38]」であり、ただ「名」によって意味づけられる存在であること、すなわち、「佛」に面する行者のあり方に報いて多様な意味をもって現れる存在であることが明らかにされている。さらに、「佛」に関して、「所觀の衆相は則是《〈スナワチコレ〉》三身卽一の相好光明なり」と言われており、「佛」が、応身・報身・法身の「三身」の相においてある存在であることが明らかにされている。その法身とは、「本より已來《このかた》、生ぜず滅せず、自性《じしょう》清浄《しょうじょう》にして無障・無碍なること、猶し虚空の如し。分別を離れたるが故に、平等に普遍して至らざる所なく、十方に円満す。究竟《くきょう》して一相《いっそう》にして二なく別なく、不変・不異にして増なく減なし[39]」と言われるような、対象的認識作用を絶対的に超えている超越的な存在であることの謂いで、「佛」とは、そのような「法

図８　浄瑠璃寺本堂内部

身」をも示してある重層的存在のことを意味していると考えられるのである。それ故、「阿弥陀堂」の「母屋」は、単に「仏像」が置かれているだけの場所ではなく、人間世界と絶対超越的な仏の世界を繋ぐ媒体としてはたらく「佛」が存在している場所であると解することができる。

この事はまた、「阿弥陀堂」と「京極殿」との相違点をも明らかにしている。先に触れたように、「京極殿」の「母屋」には塗籠が設けられており、それが「母屋」の重要な意味を規定していたと考えられる。一方、「阿弥陀堂」の「母屋」には、寝殿造住宅には無い超越性という奥行きをもった存在者「佛」がおり、それが「阿弥陀堂」の中心的な位置を占めその意味を規定していると考えられる。この建物が、「京極殿」や「土御門殿」といった人の固有名を代名する言葉ではなく、「阿弥陀仏」の名を冠した「阿弥陀堂」と名づけられていることからも両者の相違を窺うことができる。(40)これらのことから、「阿弥陀堂」は、「佛」が中心的な位置を占め、それによって意味づけられた「佛」を主体とする建築、とすることができよう。そのため、それを、「道長の建築」と呼び、道長が独占的に所有している彼の所持物として扱うだけでは、この建築の本質的な意味を見失ってしまう危険がある事に注意しておかねばならない。

次に、「廂」に関して見ておきたい。

その様子については、

東《ひんがし》の廂《ひさし》の中《なか》の間《ま》ぞ、とのゝ御前《まへ》の御念誦《ねんず》の所《ところ》にはせさせ給へる　（岩波・栄花・下・八四頁）

と語られている。つまり、「東廂」の「中の間」には、「殿」の「御念誦の所」が室礼されており、「母屋」が「佛」の場所である一方で、「廂」が「殿」の場所として意味づけられていることを知ることができる。

物語を読み進めると、その「御念誦の所」はさらに、二つの「座」によって構成されていることがわかる。一つは、「供養法の折《おり》の御座《ざ》」であり、もう一つは、「たゞの御行《をこなひ》の御座《ざ》」である(41)（岩波・栄花・下・八五頁）。前者に関しては、以下のように叙述されている。

三尺ばかりの御障子《さうじ》を一重《ひとえ》に張《は》らせ給て、北南東《きたみなみひんがし》の方《かた》に立《た》てさせ給て、上《うへ》にも同《おな》じ様《さま》にて覆《おほ》はせ給へり。一所《ひとゝころ》おはしますばかりの廣《ひろ》さにて、内《うち》の御座《ざ》の高さ四寸ばかり上《あが》りたり　（岩波・栄花・下・八四～八五頁）

つまり、「供養法の折の座」は、三尺ほどの障子を西を除く北・南・東に立て、上方も同様に障子のような仮設的な調度で覆うことによってできている。その「内の御座」は高さが四寸ほど上がっているので、「座」の西側以外は全て何らかの調度によって囲われた場所として形成されていることになる。[42]「一所おはしますばかりの廣さ」とあることから、人一人が入ることができる程度の広さで、殿の身体の大きさに丁度合う様に室礼された場所であることもわかる。さらに、「御臨終の時この絲《いと》をひかへさせ給て、極樂《ごくらく》に往生せさせ給べきと見《み》えたり」とあり、ここが「臨終の時」を迎え「極樂に往生」する場所であることも明らかにされている。

　すなわち、「阿弥陀堂」の「廂」は、殿が日常的に念仏を行う「たゞの御行の御座」と殿が臨終を迎える「供養法の折の座」によって構成されており、特に後者に関しては、形態的にも、意味の上でも、「殿」に固有の場所として性格づけられていることがわかる。つまり、「阿弥陀堂」は、「佛」を中心に位置づけて建てられているが、その内部の「廂」は「殿」に固有の場所として意味づけられて建てられている建築なのである。それ故、「阿弥陀堂」は、単に「佛」を主体とする建築とするべきでもなく、「佛」を中心として位置づける「殿」の建築、または、「佛」と「殿」との間の関係を成立させる間主体性に拠る建築と考えることができる。

　ここで、物語の「殿」の動向をもう一度、見直しておきたい。前章で触れたように、巻十五〈うたがひ〉では、罹病や無常観・末法観の感知を契機として、殿が生きることのできる領域が死に拠って限定されていることが明らかにされていた。そして、その死の自覚を機に、出家入道し、「京極殿」から「御堂」へ居を移し、「たゞ佛を頼む」「殿」の姿が物語られていたのも見てきた通りである。すなわち、〈うたがひ〉では、「殿」が、理想的な人物である一方で、けっして不死の存在者などではなく現実的に死によって命を限定されている「死すべき人間」であること、そして、その死の自覚を機に、「この世」において「極楽」の「佛を頼み」「佛の御事にあらずとい

図９　当麻曼荼羅縁起　部分　神奈川県・光明寺

うことなし」と言われるような、仏に身を委ねて生きる人間となっていること、が物語られていたのである。そのような転機を経て、形成された「阿弥陀堂」は、物語の「殿」のあり方、すなわち、死生の自覚とともに「殿」の中に「殿」の生を根本的なところから方向づけることになる「佛」が開かれてきているあり方、を反映するように、「佛」の場所をその中心に位置づけ、その傍らに「殿」の居場所を室礼して構築されていたのである。そのことはまた、〈たまのうてな〉に叙述されているように、「殿」の生死の境を隔つ臨終の時を迎える「供養法の折の座」が、限りある「殿」の身体を極めて限定しながらも、「佛」のいる「西」を開くようにして形成されていることにも見ることができる。

さらに、「阿弥陀堂」の様子を詳しく見ると、「佛」と「殿」との関係が視覚的に明確に表されていることを知ることができる。

それは、「母屋」と「廂」の「境界」を形象化している道具に見ることができる。その一つは、母屋と廂の間を隔てている「犬防《いぬふせぎ》」である[43]。「阿弥陀堂」の内部空間は、犬防によって隔てられており、それが母屋と廂の性格の違いを際立たせていると考えられる。しかしながら、清水擴によるとこの犬防は格子状の物とされており[44]、犬防は、単に、両者の間を隔てる壁ではないことが窺える。つまり、犬防は両者の境界を目に見える形で表し、両者を限定づけているのであるが、同時に、「廂」からは「母屋」を、「母屋」からは「廂」を、格子のすき間から見通すことができるように形づくられている。すなわち、「母屋」と「廂」とはそれぞれ性格の相異なる場所であり、犬防はその事を形象化しているのであるが、同時に、それは「母屋」からの志向性と「廂」からの志向性とが回互的関係に入りうるように、両義的に境界を形象化している。

また、「母屋」（「佛」）と「廂」（「殿」）の「間の関係」を形象化しているものとして、「母屋」の「佛」と「廂」の「殿」の間に引かれている「蓮の絲」があることを以下の文章から知ることができる。

蓮《はちす》の絲《いと》を村濃《むらご》の組《くみ》にして、九體の御手《て》より通《とほ》して、中臺の御手に綴《とぢ》めて、この念誦の處《ところ》に、東《ひんがし》ざまに引《ひ》かせ給へり。常《つね》にこの絲《いと》に御心をかけさせ給て、御念佛の心《こころ》ざし絶《た》へさせ給べきにあらず

（岩波・栄花・下・八七頁）

上述のように、〈うたがひ〉では、「殿」が死すべき人間の一人であることを自覚せざるを得ない状況にあることが語られていた。以降、物語では、その限定された世界において、後生の生、「極楽」という絶対超越的な安らぎの場所を信じ、「佛」とのつながりを大切にする生き方を選んで御堂の造営につとめる「殿」の姿が物語られている。その「この世」において「極楽」往生の成就を願う殿の姿勢は、巻三十〈つるのはやし〉の殿の臨終場面まで貫かれ、丁寧に叙述されている。

また、見てきたように、「阿弥陀堂」は、形式上、「母屋」を中心とし、その四周を「廂」が巡る建物であった

と考えられる。そしてその中で、「母屋」は「佛」の場所として、「廂」は「殿」の場所として、二つの場所が対照的に意味づけられていた。物語では、そのように構成された建物の中で、「廂」の「御念誦の所」を自身の居場所としながらも、「この世」において「佛」とのつながりを大切にしている「殿」の姿が叙述されていたことも既に述べた通りである。つまり、「廂」は、単に「母屋」のそばに置かれた二元的要素の一空間としてあるわけではなく、母屋・廂構成の中で、「母屋」の「佛」へ開かれた場所としてあり、そのような「佛」への志向性を顕すことのできる場所として性格づけられていた。換言すれば、「廂」はただ単に「殿」に固有の場所として意味づけられている場所ではなく、「殿」に固有の場所でありながら、「佛」との相関性を顕すことのできる場所、つまり「佛」の場所としての「母屋」の意味を分有することのできる場所として二重に意味づけられた場所としてあると考えられる。

そして、この「阿弥陀堂」では、特に、そのような重層構造を可能にする二重性に基づく「佛」（「母屋」）と「殿」（「廂」）との相関関係が、身体感覚的に強調されて表され、手で触れ、目に見えるという仕方で形象化されている。それが、すなわち、上に見てきた「母屋」の「佛」と「廂」の「殿」を繋ぐ「蓮の絲」や、両義的なあり方を表す「犬防」や「供養法の折の座」の仮設の調度による室礼などである。これらの道具は、母屋・廂による同心円的空間構成の中で、「佛」（「母屋」）と「殿」（「廂」）を結ぶ軸を形象化することによって、二重性に基づいた両者の相関関係を視覚的に明確に表現している。

そして、「御臨終の時この絲《いと》をひかへさせ給て、極樂《ごくらく》に往生せさせ給べきと見えたり」とあるように、このような二重性に基づいて構築されている場所こそが、殿が臨終の時を迎え、極樂に往生する具体的な場所となるのである。

五　「阿弥陀堂」における「殿」の臨終場面

「阿弥陀堂」における臨終場面の様子は、正篇の最終巻〈つるのはやし〉に述べられている。巻頭から「いとまめやかに苦《くる》しげにおはしませば」とあり、いよいよ殿の様態が重体に陥っていることを伝える。臨終場面の導入部では、殿が「この度は限の度なり」と言って、自分が限界状況においてあることの再確認を示した後に、「阿弥陀堂」に自分の居場所を移している姿が叙述されている。その様子は以下のようである。

日頃《ひごろ》にならせ給へば、「本意《ほい》のさまにてこそは、同《おな》じくは」とて、阿彌陀堂に渡《わた》らせ給。もとの御念誦の間《ま》にぞ、御しつらひしておはします。高《たか》き屛風をひき廻《まは》して立《た》てさせ給、人參《まい》るまじく構《かま》へさせ給へり。

（岩波・栄花・下・三三二頁）

「もとの御念誦の間」とは、前節で触れた「御念誦の所」の事を指している。(45) ここでは、死期が近づいていることを自ら予感し、そのような非常事態の中で、「本意のさま」にあることを願い、「阿弥陀堂」の「御念誦の間」に仮設の調度で室礼している「殿」の姿が描写されている。死を前にして願われた「殿」の「本意」が、己れの居場所の選択をともなった行為によって表現されていることを見ることができる。以下、その場所の具体的様相を臨終場面の登場人物とその人物の立場に着眼して見ていきたい。

先ず、長い文章であるが該当場面を引用しておく。

いづかたよりも御使《つかひ》頻《しきり》參《まい》り續《つゞ》きたり。筑紫《つくし》・陸奥國《みちのくに》の守をはなちての國の守《かみ》、殘《のこ》るなく參り集りたり。（略）又御堂《みだう》の會《ゑ》などに參《まい》りこみし尼《あま》どもは、數《かず》を盡《つく》して、たゞこの御堂《だう》の邊《あた》りを去らず、（略）この頃《ごろ》は、さるべき僧綱・凡僧どもかはりてやがて不斷の御念佛なり。（略）三位中將入道《にうだう》、「たゞの折《おり》こそあらめ、かゝる折《おり》にはいかでか」と、殿ゝ上《うへ》せちに聞《きこ》えさせ給へば、參《まい》り給て、御枕上《まくらがみ》にて念佛絶《た》えず勸《すゝ》め奉《たてまつ》らせ給。山の座主常《つね》に參《まい》り給て、いみじき事どもを申聞《き》かせ奉《たてまつ》り給て、ともすればうちひそみ泣《な》き給。

たゞ今《いま》はすべてこの世に心とまるべく見《み》えさせ給はず。この立《た》てたる御屛風の西面《にしをもて》をあけさせ給て、九體の阿彌陀佛をまもらへさせ奉《たてまつ》らせ給へり。いみじき智者も死《し》ぬる折《おり》は、三《み》つの愛《あひ》をこそ起《おこ》すなれ。まして殿ゝ御有樣《ありさま》は、さま〴〵ざまめでたき御事どもをおぼし放《はな》ちたるさま、後《のち》の世《よ》はた著《しる》く見《み》えさせ給。（略）すべて、臨終念佛おぼし續《つゞ》けさせ給。佛の相好にあらずより外《ほか》の色《いろ》を見《み》むとおぼしめさず、佛法の聲《こゑ》にあらずより外《ほか》の餘《よ》の聲《こゑ》を聞《き》かんとおぼしめさず。後生の事より外《ほか》の事をおぼしめさず。御目《め》には彌陀如來の相好を見《み》奉《たてまつ》らせ給、（御）耳《みゝ》にはかう尊《たうと》き念佛をきこしめし、御心には極樂をおぼしめしやりて、御手《て》には彌陀如來の御手の絲《いと》をひかへさせ給て、北枕《まくら》に西向《むき》に臥《ふ》させ給へり。

よろづにこの僧ども見奉《みたてまつ》るに、猶《なを》權者におはしましけりと見えさせ給。御堂の内《うち》に坊して候《さぶら》ひ給僧達、御《み》堂童子《だうどうじ》に至《いた》るまで、たゞ物《もの》に當《あた》りて水を浴《あ》み、人知《し》れぬ額《ぬか》をつき、佛をいりもみ奉《たてまつ》る。（略）世中の尼《あま》どもは、阿彌陀堂《あみだだう》の簀子《すのこ》の下に集《あつま》り居《ゐ》て、（略）

ついたち四日巳時ばかりにぞうせさせ給ぬるやうなる。されど御胸《むね》より上《かみ》は、まだ同《おな》じ様に溫《あた、》かにおはします。猶御口動《くちうご》かせ給は、御念佛せさせ給と見《み》えたり。そこらの僧涙《なみだ》を流《なが》して、御念佛の聲惜《こゑをし》まず仕《つか》うまつり給。

（岩波・栄花・下・三三五〜三三八頁）

上引の文章は松村博司によって大きく三つの纏まりに分けられている。一つ目が「いづかたよりも……」で始まる〈御堂に見舞集まる〉、二つ目が「たゞ今は……」からの〈道長、臨終のさま〉、三つ目が「ついたち四日巳時……」からの〈道長薨去〉とそれぞれ標目がつけられている（岩波・栄花・下・三三五〜三三八頁　頭注）。そのうち、〈道長、臨終のさま〉は、更に分類することができ、前半が殿の臨終念仏の様子、後半がその臨終念仏を見守る僧と尼に関する描写となっている。

引用文を概観すると、先ず、殿の臨終場面に、多くの人物が登場している事を知ることができる。「まわりの人々の様子のつみ重ねによって、道長の死の過程の一面が形づくられてゆく」(46)と言われているように、たった一人で死に向かうわけでなく他者との関わりの中で臨終を迎えている殿の姿が描写されている。(47)既に、「道長の死の記事の一面をなすのは、他の人々の死の記事に見られたのと共通の叙述である。つまり、死に瀕する病者の病悩に苦しむ様子、そして病者を気づかい、恢復を祈る人々の描写が中心となる」(48)と言われているように、臨終場面においては、「病者」と「瞻病者」が登場し、それら二つの立場をふまえて物語が展開している。ちなみに、弥陀迎接の臨終場面を劇という形式に表して行われる「迎講」は、「（一）自己救済としてそれを捉える眼差し（二）第三者的に救済を眺める観客の眼差し」によって構成される事象であるとされるが、(49)改めて、殿の臨終場面を見ても同じように二つの視線の重層によって物語が叙述されている事を知ることができる。また、同じ事を、『往生要集』の臨終行儀にも見ることができる。『往生要集』では、「行者」と「瞻病者」が問答形式の型を実践し両者の相互関係を深めながら臨終を迎えることを勧めているが、引用文を見るとわかるように、『栄花物語』は、「歴史物語」という著作の性格上の制約と作者の立場の制約を故としていると考えられるが、「病者」自身、つまり「殿」が見ている世界の記述が少なく、また、「病者」から「瞻病者」に対する応答に比べてその逆の「瞻病者」から「病者」への働きかけの方が強く表に出ている事を知ることができる。

では、最初に「病者」つまり、「殿」の様子から見ていこう。

〈道長、臨終のさま〉では、母屋・廂から成る「阿弥陀堂」の中で死を迎える殿の様子が、「この立てたる御屏風の西面をあけさせ給て、九體の阿彌陀佛をまもらへさせ奉らせ給へり」と、具体的な形象をともなった表現で叙述されている。〈たまのうてな〉で述べられた室礼の表現と異なり、仮設の調度で殿の身体を囲うことよりも、「西面をあける」ことの方を強調した表現になっていることが注目される。「西面をあける」のは、「九體の阿彌陀佛をまもる」ためである。「わたしたちの人生がその極限に達して、死を迎える場面では、あるいは実際に死ななくても、死を前提にしてなにかを決心したり予定したりする場面では、わたしたちはふたたび完全に個としての存在に連れ戻されてしまいます。自分の死をひとに代わってもらったり、ひとと分けあったりすることは不可能だからです(50)」と言われているように、通常、代替不可能の死を迎える場面では、人は個としての存在に連れ戻され、その生命が自閉する方向へ向かうが、ここでは、単純にその生命が閉じてしまう場面が叙述されているわけではない。死を目前にしてなお「屏風の西面をあけ」「九體の阿彌陀佛をまもり」「臨終念佛」を実践している殿の姿が描写されているのである。前章で述べたように、命に限りがあることを自覚し、限定された世界において生きていることを知らされた殿は、死んでしまえば全てが終わりとはせず、「後の世」、「極樂」という絶対超越的な安らぎの場所を信じ、「佛」とのつながりを大切にする生き方を実践している。すなわち、この臨終場面で語られているのは、ただ単に自閉的に死を迎える人の姿ではなく、全ての人が永遠に安らぐことのできる絶対超越的な場所「西方極楽浄土」への往生成就を信じてこの今を生き抜いている殿の姿である。つまり、「屛風の西面をあけ」、〈視線〉を〈西方上向き〉に取り、丈六の「九體の阿彌陀佛をまもり」、「御手には彌陀如來の御手の絲をひかへ」という具体的な形象は、このような「殿」の〈「佛」への志向性〉をそのまま写し出していると言えよう。(51)

次に、「瞻病者」の様子について見ていこう。上述したように、殿の臨終場面は「病者」と「瞻病者」との重層構造によって成り立っているが、ここでは多様に構成された「瞻病者」それぞれの意味を見ておきたい。先ず、この場面を構成している多くの登場人物を整理しておくと、引用文の前段に触れられている殿の近親者の他に、「國の守」「僧綱・凡僧ども」「三位中將入道」「山の座主」「御堂童子」と「尼ども」がいることを確かめることができる。「國の守」の参集は、殿が国という集団領域において生きていることを明らかにしている。一方、僧侶が念仏の介添を行っている様子からは、殿が「山の座主」を主とする宗教集団に関わって仏教活動を行っていたことを窺い知ることができる。つまり、殿が、政治社会的な領域と宗教的な領域の両方において多様に活動していた人物であることを窺い知ることができる。このように臨終場面の「瞻病者」を見ることによって在世の殿の活動領域を知ることができるのであるが、その中でも少し別の意味をもっていると考えられる人物として「無名」の「尼ども」がいる。

この「尼」に関しては、既に幾つかの論考があり、〈たまのうてな〉に登場する「交野の尼、たけくまの尼君、山の井の尼、若き人など」と同一人物と考えられている。[52]また、『栄花物語』の他の部分とは関係を持たず、ただ、登場する背景としての法成寺造営の叙述にのみ深く結びついている」「池掘る翁」「頭白き老法師」と同様の性格を持つ固有名詞を持たない人物として位置づけられ、殿とは第三人称的な関係にある人物と考えられる。[53]これらの人物の特徴は、彼らの詠歌からも窺えるが、劣位にありがならも仏教信仰の世界を基盤として生きている人物であるという事にある。それ故、「尼ども」は、殿とは三人称的な関係にありながらも、「浄土信仰に厚い人々」として殿と生き方の基盤を共にしている人物として位置づけられている。[54]

他方、「池掘る翁」や「頭白き老法師」と「尼ども」の異なる点は、これらの「尼」がいなくては、「法成寺グループの諸巻」が成立しないくらいに「尼」が重要な役割を果たしている事にある。[55]

その「尼」の特色の一つは、「信仰の立場よりの道長への敬慕の具象化[56]」と言われているように「尼」から「殿」への関わり方が積極的であるという事が挙げられる。「殿」から「尼」への関わりに関しては物語の中であまり触れられていないが、「尼」が「殿」へ関わっていくあり方は、已に三人称的な関係を越えている事が「殿」の臨終および死後の場面の哀悼の言葉を読むことによってわかる。殿が死ぬことによって、「我《われ》らが如《ごと》きいかに惑《まど》はん」（岩波・栄花・下・三二八頁）と、尼自身のあり方が揺り動かされる程に「殿」との関係が深い者として語られているのである。このように見てくると、殿の臨終場面に居る「尼ども」は、三人称的な関係にありながらも、「殿」への関係を二人称的な関係へと深め、殿の臨終と極楽往生の成就を自らのものとして共有せんとする積極的な志向性をもつ人物であることがわかる。このように殿の臨終場面は、極楽往生の成就を信じてこの今を生き抜いている殿個人の志向性と極楽往生成就への願いを実践する殿への関係を三人称から二人称へと深めている人物集団の志向性との重層によって構成されており、「尼」は、そのような仕方で殿の臨終場面を厚みあるものにしている。

また、〈たまのうてな〉の御堂巡拝場面に登場する「尼」に関しては、「尼君たちの視点は、作品世界を具象的なものとして追体験するために、積極的な役割を果している」とされており、「尼ども」の視点を読者が共有することによって作品世界内の追体験が可能になると考えられている。[57] つまり、読者が「尼」の目を通して「御堂」を見ることによって、「御堂」がアクチュアルなものとして見えてくるのであり、「尼」は、読者と作品世界、「御堂」とともに形成される仏教世界を結ぶ視点を提供する人物として造形されていると考えられるのである。

さらに、殿の臨終場面の「尼」に関しては、「臨終の部分の描寫には、多くの佛語を驅使して述べてゐるが、恐らく法成寺に關する巻々を書くに際して参加したと同じ尼達の手が加はつてゐるであらう」と言われ、また、この物語を「極樂往生を希求する道長の有様を同じく浄土信仰を抱く作者（ここでは尼の手が入つてゐる）の思想を通じて表現したものと見ることができる」とされており、[58]「尼」が単に臨終場面の一登場人物ではなく、物語の作者と関係の深い間柄にある人物であると考えられるのである。このように見ると、「尼」は作品世界の外にいる人と作品世界の内を切り結ぶ人物であり、作者は「尼」の人物造形を行うことによって作品世界外の人を作品世界の内に導びきいれ、作品世界を単に虚構世界として完結させるのではなくて、現実世界から虚構世界への投入を可能にし、作品と現実世界を一層厚みあるものにする工夫をしていたと考えることができる。

上述のように、様々な場面で、世界の次元変換の要を担う「尼」であるが、「この世」から「極楽」への往生成就の願いを実践する殿の臨終場面での「尼」の意味は、読者を含む第三人称的な人物が「殿」の臨終場面に参与し、臨終と往生の時と場を共にすることを可能にする視点を提供していることにある。そして、更に注意しておくべき事は、他の「瞻病者」と異なって、「尼」が、固有の場所に立ってその人物造形がなされていることである。つまり臨終場面において、「尼」は、「殿」と同様に立場と視点が定められているのである。引用文を見るとわかるように、その「尼ども」の居場所は、同心円状に展開する母屋・廂・簀子によって構成された「阿弥陀堂」の「簀子の下」であることが明確に示されている。

「簀子」とは、堂の内・外の中間領域にあたる所であるが、同時に、堂の内部空間とはいったん縁が切れた場所にあたる。そして、「尼ども」が居るのはその「簀子」の「下」である。先述したように、阿弥陀堂には「御階」があり、「簀子」は地面から若干の高さがあることがわかっている。そのような場所において「尼」は極楽往生成就の願いを実践する「殿」に結縁しようとしているのであるから、当然、「尼」の〈視線〉は〈斜め上方〉に向いていることになる。逆に、このような〈視線〉を確保できる場所が「簀子の下」なのであり、「簀子の下」とは、当に臨終を迎え、極楽往生成就への願いを実践する「殿」への関係を三人称から二人称へと深めていく「尼ども」の志向性を具体的に形象化できる場所であると言えよう。

結

このように見てくると、殿の臨終場面においては、「母屋」、「廂」に加えて「簀子」が重要な意味をもっていることを窺い知ることができよう。すなわち、臨終場面では、「母屋」に「佛」、「廂」に「殿」、「簀子」に「尼」が配置され、それぞれ、〈人間世界と絶対超越的な仏の世界を繋ぐ媒体としてはたらく「佛」が存在している場所〉、〈極楽往生の成就を信じてこの今を生き抜いている「殿」個人の志向性がはたらく場所〉、〈極楽往生成就への願いを実践する「殿」への関係を三人称から二人称へと深めている人物集団の志向性がはたらき、第三人称的な人物が「殿」の臨終場面に参与し、臨終と往生の時と場を共にすることを可能にする場所〉、として意味づけられ構造化されていた。その一方で、「母屋」・「廂」・「簀子」はそれぞれが関係を持ち得ない場所としてあるわけでなく、それぞれがそれぞれの仕方で「極楽」との関わりを形成し、三つの場所はともに、「この世」から「極楽」への往生、現実世界から理想世界への次元変換、を可能にする場所として秩序づけられており、「阿弥陀堂」は全体として「極楽」との相関性に基づく重層構造を形成していた。さらに、この言語による「阿弥陀堂」の形象化は、単に理念的な虚構世界を構築するという仕方で行われるわけでなく、虚実往還の可能性、すなわち「場所の二重性」を信頼し要求したところで行われた両義的な行為であることも見てきた通りである。

つまり、『栄花物語』の「殿」の臨終場面では、死すべき者としてある人間の生き様が、三つの人称に象られながら表現されるとともに、その死に向かうあり方の相違が、その人物の立っている場所の相違に即して語られていたのであるが、同時に、それら三つの立場は、極楽往生を可能にする「阿弥陀堂」という一つの場所によって秩序化され、諸場所の限定を越える重層的なあり方を可能にするという仕方で、両義的に、造形されていたと言う事ができよう。

〔註〕

1 以下『栄花物語』からの引用は、松村博司・山中裕校注『日本古典文学大系新装版 栄花物語 上・下』、岩波書店、一九九三年を底本とする。本章も第一章と同様に『栄花物語』の引用のみ引用文の後ろに省略記号で頁数を記す。

2 本段落の塚本善隆に関する引用は全て、塚本善隆「常行堂の研究」、『藝文』一五巻三、内外出版株式会社、一九二四年（『塚本善隆著作集第七巻浄土宗史・美術篇』、大東出版社、一九七五年に再録）。
また、常行堂と阿弥陀堂に関する研究には、他に清水擴のものがある。清水は、常行堂の形式は「求心性の強い方五間」であり、そこに安置される仏像の配置はその求心性をまもるように「阿弥陀を中心に四方に四仏を配する五尊形式」としているものが多いとする。その一方で、阿弥陀堂の多くは、三尊形式、独尊形式であることを指摘され、その点に両者の形式的な相違を見られている。さらに平安時代の阿弥陀堂を、形式的な側面から、「九体阿弥陀堂」と「一間四面堂」に分類している。清水擴『平安時代仏教建築史の研究——浄土教建築を中心に』、二三〇～二七八頁、中央公論美術出版、一九九二年

3　本段落の足立康に関する引用は全て、足立康「九躰阿彌陀堂の平面に就いて」、『建築学会論文集』第二号、七二～七三頁、日本建築学会、一九三六年七月（『足立康著作集二　古代建築の研究　下』、中央公論美術出版、一九八七年に再録）また、川上邦基に関しては、川上邦基「九躰阿彌陀堂に就いて」、『建築学会大会論文集』、三三四頁、日本建築学会、一九三六年三月

4　寛仁三年七月十七日条（増補史料大成刊行会編『増補史料大成　小右記二』、二六九頁、臨川書店、一九六五年）

5　工藤圭章「阿弥陀堂建築」、『原色日本の美術六　阿弥陀堂と藤原彫刻』、一五四頁、小学館、一九八三年は「正面十一間側面四間」、福山敏男『福山敏男著作集三　寺院建築の研究　下』、一八四頁、中央公論美術出版、一九八三年は「正面十一間（九間四面）」、清水擴『平安時代仏教建築史の研究』、中央公論美術出版、四五頁、一九九二年は「十一間」は母屋桁行」とする。

6　福山敏男『平等院と中尊寺』、四三頁、平凡社、一九五四年。杉山信三『院家建築の研究』、三九六頁、吉川弘文館、一九八一年。清水擴前掲書、五七頁を参照。復原図は本書六四～六五頁を参照。

7　清水擴掲書、二九八頁

8　石田一良『浄土教美術　文化史学的研究序論』、ぺりかん社、一九九一年を参照。

9　大串純夫『来迎芸術』、法蔵館、一九八三年を参照。

10　杉山信三前掲書、三七五～四五一頁を参照。

11　本段落の引用は全て、高取正男「民俗と芸能――芸能未発の部分」、芸能史研究会編『日本芸能史・第一巻――原始・古代』、一一九～一七〇頁、法政大学出版局、一九八一年

12　本段落の引用は全て、井上充夫『日本上代建築における空間の研究　形態・機能の諸点よりみた配置・平面等の総合的考察』、一九二～一九九頁、横浜、一九六一年（京都大学工学部建築系図書室蔵）、また、井上充夫「中古における建築と二元論的世界観（その一）」、『日本建築学会関東支部第二五回研究発表会』、一三～一六頁、日本建築学会、一九五九年一月を参照。

13　井上光貞『新訂　日本浄土教成立史の研究』、一一八頁、山川出版社、一九七五年

14　本段落の引用は全て、家永三郎『上代佛教思想史研究』、三〇七～三六八頁、目黒書店、一九五〇年

15　上田閑照『場所――二重世界内存在――』、八頁、弘文堂、一九九二年では、「たとえばノモス・コスモス・カオスというような三重が見られる場合も、通約出来ない最終のところではやはり二重性をなしていると見ることが出来る」としており、本稿でも、これに従う。また、本稿では「二重性」「重層性」「両義性」「相関性」を同義とする一方で、二重構造と三重構造の差異も問題にする。さらに、一対一の対応関係を問題とする「二元」と、二つの事柄の相関関係のあり方を問題とする「二重」の違いに関しては、木村敏『からだ・こころ・生命』、七～一〇頁、河合文化教育研究所、一九九七年を参照。

16　松村博司『栄花物語全注釈（四）』、一二三～一二四頁、角川書店、一九七四年

17　道長の出家、御堂造営の契機に関しては、家永三郎前掲書や本書第一章を参照。

18　『二中歴』、（『二中歴　第十』、育徳財団、一九三七年も参照。）

19　太田静六『寝殿造の研究』、一五三頁、吉川弘文館、一九八七年。土御門大路に面していることから、「土御門殿」とも呼ばれていたと言う。

20　杉山信三前掲書、三七六頁を参照。また、福山敏男『福山敏男著作集三』前掲書所収論文、一六九頁、『法成寺の古瓦』

には、「藤原道長が寛仁四年（一〇二〇）に創立した法成寺は自邸京極殿の東、京極大路を隔てて、四町の広さをもち、東境は鴨川に臨んでいた」とある。

21　「南殿」は「紫宸殿」を意味する。角田文衛『角田文衛著作集　第七巻　紫式部の世界』、三七七頁、法蔵館、一九八四年を参照。

22　本段落の引用は全て、池浩三「殿舎の構造」、『甦る平安京』、一二四～一二五頁、京都市、一九九四年

23　玉腰芳夫『古代日本のすまい』、一〇八～一八六頁、ナカニシヤ出版、一九八〇年では、臨終時の事例として、『讃岐典侍日記』の堀河帝の例を引き、塗籠の中で崩御する時の舗設の推定図を提示している。

24　角田文衛は『紫式部日記』の「十一日のあか月に、北の御障子《さうじ》二間《ま》はなちて、廂《ひさし》に移《うつ》らせ給ふ」や『御産部類記』の「寝殿北母屋庇為二御産所一」や「寝殿東母屋廂為二御湯殿所一」などに拠って、「母屋」と「庇」から成る建物として「土御門殿の寝殿」の復元想定図を提示している。角田文衛前掲書、三六四～三六七頁

25　太田静六「土御門殿」、（朧谷寿、高橋康夫他編『平安京の邸第』、三〇三頁、望稜舎、一九八七年所収論文）

26　「晴明」は「安部益材の男。当時有名な陰陽師、天文博士」。「光榮」は「天文博士加茂保憲の男」とある。（岩波・栄花・上・四四〇頁、頭注）

27　巻七〈とりべ野〉では、重病に罹った「殿」が「所替《か》へ」（岩波・栄花・上・二二〇頁）することによって病が平癒している様子が叙述されており、所替えが「殿」にとって意味のある事として行われていたが、ここではそうした習俗を受け入れようとしない「殿」の様子が描写されている。

28　「住居の名が人物の固有名詞の機能を肩代わりする」と言われるように『栄花物語』の中で、「京極殿」と言う言葉は、人間と場所の両方を意味する言葉となっている。つまり、「京極殿」は、「京極殿」と名づけられた建物を示すのみでなく、その建物の中で営まれる住まいの場所の事をも意味し、また、その場所の主たる貴人の事をも指示する。（渡瀬茂「「たまのうてな」の尼君たち――『栄花物語』の考察㈢――」、『研究と資料』四輯、二九頁、研究と資料の会、一九八〇

年十二月）

29 所替えは受け入れられないが、「京極殿」から「御堂」へと場所を替えることが実践されている。この事は、場所を替えることが単に即物的な場所移動の事を示しているのではなく、場所を移動することと当事者の意味世界の変遷が連動しているという発想がこの場面の著作の根底にあることを教えてくれる。

30 肥後和男『日本文化』、一五五頁、弘文堂、一九三九年。鵜飼嶺生「法成寺抄」、『史跡と美術』第二二輯の七、二二五号、三三四頁、史跡美術同攷会、一九五二年九月。杉山信三前掲書、三九六頁、四〇八頁。福山敏男『日本の美術 九巻 平等院と中尊寺』、四三頁、平凡社、一九六四年。清水擴前掲書、五三頁、五七頁

31 平等院鳳凰堂においても「池」が重要な意味をもった場所であったことが知られている。「浄土経典が説く、現世と極楽浄土との観念的連続性は、創建期においては鳳凰堂空間とその東に展開する自然景観との一体性として表現されている、と解読できよう。鳳凰堂空間は、この空間構成によって仮想浄土たりうる。このように創建期の鳳凰堂空間を理解すると、治暦三年の後冷泉天皇平等院行幸は重要な意味をおびる。この時、天皇は鳳凰堂前の池上に用意された仮屋から、仏を拝する儀式を行っている。すなわち往生者は極楽の池中に化生《けしょう》し阿弥陀仏に出会うという経説と、この儀式はみごとに重なり合う」とされている（杉本宏「仮想浄土としての鳳凰堂と庭園」、『国宝と歴史の旅 六 地獄と極楽 イメージとしての他界』、一八頁、朝日新聞社、二〇〇〇年六月）。ちなみに、『扶桑略記』（『新訂増補 国史大系 第十二巻 扶桑略記・帝王編年記』、吉川弘文館、一九九九年）には、「治暦三年十月五日庚戌。天皇車駕幸二臨宇治平等院一。宸儀渡二御兎道《ウヂ》橋一之間。伶人棹二華船一。泝二河上一。凡仁祠之荘嚴。事絶二于曩篇一。入御之後。即駕二腰輿一。奉レ礼二阿弥陀堂一。池上架二錦繡假屋一。又池中有二龍頭鷁首船一。奏二童樂一訖。渡二御經藏一。御二覽佛具一。還御之後供二御膳一。以二金銀珠玉一儲レ之。事之希有。殊催二叡感一。翌日雨下。乗輿停レ蹕。風流地勢殊可二賞翫一。忽有二時議一。召二屬レ文之生一。令レ獻レ詩。文人著座之間。被レ獻二細馬六疋一」とある。また、元永元年に行われた十種供養が行われた頃には、池を挟んで阿弥陀堂に対面するように「小御所」が建てられており（小御所に関しては、宇治市教育委員会編『平

等院―庭園発掘調査概要報告』、宇治市教育委員会、一九九二年や、福山敏男「宇治平等院の小御所」、『日本建築史研究』、四三一～四三八頁、墨水書房、一九六八年を参照。）、阿弥陀堂―池―小御所という場所連関の中で法会が行われていたことが知られている。その様子を『中右記』（太田博太郎他編『平等院大観　第一巻　建築』、解説九八頁、岩波書店、一九八八年）は次のように記している。「元永元年閏九月廿二日辛未。天晴。今日太后於宇治阿弥陀堂有十種供養。殿下同御相労給也。阿弥陀堂四角懸宝幢。仏前戸中居礼盤。前池作蓮花水鳥樹林洲鶴砂鴿作立之。或桜花。或紅葉。水中岸上已無其隙。東小御所為太后幷前斎院姫君御所。女房打出。紅葉衣。其西面作四間仮屋為公卿座。東庇一面為殿上人座。東庭引幔。其屋南立幄一宇為楽屋。其前立大鼓一面。唐大鼓。左右桙。又楽屋前立机四脚。置十種供具幷供花十二坏。左菊花。右竜胆。（以下略）」。

32　杉山信三前掲書、四〇八頁。清水擴前掲書、五三頁

33　松村博司『栄花物語全注釈（四）』前掲書、二七六頁

34　松村博司『栄花物語全注釈（四）』前掲書、一二三～一二四頁

35　「阿彌陀堂《あみだどう》の（略）東《ひんがし》の簀子《すのこ》に、高欄《かうらん》にうしろをあてゝ」（岩波・栄花・下・四四頁）を参照。

36　「阿彌陀堂に參《まい》りたれば、御懺法《せんぼう》の折《おり》なりけり。「あな嬉《うれ》し」と思て、御階《みはし》に上《のぼ》りて佛を見奉《みたてまつ》れば、無數の光明耀《かゞや》きて、十方界に遍じ給《たま》へらんと見《み》え給。かの往生要集の文を思出づ」（岩波・栄花・下・九一頁）とあることから、阿弥陀堂に御階があること、そして尼が『往生要集』を読んでいること、がわかる。

37　建築要素、配置形式など、法成寺と寝殿造住宅とが、形式的に、類似関係にあることは、清水擴前掲書、六一頁、六四頁を参照。

38　「借像にしてたゞ名のみなり」は、『往生要集』では「寂静《じゃくじょう》にしてただ名のみあり」と、「借像」を「寂静」と書く。（石田瑞麿校注『原典　日本仏教の思想四　源信』、一二三頁、岩波書店、一九九一年や『栄花物語全注釈（四）』前掲書、三四二～三四九頁参照。）

39 『原典　日本仏教の思想四　源信』前掲書、一六九頁、及び一三二～一三三頁参照。

40 註28参照。

41 このような念仏の場所の二重構成は、『往生要集』の「別事念仏」の項が「尋常の別行」と「臨終の行儀」によって構成されていることを連想させる（『原典　日本仏教の思想四　源信』前掲書、一九六頁）。

42 住居における建具あるいは調度に関して、玉腰芳夫はこれを「隔ての道具」として、このような隔ての道具によって室的形状が現され原初的な闇が開かれるとしている。そして室という空間形式は生を庇護する再生の準備のための場所であり、また根底的秩序を確立するという両義的な場所を開く形式であるとしている（玉腰芳夫前掲書、一八八頁、二四三頁、二四九頁）。

43 「御前《おまへ》の方《かた》の犬防《いぬふせぎ》は皆金《みなきん》の漆《うるし》のやうに塗《ぬ》りて」（岩波・栄花・下・八三頁）とあり、犬防が御念誦の所の「前」にあることがわかる。

44 清水擴前掲書、四五頁を参照。『寛仁四年三月無量寿院供養記』には「三后下佛前格子禮佛」とある。（藤田経世『校刊美術史料　寺院篇　中巻』、四六六頁、中央公論美術出版、一九七五年）

45 松村博司『栄花物語全注釈（六）』、一二一頁、角川書店、一九七六年

46 渡瀬茂「道長の死の叙述をめぐって――『栄花物語』の考察㈡――」、『研究と資料』三輯、三〇頁、研究と資料の会、一九八〇年七月

47 引用文の前段から、「倫子は勿論、上東門院彰子・師房室尊子・中宮威子・禎子内親王、更には帝と東宮の見舞いが、次々としるされている。頼通をはじめとする男子、仕える人々や僧侶たちは言うまでもない。道長自身が死を覚悟しているのであれば、嘆きと悲しみを以って臨終を見守るしかない」という状況も窺い知ることができる。（渡瀬茂「道長の死の叙述をめぐって」前掲論文、三〇頁）

48 渡瀬茂同上論文同頁

49　加須屋誠「金戒光明寺所蔵山越阿弥陀図と地獄極楽図屏風について」、『美學』一六五号（第四二巻第一号）、六五頁、美術出版社、一九九一年六月
50　木村敏前掲書、六〇頁
51　家永三郎前掲論文、三六三頁には、「堂内堂外の莊嚴は單なる裝飾空間の域を脱し、願主の心境と内面的に連結し、これが精神的周縁を形成してゐたのであつた」とある。
52　松村博司『栄花物語の研究』、二九二頁、刀江書院、一九五六年
53　渡瀬茂「「たまのうてな」の尼君たち――『栄花物語』の考察㈢――」前掲論文、二九頁
54　松村博司『栄花物語の研究』、前掲書、二九二頁。尼のうたには、例えば「大空《おほぞら》と池《いけ》の水《みづ》とにかよひすむ在明《ありあけ》の月も西《にし》へこそ行《ゆ》け」（岩波・栄花・下・九〇頁）などがある。
55　「多様な視点のあり方を示す巻十七に対し、（略）、松村博司氏が「尼達の法成寺巡拝記の体裁」と規定する様に「たまのうてな」の巻は一貫して尼君たちの視点を通して法成寺世界が描き出されている」と言われるように、「阿弥陀堂」の造形に関しては、尼が重要な役割を担っている。（渡瀬茂「「たまのうてな」の尼君たち――『栄花物語』の考察㈢――」前掲論文、三六頁）
56　渡瀬茂「道長の死の叙述をめぐって――『栄花物語』の考察㈡――」前掲論文、三六頁
57　渡瀬茂「「たまのうてな」の尼君たち――『栄花物語』の考察㈢――」前掲論文、四一頁
58　松村博司『栄花物語の研究』前掲書、四七六～四七七頁。また、高橋亨「語りの場の表現史と歴史物語」、（山中裕編『王朝歴史物語の世界』、六三頁、吉川弘文館、一九九一年所収論文）では、『栄花物語』の著作に関連して、「歴史を語るとは、しかも失われた過去と死者たちの栄華をその内部に身をおいて語ることは、死者たちへの鎮魂であるとともに、生き延びていくほかない人じしんへの鎮魂のわざであろう」と言われている。

第三章　『往生要集』の場合

序

『往生要集』の大文第六〈別事念仏〉下〈臨終行儀〉には、『四分律抄』、『観念法門』からの撰述によって、臨終時の病者・看病者のあり方と、両者が仏を前にして居る場所のあり方が明らかにされている。[1]例えば、「祇洹《ぎおん》の西北の角、日光の没する処に無常院を為《つく》れり」（岩波・要集・二〇六頁）[2]云々とあり、それを読むことによって、祇園精舎の無常院で営まれた臨終の「住まい」のあり方を窺い知ることができるのである。本章では、このような具体的事例を引きながら往生極楽へ向けての「念仏」のあり方を記した『往生要集』を体系的に読み、その読解を通して明らかになる「臨終の住まい」のあり方を建築論的に構造化して提示することを試みる。[3]

先ずはじめに、『往生要集』の概説を通して、本章の着眼点と研究目的を明らかにしておきたい。

『往生要集』とは、浄土教を体系的に説いたものであり、浄土教思想を確立したものであると言われているように、古代から中世にかけて展開した仏教思想の一つの流れの根幹を担う浄土教探求の学術書である。[4]その一方で、鴨長明の『方丈記』の中で、法華経が置かれた閼伽棚とは別の釣棚に和歌・管弦の抄物とともに置かれていたことが知られているように[5]、和歌などの文芸に親しく、「日常の念佛生活とひたりと重り合って[6]」説かれる教えの要文集でもある。

内容は、大きく十の項目に分けて説かれているが、とりわけ重要なのは、大文第四〈正修念仏〉である。正修念仏とは、「念仏の行を勧めるのに五科の修練が必要であることをあらわし、その一々の形式と方法を挙げていく[7]」もので、礼拝門、讃歎門、作願門、観察門、廻向門の五念門によって構成されている。なかでも『往生要集』が、〈観察門〉を重要視していることは、よく知られていることである[8]。そして、「源信における帰命想・引摂想・往生想も含めた具体的な観想の説明は、仏の尊容・往生浄土への想起・想像が形象化され得る要因をもつものであり、文字から、言葉から、想像からそれが視覚・知覚を通して造形として復原されていったのである[9]」と言われているように、『往生要集』で説かれる「観想」は、仏の教学と造形活動の間を切り結ぶ接点のあり方と当時の浄土教芸術の造形方法の指針を明示していると考えられている[10]。本章は、その「観想」のあり方を建築的な観点から解明することによって、浄土教建築のあり方、すなわち、「念仏の場所」に「住まう」ことと「建てる」ことのあり方を明らかにすることをめざしたい[11]。

また、臨終行儀とは、「臨死者個人およびその周囲（看取る側）の理想化された死への対応・体現法であり、日本においては中世以降盛んに施行され、現代まで敷衍されてきている[12]」もので、時代を通して究明され続けている理想的な「死・生」への対処法であり、避けることのできない死に臨む人間の生の究極の「住まい」のあり方を明らかにしているものである[13]。臨終行儀においては、死という「個々の人間存在における普遍的な内的問題[14]」を抱えた人間が、限りある世界の内で充実した住まいを営むことができるように、人の基本的欲求（身体的・精神的・社会的・宗教的必要等[15]と根源的要求を充たし、「人がその人ゆえの、その人らしく真に生きること[16]」のできる場所とはいかなる場所であるかということが問題となっている。本稿は、そのあり方を建築学の立場から明らかにする些少な試みである。[17]

論考の順序は、「臨終の住まい」の究明に入る前に、先ず、臨終の住まいが営まれる「念仏の場所」のあり方を明らかにし、次に、節を変えて、念仏の場所で行われる「念仏」のあり方を明らかにしていくという具合で進める。「建築」のあり方を究明するには、建築物だけでなく、建築物の中で行われる建築的行為のあり方を知ることが重要であると考えているからである。そして、両者の論考をふまえた上で、「念仏の場所」で営まれる「住まい」の究極の事例として、「臨終の住まい」を取りあげ、それについて建築的な観点から論考を試みる。

一　「念仏の場所」のあり方

『往生要集』の大文第五〈助念の方法〉と大文第六〈別事念仏〉には、「念仏の場所」のあり方が具体的に記されている。ここでは、その叙述に拠りながら念仏の場所のあり方を建築論的に解明する。[18]

はじめに、大文第六〈別事念仏〉中の源信自身の言葉によって明らかにされている念仏の場所に関する叙述から見ていきたい。

三昧の道場に入らんと欲する時は、一《もは》ら仏教の方法に依り、まづすべからく道場を料理《りょうり》し、尊像を安置し、香《こう》

湯《とう》にて掃灑《そうせ》すべし。（岩波・要集・一九七頁）

引用文を読むと、念仏が行われる三昧の道場が、勝手に案出した方法ではなく、「仏教の方法」に依って構成されるべきことがわかる。そして、その方法に依って、道場を「料理」し、その中に尊像を安置し、香湯にて「掃灑」すべきことが記されている。

続いて、以下の文章が続く。

もし仏堂《ぶつどう》なきも、浄房《じょうぼう》あらばまた得たり。掃灑すること法の如くし、一の仏像を取りて西の壁に安置せよ。（岩波・要集・一九七頁）

ここには仏堂が無い場合の「念仏の場所」の成立条件が記されている。先ず、第一文「浄房あらばまた得たり」から、仏堂が無い場合でも、「浄化された場所」であれば、念仏の場所に成り得ることがわかる。さらに第二文では、「浄房」の中に「一の仏像」を「西の壁」の前に安置すべきことが説かれている。すなわち、念仏の場所が成立するには、浄化された場所とともに、一の仏像と西の壁を用意し、浄化された場所にそれらの物を正しく配置することが必須の条件となっていることがわかる。

浄化された場所に関しては、既に、建築論からの論考があり、「浄化しておくことは何事かを創造するに際しての必要な手立てだといえよう(19)」と、浄化された場所の構築が創造行為の成立条件であり、場所の浄化と創造行為との間に相関関係があることが指摘されている。しかし、ここでは先ず、『往生要集』の文脈に従って「浄化」

の意味を確認していきたい。『往生要集』の中で端的に浄・不浄のことが問題になっているのは、大文第一〈厭離穢土〉と大文第二〈欣求浄土〉である。例えば〈厭離穢土〉には、「第五に、人道《にんどう》を明さば、略して三の相あり。審《つまびら》かに観察《かんざつ》すべし。一には不浄の相、二には苦の相、三には無常の相なり」とある。「人道」というのは、「人間世界」[20]のことであるから、これによって『往生要集』では、人間世界が、不浄、苦、無常であると自覚されていることがわかる。他方、「浄化」に関しては、〈欣求浄土〉に「獲《う》る所の善根《ぜんごん》清浄なる者もて　願はくは衆生と共にかの国に生れん」とあることから、行者が「清浄なる」ことによって、「奇麗清浄」なる「かの国」「浄土」への往生が成就し得るとされていることがわかる。これらの事から、「料理」、「掃灑」によって場所を浄化することが、単なる「整頓」、「掃除」を意味することではないことが窺えよう。すなわち、『往生要集』の世界においては、「浄化された場所」を建て、そこに住むことが、人間世界が本来不浄であることを自覚し、奇麗清浄なる浄土へ往生することを意味しており、「念仏の場所」は、不浄なる人間世界からの解脱と、清浄なる浄土への往生を成就する場所として機能すべく、その場所を「浄化」することを大切にして形づくられていると解することができる。

次に、「念仏の場所」のもう一つの成立条件である「一の仏像」の安置について触れておきたい。「一の仏像」については、それが「西の壁」の手前に安置されるということからも窺えるが、大文第三〈極楽の証拠〉で繰りひろげられる問答によって、西方極楽世界の「阿弥陀仏」であることがわかる[21]。つまり、『往生要集』に記される念仏の場所においては、一の仏像が安置されることによって、内部空間に超越的存在である阿弥陀仏を示す仏が現れ、西が絶対の西方極楽浄土を示す方位として意味づけられる。浄房の「西の壁」が強調されるのもその故である。つまり、「念仏の場所」は、「一の仏像」や「西の壁」を適所に配置することによって、超越的な阿弥陀仏を示す「仏」と絶対の西方極楽浄土を示す西という「方位」が明示され、そのような仕方で、西方極楽浄土への往生成就の願いを明らかにするのに相応しい場所として、形象化されていると言うことができよう。

また、大文第五〈助念の方法〉第一方処供具では、以下のように、「念仏の場所」を規定している。

> 第一に、方処供具とは、内外倶《ないげ》に浄くして一の閑処《かんしょ》を卜《ぼく》し、力の随《まま》に花香《けこう》供具を弁ぜよ。もし花香等の事を闕少《けつしょう》することあらば、ただ専ら仏の功徳威神《くどくいじん》を念ぜよ。もし親《まのあた》り仏像に対せんには、すべからく燈明《とうみょう》を弁ずべく、もし遙かに西方《さいほう》を観《かん》ぜんには、或は闇室を須《もち》ひよ。〈感禅師《かんぜんじ》は闇室を許す〉　（岩波・要集・一四三頁）

先ず第一文から、自己の身心を浄くし、その身心に相応する場所として「内外倶に」きよらかな「閑処」を念仏の場所として選定すべきことがわかる。また、続く第三文以下からは、念仏の場所の「光」のあり方に関する記述を見ることができる。例えば、「もし親《まのあた》り仏像に対せんには、すべからく燈明を弁ずべく」という文から、仏像の照明が、自然光ではなく、燈明の光によるべきことがわかる。つまり、仏像が安置される場所は、燈明の光が生きてくる陰の場所であり、念仏の場所として、そのような「闇」の場所を建てる必要があることを知ることができるのである。続く第四文には、「闇室」を営むべきことが明確に記されている。

建築の空間論には、「闇」に関しても既に論考があり、例えば、「闇は目に見える世界を消すことで、他界を示しうる」や「闇はまた生の秩序の基底になる」とされ[22]、「闇」が、目に見える世界を消すことによって成立する空間であると同時に他界を示す先秩序的で両義的な空間であることが指摘されている。上記引用文の場合、「遙かに西方を観ぜん」とする時に「闇室」が須いられるべきであることが明らかにされているが、ここでの「西方」は、言うまでもなく、西という方位に超越的な西方極楽浄土という意味が重ねられた方位の事であるから、日常的には目に見えない「西方極楽浄土」を「観ぜん」とする場所として、目に見える世界を消す「闇室」が用意されると解することができよう。目で見ることのできる日常世界をくらくすることによって、日常的には見えない場処への志向性が顕し出されているのである。さらに、その闇室の中では、「燈明」が灯され、不可視の場である西方極楽浄土を示す「仏像」が照らされる。日常世界をいったん闇にし、日常世界を目に見えない様にする一方で、日常的には見えない場処を示す仏像を照らすことによって、行者と阿弥陀仏・西方極楽浄土との結びつきを形象化し、西方極楽浄土への往生成就の願いを明らかにするのに相応しい場所として「念仏の場所」が形づくられていることを垣間見ることができる。

これらの論考から、「念仏の場所」は、不浄・浄、仏像・仏、方位・浄土、闇・光という両義的にはたらく空間の構成要素を明確に表示することによって、厭離穢土・欣求浄土の実践として行われる「念仏」を助けるように形象化されていることを窺い知ることができよう。

そこで以下、念仏の場所で行われる「念仏」のあり方に着眼してその究明を試みたい。建物は、建物の内部で行われる行為と密接に関連しあって形成されると考えられるからであり、「臨終の住まい」の成立に深く関わっているのが「念仏」という行為だからである。

二　「念仏」のあり方

『往生要集』は「往生極楽の教行」を説く書物であるが、その教えの実践は「念仏の一門に依る」べきことが冒頭に記されている。それは、本稿が問題とする「臨終の住まい」を営む場合も同じである。行者が念仏を行い、その姿を看病者が看護することによって「臨終の住まい」が成立する。[23] ここでは、臨終の住まいの究明に先立って、「念仏」という行為の動機と目的と方法を明らかにし、「念仏の場所」で営まれる「住まい」のあり方を解明したい。

（一）「念仏」の動機

「念仏」の動機に関しては、『往生要集』の冒頭文に端的に記されている。

それ往生極楽の教行《きょうぎょう》は、濁世《じょくせ》末代の目足《もくそく》なり。道俗貴賤、誰《たれ》か帰《き》せざる者あらん。ただし顕密《けんみつ》の教法《きょうぼう》は、その文《もん》、一《いっ》にあらず。事理《じり》の業因《ごういん》、その行《ぎょう》これ多し。利智精進《しょうじん》の人は、いまだ難《かた》しと為さざらんも、予《よ》が如き頑魯《がんろ》の者、あに敢《あえ》てせんや。この故に、念仏の一門に依りて、いささか経論の要文《ようもん》を集む。これを披《ひら》いてこれを修むるに、覚《さと》り易《やす》く行《おこな》ひ易からん

（岩波・要集・一〇頁）

引用文から、この世が「濁世末代」であるが故に、「往生極楽」の教えが説かれ、「念仏」が行われることがわ

かる。また、「予が如き頑魯の者」が顕密の教法を修めることは困難を伴うので、覚り易く行い易い業法として念仏が選ばれていることも窺える。世界を「濁世末代」と見、自己を「頑魯の者」と見ることが念仏を行う動機となっているのである。

　また、大文第一〈厭離穢土〉には、その動機の内容が詳しく述べられているので見ておきたい。〈厭離穢土〉は、六道の描写とそれらの惣結によって構成され、視覚に訴える具体的な表現によって叙述されている。とりわけ、穢土の心ない人間の姿を、身体的側面に執着して描いている点に注目が促される。また先述したように、人間世界を麗しいものなどではなく、不浄、苦、無常なるものとして自覚的に捉えていることを特徴とする。さらに、惣結では、穢土が「悪を作り苦を受け、徒《いたずら》に生れ徒に死して、輪転《りんでん》して際《きは》なし」といった世界であることが明らかにされ、その輪廻する苦渋世界からの解脱が要求されている。[24]すなわち、〈厭離穢土〉では、人間の姿が一面的に身体的な側面から捉えられ、穢土が、不浄、苦、無常なる状態で閉塞的に輪転しつづける「歪んだ一重世界」[25]であることが明らかにされているのである。さらに、穢土の衆生は、「貪愛《とんあい》を以て自《みずか》ら蔽ひ、深く五欲に著《ちゃく》す。常《じょう》にあらざるを常と謂《おも》ひ、楽にあらざるを楽と謂ふ」と、自己の本来性に眼を行き届かせることなく、その本来性を自ら蔽い、その故に生じた「歪んだ一重世界」の内で展転している。これらの理由から穢土を厭離すべき世界とするのである。そして、『往生要集』が主題とするのは、こうした閉塞的に輪転し続けている歪んだ一重世界からの解脱とこの身に受けた不浄、苦、無常の克服であり、それが「念仏」を通して、自己の本来性を見出すこととともに、成就されることにある。[26]

『往生要集』で念仏の事が最も体系的に記されているのは、大文第四〈正修念仏〉であり、それが五念門に依って説かれていることは冒頭で述べた。その中の〈作願門〉を読むことによって、「念仏」の目的を窺い知ることができるので、ここではその内容を見ていきたい。〈作願門〉では、先ず『無量寿経』から以下の文章が引用されている。

（二）「念仏」の目的

およそ浄土に往生せんと欲せば、要《かなら》ず発菩提心《ほつぼだいしん》を須《もち》ふることを源となす
（岩波・要集・九一頁）

上引の『往生要集』の冒頭文にも見られるように、念仏の目的は「往生極楽」にある。が、しかし、ここでは、単に外へ浄土を求めるのみでなく、内へ「菩提心」を発すことが同時に要求されている。外への方向と内への方向が二つで一つであるようなあり方が「作願」の先ず第一の心得として明らかにされ、念仏の目的が両義的に顕されていることを窺い知ることができる。

その「菩提心」の行相と利益を明らかにするのが〈作願門〉の主題である。(27) そして、『往生論註』を引いて以下のように菩提心を明らかにしている。

発菩提心とは、正にこれ仏に作《な》らんと願ふ心なり。仏に作らんと願ふ心とは、即ちこれ衆生を度《ど》せんとする心なり。衆生を度せんとする心とは、即ちこれ衆生を摂受《しょうじゅ》して有仏の国土に生まれしむる心なり

（岩波・要集・九一頁）

念仏の目的たる往生極楽成就の願いに即して発せられる菩提心が、自ら「仏に作り」、「衆生を度し」、「有仏の国土に生まれしむる」こととして明らかにされている。つまり、「往生極楽」とは、単に自利としてのそれでなく、自利即利他行の実践成果なのであって、[28]ここでは、自らの往生極楽の成就とともに衆生の往生極楽の成就も同時に「願い」として明らかにされているのである。

また、「仏を念じ、善を修するを業因となし、極楽に往生するを花報《けほう》となし、大菩提を証するを果報《かほう》となし、衆生を利益するを本懐《ほんがい》となす」とあるように、念仏の目的は、一義的に決められるのではなく、「往生極楽」という「花」を咲かせ、「証大菩提」という「果」をみのらせ、衆生を利益するという具合に、重層的に奥行きをもって捉えられるのであり、[29]〈作願門〉では、それに応じて、「願作仏心」、「上求菩提下化衆生心」という両義的な「心」を発すことが、念仏行の一環として要求されているのである。

（三）「念仏」の方法

次に、〈正修念仏〉で説かれている五念門のうち、〈観察門〉を読み解くことによって「念仏」の方法を明らかにしていきたい。〈観察門〉で明らかにされている観想のあり方が、念仏の場所において営まれる「住まい」のあり方や造形行為の理想的なあり方を説いているように思われるからである。

先ず、〈観察門〉は、「新発意《しんぼっち》の菩薩はまず仏の色相《しきそう》を念ず」とあるように、色相観を修することとして明らかにされている。さらに、その色相観は、別相観、惣相観、雑略観の三つに区分されて説明されている。以下、その内容を個々具体的に見ていきたい。

a　別相観にみる「念仏」の方法

別相観は、全体を構成する部分の色相の観想の加算によって形成される全体像の観想で有相定業として位置づけられている。

この観想は先ず仏の於いてある場所となる「花座」の観想から行われる。「阿弥陀仏は花の台の上に坐し、相好炳然《へいねん》として、その身を荘厳《しょうごん》したまふ」とあるように、人間の理想像である「仏」も、人間と同様に、場所と無関係に抽象的にあるわけではなく、場所とともにある場所的存在として観られる。仏が置かれている場所を理解しつつ、場所に於いてある存在として仏を理解し観想すべきことが説かれているのである。

花座の観想の次には、仏の相好の観想が行われるのであるが、これは、観想の対象を仮定し、その全体を四十二に分けて行われる。その相好観の特徴は「人間の身体的四肢を理想化したところの、目に見える姿態」(30)を観ることにあり、現実に四十二相観を行う時の四十二相の区分は、基本的に仏の外面的な形姿に拠っている。しかしながら、その内容を見ると、単に仏の外面的な形姿のみを見ることが要求されているわけではないこともわかる。山折哲雄は、三十二相観との相違に着眼し、源信が示した四十二相観には「外面的な形象性とは異なつた水準の「内面」(31)」を指示する「心の相」が取り入れられていることを指摘している。仏は、単に目に見える外面的形姿のみによって構成されているわけではなく、目には見えないが如来の内的中心となる「心の相」を含めて全体が形象化されるのである。

また、別相観の全体を通して、仏の相好の観想とともにその相好から発せられる「光」の観想が行われている

点にも注目することができる。例えば、「心」の観想の場合、

如来の心《しん》の相は、紅《くれない》の蓮華の如し。妙なる紫金の光、以て間錯《けんさく》をなして、瑠璃《るり》の筒《つつ》の如く、懸《か》かりて仏の胸にあり。（略）無量塵数《じんじゅ》の化仏、仏の心の中にありて、金剛の台《うてな》に坐し、無量の光を放つ。一々の光の中に、また無量塵数の化仏ありて、広長の舌を出して、万億の光を放ち、もろもろの仏事を作す。

（岩波・要集・一二七頁）

と、「心」の相とともに無量の「光」と「仏」が幾重にも重層して仏事を作している姿の観想が試みられる。(32) 対象化して見ることのできる物と同じようには対象化し得ない光の観想を仏の身体の観想とともに行うべきことが説かれているのである。さらにその「光」の様相は、通常我々が目にする日常的な光とは異なり、「万の色ありて、遍く十方の一切の世界を照す」と言われるような、無限の様相とともに遍在的に「一切の世界」を照らすはたらきとして捉えられていることも窺い知られる。

これらの事から、別相観とは、単に仏の身体部分の形の認識を行うものではなく、部分の色相とその部分が於いてある場所の光景の観想、ないし、部分の形とはたらき（機能）の観想が同時に求められ、さらに、それらの観想の蓄積によって理想的な全体像を形成していく観想であると言うことができよう。

また別相観の最後には、纏めとして、頂から足に至る「順観《じゅんかん》」と足から頂に至る「逆観《ぎゃくかん》」があること、そして順逆反復しながら観想を行うべきことが説かれている。そして、それを「十六反」行った後、「心を住《とど》めて念《おもい》を一処に繋《か》ける」ことによって、「身心《しんしん》、安穏《あんのん》なる」ことを得るとされている。すなわち、別相観では、外に仏の全体

像を形象する一方で、内に主体の身心の安穏を成就させることが求められており、色相の形象化と身心の安穏とが不即不離の事柄として行われるべきことが説かれていることがわかるのである。

b　惣相観にみる「念仏」の方法

惣相観は、色相の現象構造の解明をふまえて体系的に見られる全体像の観想で、有相定業、あるいは、無相定業理の念仏として位置づけられている。[33] 具体的には、観る主体と観られる客体の関わり合いのあり様をみる観想と、重層構造をもつ「仏」を系統化してみる観想とによって行われる。

後者は、阿弥陀仏が、「応化身《おうげしん》」、「報身《ほうじん》」、「法身《ほっしん》」という「三身」を備えながらも、同時に、「三身即一《さんじんそくいつ》」なる存在であることを見るべきことが説かれている。そして、「わが所有の三道《さんどう》と、弥陀仏の万徳と、本来空寂にして一体無碍《むげ》なり」と、主客の根源的あり様を看破し、人間の三道と仏の万徳とが、本来「空寂」であり、「一体無碍」であるという事を見ることが要求されている。

一方、前者は、先ず、別相観で行われたのと同様に、「衆宝の荘厳せる広大の蓮華を観じ、次に阿弥陀仏の、華の台《うてな》の上に坐したまへる」姿を観想することからはじめられる。その後、阿弥陀仏の周囲環境の観想が行われるとともに、観想主体である行者の見えのあり様が明らかにされる。その様子は以下のように記されている。

> 身の色は百千万億の閻浮檀金《えんぶだんごん》の如く、身の高さは六十万億那由他恒河沙由旬《なゆたごうがしゃゆじゅん》なり。(略)一々の光明、遍く十方世界を照し、念仏の衆生を摂取して捨てざるなり。当に知るべし、一々の相の中におのおの七百五倶胝《くてい》六百万の光明を具へ、熾燃赫奕《しねんかくやく》として神徳巍々《じんとくぎぎ》なること、金山王《こんせんのう》の大海の中にあるが如く、無量の化仏・菩

薩、光の中に充ち満ちて、おのおの神通《じんずう》を現じ、弥陀仏を囲遶《いにょう》せるを。かの仏、かくの如く無量の功徳《くどく》・相好《そうごう》を具足《ぐそく》し、菩薩の衆会《しゅえ》の中にありて、正法《しょうぼう》を演説したまふ。行者《ぎょうじゃ》、この時、都《すべ》て余の色相《しきそう》なく、須弥《しゅみ》・鉄囲《てっち》、大小の諸山《しょせん》も悉く現れず、大海・江河・土地・樹林、悉く現れず。目に溢《あふ》るるものは、ただこれ弥陀仏の相好なり。世界に周遍せるものは、またこれ閻浮壇金《えんぶだんごん》の光明なり。譬へば、劫水《こうすい》の、世界に弥満《みまん》せるに、その中の万物《まんもつ》は沈没《ちんもつ》して現れず、滉瀁浩汗《こうようこうかん》として、ただ大水のみを見るが如く、かの仏の光明も亦またかくの如し。高く一切世界の上に出て、相好・光明、照曜《しょうよう》せずといふことなし。行者は心眼《しんげん》を以て己《おの》が身を見るに、またかの光明の所照の中にあり　（岩波・要集・一三一～一三二頁）

上記引用文の上段からは、別相観と同様に、観られる客体となる仏の身体とその身体が置かれてある場所の観想が行われることを確認することができる。しかしながら、下段では、仏の身体ではなく、仏のはたらき、つまり仏が正法を演説している状況の観想が行われる。と同時に、行者は、観る主体から、正法を享受する客体になり、仏は、観られる客体から、説く主体になるといった立場の逆転が生起している。そして、「この時」、行者は二つの現象を同時に見る。一つは、「都て余の色相なく」云々とあるように、上述の観想によって見られた行者と仏の関わり合いの場所が空ぜられ、「弥陀仏の相好」と「閻浮壇金の光明」のみが「目に溢るる」現象である。その様子は、「ただ大水のみを見るが如く」と、世界の万物を洗い流してしまう「劫水」直後の風景に喩えられる。今一つは、行者が「心眼」を以て「己が身」を光明所照の中に見出すという現象である。すなわち、〈観察門〉の主題である色相観は、その行が熟してくるとともに、逆に、主客の関係を支えている場所の「色相」が「なく」なり、ただ「相好」と「己が身」のみが「平等無二」(34)として現れる場に開かれる。「自覚とは、単に我が我をということではない。自己が「於てある」場所に真に開かれて、すなわち「我なし」と切り開かれて、場所の開けのうちで自己が見られること、場所の開けが光となって自己が照らし出されることである[35]」と言われているように、観想の成就が、「見仏」のみでなく、「自覚」との同時成立の事態として捉えられていることを窺い知ることができるのである。

また、この時の「光明」は、実体として対象化して見ることができる類のものなどではなく、「一切世界の上に」現前し、一切世界を超え包む「はたらき」として、主客の対立関係を超出している。惣相観においては、そのような「光明」を受用することによって、主客の対立関係が空ぜられ、〈「相好」・「光明」と「光明所照の中にある」「己が身」〉が二重して同時に現れ、「念ずる対象と一体化し、その中に安住する[36]」という事態が成立するのである。つまり、「高く一切世界の上に出て」、主客の対立関係を超出した「光明」がはたらく時、「仏」と「行者」は主客の対立関係をのり超え、矛盾なく統べられ得るのであって、その意味で、「光明」は、念仏行の根底において受用され得る〈矛盾を統べる両義的なはたらき〉と解することができる。そしてそのような両義的にはたらく「光明」が受用されるが故に、行者は「歪んだ一重世界」から脱し、仏との両義的世界に住することができるのである。

さらに、引用文を見直してみると、「光明」に於いてある「己が身」は、通常我々が「もの」を対象的に見る時に作用させる「肉眼」ではなく、「心眼」と言われる特殊な「はたらき」に拠って見られていることも窺える。つまり惣相観においては、実体として対象化できない「心眼」に見られる事に拠って、「己が身」の存在が覚証されるのである。すなわち、観想の成立現場においては、「心眼」という「己が身」を見る「眼」がはたらくことに拠って、「自己が自己を知る[37]」ということが成り立つとともに、「自覚」が本来的には「身」と「心」の相依相応によって成立するということを確かめることができるのである。

このように見てくると、惣相観とは、観る観られるという対象的関係を営むことからはじめられ、その行が熟するにつれて、主客の立場逆転の事態、主客を支える場所が空ぜられる事態が生起する。と同時に、光明所照の場において「見仏」と「自覚」が成就する全過程の出来事を示していると言うことができよう。そして、これらの過程で起きている事を〈みることの深化〉と捉え直して言うならば、惣相観というのは、単に仏を対象的に傍観することによって成立する行為ではなくて、「行者」と「仏」の間で、先ず、〈観る・観られる関係〉を営み、その後、その関係を介して、〈(観る・観られる関係) 自身を見る〉という重層した関係を成立させる行為であると言うことができよう。その事をさらに要約して言うならば、それは、〈みること自身のあり方をみることの行〉、あるいは、〈自覚的に行われる観想〉と換言でき、「念仏の場所」においては、そのような方法で念仏を行い、「住まい」を営むことが求められていることがわかる。

三　臨終の住まい

以上、念仏の理想的なあり方の解明を通して、念仏の場所で営まれるべき「住まい」の様子を垣間見た。以下では、現実の人間世界に生きているが故に必ずおとずれる「臨終」に着眼し、その「住まい」のあり方の具体的解明を試みる。

『往生要集』では、大文第六〈別時念仏〉第二〈臨終行儀〉に、「臨終の住まい」の事が詳述されている。その中で、「臨終行儀」のあり様が、『四分律抄』と『観念法門』からの引用文によって示されているので、ここでは、その叙述に従って「臨終の住まい」のあり方を明らかにしていく。

（一）『四分律抄』にみる「臨終の住まい」

先ず、『四分律抄』からの引用を見ておきたい。

> 祇洹《ぎおん》の西北の角、日光の没する処に無常院を為《つく》れり。もし病者あらば安置して中に在《お》く。およそ貪染《とんぜん》を生ずるものは、本房《ほんぼう》の内の衣鉢《えはつ》・衆具《しゅぐ》を見て、多く恋著《れんじゃく》を生じ、心に厭背《えんぱい》することなきを以ての故に、制して別《べつ》処《しょ》に至らしむるなり。堂を無常と号《なづ》く。来る者は極めて多く、還反《かえ》るもの一、二なり。事に即《つ》きて求め、専心に法を念ず。その堂の中に、一の立像《りゅうぞう》を置けり。金薄《こんぱく》にてこれに塗り、面《おもて》を西方に向けたり。その像の右手は挙げ、左手の中には、一の五綵《ごさい》の幡《はた》の、脚は垂れて地に曳《ひ》けるを繋《つな》ぐ。当《まさ》に病者を安んぜんとして、像の後に在《お》き、左手に幡の脚を執り、仏に従ひて仏の浄刹《じょうせつ》に往く意《おもい》を作さしむべし。瞻病《せんびょう》の者は、香を焼《た》き華を散らして病者を荘厳《しょうごん》す。乃至、もし尿屎《にょうし》・吐唾《とだ》あらば、あるに随ひてこれを除く（岩波・要集・二〇六頁）

ここでは、祇園精舎の西北の角の「無常院」で営まれた臨終の住まいの様子が記されている。特に、その住まいが営まれる「場所」についての叙述が充実しているので、先ずその点から究明を進めていきたい。

引用文に拠ると、無常院が建てられたのは、「日光の没する処」ないし「別処」と言われる場所であったことがわかる。「日光が没する処」とは、太陽が沈み、一日の終焉が迎え入れられる場所と解してよかろう。一生涯の終焉に臨む臨終行者のあり方に応じて、無常院の建つ場所が選ばれていることが窺える。また「日光が没する処」は、太陽が沈む「西方」の場所をも意味しており、西方極楽浄土への往生を迎えるのに最も適した方位が選ばれていることもわかる。無常院は、このように限界状況の中で往生極楽をめざす臨終行者に相応しい所として選択された場所「日光が没する処」に建てられていたと考えられるのである。しかしながら、現実には、「日光が没する処」は、到達困難な場所なので、ここでは、「敷地内の西方」が選ばれ、そこに、上述の意味を重ねて無常院が建てられていたと考えられる。

また一方で、無常院は「別処」とも言われており、そのことから、無常院が建てられたのは、「本房」から「隔離」[38]された場所であることがわかる。「源信以前には、看病施設もしくは死につながる施設が「不浄」「穢れ」の空間として捉えられていたものが、全く逆の意義づけがなされた」[39]と言われているように、『往生要集』では、人間世界を「不浄の場所」とし、無常院を死を迎える場所でありながら、「浄化の場所」とする。それ故、無常院は、その浄化性を顕すべく、不浄なる人間世界から隔離された場所に建てられることが要求される。しかしながら、現実には、人間世界から離れて建物を建てることはできないので、敷地内で「別処」と呼ばれるのに相応しい場所、即ち、本房から隔離された場所に建てられていたと考えられる。

次に、「無常院」といわれる建物自身について見ていきたい。先ず、建物の名前から、そこが、常無く変転する「無常」世界を意味する場所であることがわかる。[40]『往生要集』では、「無常」とは厭離すべき人間世界を特徴づける事象であり、時の推移とともに訪れる「死」を示している。特に〈厭離穢土〉では、その死への対処と無常からの解脱が強調されている。それ故、無常院は、世界の無常と人間の死を自覚する場所であると同時に、そこを厭離し、往生極楽の願いを明らかにすべき場所であると解することができる。

堂の外観に関する記述はないが、内部空間の構成に関しては幾つかの事を窺い知ることができる。一つは、先述した「浄房」と同様、堂内に「一の立像」が安置されることである。「立像」は、「当に一の好き厳かなる形像《ぎようぞう》に対し、一心に相を取り、これを縁《えん》じて定《じよう》に入るべし」とあるように、行者が仏を観るという仕方で行う念仏を支え、念仏成就の「縁」としてはたらく物である。観られる客体となる「仏」を形象化することによって、観る主体の視線を限定し、主体の念仏行為を助けているのである。二つめは、その「立像」が「面を西方に向け」ているということである。このことから、立像が西方極楽を主宰する阿弥陀仏であると推察され、それが堂の内部空間に一つの意味を与えていることが窺える。さらに、立像の向きと姿勢から、西方という一つの方向が強調されていることもわかる。堂の内部空間は無機的な抽象空間などではなく、意味と方向を備えた場所となっているのである。三つめは、面《おもて》を西方に向けた立像の後ろに「病者」を在いているということである。これにより、堂の内部空間が、「立像」の場所と「病者」の居場所とによって構成されていることがわかる。また、「病者」の位置は、「立像」と無関係に定められるのではなく、「立像」を基点として定められており、それにより、堂の内部空間を秩序づけている方向が、西方—立像—病者という関係をもって強調されていることも窺い知られる。四つめは、「立像」と「病者」が、「一の五綵の幡」に繋がれているということである。このことから、内部空間を秩序づけている方向のうち、特に、「立像」と「病者」との間が形象化され、視覚的に強調されていることが窺える。これに関しては、既に「臨終に仏と往生者の各々の手を綵によって結合することは、来迎引接の具体的表顕であるが、切なる願望がその根底に横たわっている(41)」と言われており、それが、往生極楽の願いの具体的表現、即ち、往生極楽へ向けて行われる「念仏」の視覚的表現であることがわかる。前節の論考をふまえて言うならば、「念仏」とは仏と行者の間で行われる「観想」の謂であるから、この「五綵の幡」は、「仏」と「病者」との間で営まれる〈観る・観られるの関係〉の形象化と言うこともできよう。このように見ると、無常院の内部においては、「観られる客体（仏）」と「観る主体」、そして両者の関係を形象化することによって念仏の場所が形成されていると解することができよう(42)。

五つめは、堂の内部空間が、「立像」の場所、「病者」の居場所の他に、「瞻病の者」の居場所が用意されて構成されているということである。この第三者に関しては、『観念法門』を見ていく方がその内実に触れることができるので、以下、項を変えて、論考を試みていくことにしたい。

（二）『観念法門』にみる「臨終の住まい」

『観念法門』からは以下の文章が引用され、「臨終の住まい」のあり方が明らかにされている。

> 行者等、もしは病み、病まざらんも、命《いのち》終らんと欲する時は、一《もは》ら上の念仏三昧の法に依りて、正しく身心に当てて、面を廻らして西に向け、心もまた専注して阿弥陀仏を観想し、心と口と相応して、声々《しょうしょう》絶ゆることなく、決定《けつじょう》して往生の想、花台《けだい》の聖衆《しょうじゅ》の来りて迎接《ごうしょう》するの想を作《な》せ。病人、もし前境《ぜんきょう》を見れば、則ち看病人に向ひて説け。既に説くを聞き已らば、即ち説に依りて録記せよ。また病人、もし語ることあたはずは、看病して、必ずすべからくしばしば病人に問ふべし、いかなる境界を見たると。もし罪相《ざいそう》を説かば、傍の人、即ち為に念仏して、助けて同じく懺悔《さんげ》し、必ず罪をして滅せしめよ。もし罪を滅することを得て、花台の聖衆、念に応じて現前《げんぜん》せば、前に准《じゅん》じて抄記せよ
>
> （岩波・要集・二〇七頁）

ここでは、臨終の住まいを営む「行者」のあり方が、「病人」、「看病人」という二つの立場を介して明らかにされているのを見ることができる。また、既に、加須屋誠によって指摘されているように、「死を迎える者の眼差し」と「彼の死を看取る者の眼差し」の二つの眼差しを確認することができる(43)。以下、この二つの視線に即して、臨終の住まいの具体的内容を検討していこう。

第一文から、引用文の全体が、「命を終わろうとする時(44)」を迎える「行者等」、すなわち、現実の死を受用していく人間、のあり方に関する文章であることを確認することができる。以下、死を第一人称の事として受け入れ、「たった一人で消え去ってゆく(45)」他ない個として限られた人間がめざすべき生のあり方が記されていく。引用文を見ると、「行者」すなわち「死を迎える者」の眼差しは、「西」に向けられ、その視線とともに「心」を専注して「阿弥陀仏」の観想を行うべきことが説かれている。ここでも、「行者」と「阿弥陀仏」は〈観る・観られる関係〉を形成し、その関係を介して、「想」を往生成就へ向けていくことが求められる。また、この時の観想のあり方として、「身体」だけが先走るのでもなく、「心」がただ浮遊するのでもなく、あくまで「正しく身心に当てて」、「心と口と相応して」、決定して往生する想、花台の聖衆が来て迎接する想を作すように行われるべきことが説かれている。往生成就の契機となる〈観る・観られる関係〉は、「心」を阿弥陀仏の観想に専注させ、「面」と「眼差し」を西に向け、身心を相依相応させることによって構築されているのである。そしてまた、臨終の住まいは、全体として、このような〈身・心〉の姿勢を助けるべく営まれているであろうことも、先の『四分律抄』からの引用を重ねて見るとわかる。

また、「彼の死を看取る者の眼差し」は、「看病人」の視線として表され、「臨死者単独で臨終に対処させないという配慮(46)」が具体化される。もちろん、「看病人」は、「病人」を客観的に一方的に眼差すわけでなく、「たがいに生と死の切り結ぶ接点に立ち、手をたずさえて「前境」と「罪相」の問題にたいして[47]応えていく。そのような「連帯の協業[48]」を通して、看病人も、「やがてその病者の立場に自分が置かれるであろう運命を見通[49]」すとともに、「死」を「第一人称の自己の死の問題[50]」として受用する場が形成される。そして、「行者」は、ともに、「もう一人の自己に眼を向けて、それらと自分を関係づけながら、それを自己の人生のなかに取り込んでいく[51]」。すなわち、上引の「病人」と「看病人」による臨終場面からは、「病人」（第一人称）と「看病人」（第三人称）とが、立場を異にしながらも、ともに死の問題に関わっていくことによって、死を両者の共通性として見出し、その共通する死に拠りながら、両者が相互主体的な関係を築いていく様子を垣間見ることができるのである。つまり、臨終時において、「看病人」は、「病人」と「仏」との間で行じられる〈観る・観られる関係〉を「看る」ことによって、第三人称的に知っている普遍的な人間の死を、第一人称的な死の問題として受用する場に開かれ、同じ死すべき存在として「病人」と第二人称的な関係を結び、往生極楽へ向けて臨終の住まいを実らせていく。他方、「病人」は、単に「仏」との間で〈観る・観られる関係〉を構築して住まいを営むわけではなく、まさにその観想している姿を、自身と共通の地盤に立って「看る」眼に開いていくことによって、臨終の住まいを成立させていくのである。このように、「臨終の住まい」は、単に独我的に営まれるわけではなく、第三者との相互連関を大切にする眼をもって営まれるのであって、言わば、〈〈観る・観られる関係〉を看る〉という関わり合いの関係を構造的に形象化することによって成立していると言うことができよう。

（三）「臨終の住まい」ということ

これまでの論考から、「臨終の住まい」が、「仏」、「病人」、「看病人」という三者の立場の重層によって営まれていることを確認することができたであろう。そして、その三者は、それぞれ立場を異にしながらも、不浄、苦、無常なる人間世界からの解脱をめざして相互に連関し合い、厭離穢土・欣求浄土を実践し、「念仏」を行うことによって「臨終の住まい」を成就させていたのも見てきた通りである。また、その「念仏」が「観想」を主として行われるものであることから、「仏」と「行者」との関係は、〈観る・観られる関係〉として捉えられ、それに乗じて、「臨終の住まい」の成立条件である三者の相互連関も、〈観る・観られる関係〉を看る〉という重層的関係を営むべきこととして明らかにされた。

他方、源信の『往生要集』に見ることのできる「臨終の住まい」に関する記述は、上述の「観想」が実践されている現場を、言葉を用いて言い留めることによって成立していると考えられるが、改めて上の『観念法門』の引用を見直して見ると、「臨終行儀」の真直中においてその「録記」が求められており、臨終行儀自体を言葉を用いて記す視点を含めて「臨終の住まい」が成立していることがわかる。それ故、さらに言うならば、「臨終の住まい」は、〈観る観られる・看る〉と言う〉という関係が具体的に実践されることによって成立する事象であると言うことができよう。

結

「臨終の住まい」の究明を『往生要集』の読解を通して試みてきた。『往生要集』では、人間世界が不浄、苦、無常なる世界であるとの自覚をふまえて、厭離穢土・欣求浄土が示され、「念仏」のあり方が具体的に記されていた。「臨終の住まい」は、その「念仏」を主として行うことによって成立するものであり、その事から、「念仏の場所」のあり方、「念仏」のあり方の解明を介して、「臨終の住まい」のあり方を明らかにすることを試みてきた。「念仏の場所」は、不浄、苦、無常なる「歪んだ一重世界」からの解脱と「極楽」への往生をめざして建てられており、そのことが、不浄・浄、闇・光という両義的にはたらく空間の開示と統合という仕方で重層的に形象化されていた。

そのような重層的な場所において行われる『往生要集』の「念仏」は、世界を「濁世末代」、自己を「頑魯の者」と自覚することを動機とし、厭離穢土・欣求浄土という指針を頼りに、閉塞的に輪転しつづける歪んだ一重世界からの解脱とこの身に受けた不浄、苦、無常の克服、そして衆生の往生極楽をめざして行われるものであった。具体的には、「観想」を主として行われるものであることから、「念仏」は、「見仏」、すなわち、行者と仏の間で営まれる「みる」ことのあり方として捉え直され、それが本来的に成立するのは、〈観る・観られる関係〉自身を見る〉という重層した関係が築かれる時であることが確認された。

また、「臨終の住まい」は、そのような「念仏」を行うことによって営まれるが故に、仏と行者の間の〈観る・観られる関係〉を形象化し、その形象によりながら、見仏、往生極楽をめざすという仕方で営まれていた。とともに、「臨終の住まい」の成立にあたっては、行者と生の基盤をともにして「看る」眼が要請され、看病人との関わり合いが大切にされていた。すなわち、「臨終の住まい」は、全ての人間が受容しなければならない「死」という共通性を基盤として、〈(観る・観られる) 看る〉という関係を構築するという仕方で営まれるべきことが明らかになったと言いえよう。

〔註〕

1　「「臨終行儀」は、仏教思想を基盤に、死に臨んだ（臨終）人の心得と、看取りの作法（行儀）と、それが行なわれる場について示したものである」（田宮仁、神居文彰他『臨終行儀――日本的ターミナル・ケアの原点――』、三七頁、北辰堂、一九九三年）と定義されている。本稿も、「病者」、「看病者」、「場所」の関係に着眼して「臨終の住まい」の解明を試みる。

2　以下『往生要集』からの引用は、石田瑞麿校注『原典　日本仏教の思想四　源信』、岩波書店、一九九一年を底本とする。本章は『往生要集』の引用のみ引用文の後ろに省略記号で頁番号を記す。省略記号の表記は（岩波・要集・〇〇頁）とする。

3　「私たちは他者と交わり物事と関わりつつ生きている。それは、交わりや関わりの場所が開かれていて、その場所に私たちの存在が開かれているからである。私たちの存在の基礎構造が世界内存在と言われるゆえんである」（上田閑照『宗教への思索』、二二頁、創文社、一九九七年）と言われている。本稿も、「他者」や「物事」との関係、その関係の成立基盤としての「場所」に着眼するとともに、存在の基礎構造が「世界内存在」であるという考えに即して「臨終の住まい」の具体的論考を行う。

4　水谷幸正「『往生要集研究』発刊に随喜して」（往生要集研究会編『往生要集研究』、一頁、永田文昌堂、一九八七年）

5　佐竹昭広他校注『新日本古典文学大系三九　方丈記　徒然草』、二〇頁、岩波書店、一九八九年

6　井上光貞「往生要集の成立」、『思想』二九〇号、四〇頁、岩波書店、一九四八年八月

7　山折哲雄「宗教的経験としての視覚――源信を理解するための試案――」、『三康文化研究所年報』第八号、一九二頁、三康文化研究所、一九七五年

8　五念門のうち〈観察門〉が重要視されていることに関しては、八木昊恵『往生要集に聞く』、一六〇頁、教育新潮社、一九六九年。や、福原蓮月『往生要集の研究』、九四頁、永田文昌堂、一九八五年。や、色井秀讓「往生要集の念佛」、

『天台學報』、第二十号、二五頁、天台学会、一九七八年十一月などを参照。

9 成田俊治「源信と浄土教美術」、（『往生要集研究』前掲書、六三七頁）

10 石田一良「恵心教美術」、『浄土教美術』、三七〜八六頁、ぺりかん社、一九九一年。や、大串純夫「浄土教の思潮と絵画」、『来迎芸術』、一六六〜一八一頁、法蔵館、一九八三年も参照。

11 既に『栄花物語』の読解を通して「臨終の住まい」の解明を試みたが、そこで問題にした臨終場面は、『往生要集』の「臨終行儀」の「実際的適用例」（渡瀬茂「道長の死の叙述をめぐって——『栄花物語』の考察（二）——」、『研究と資料』三輯、三三頁、研究と資料の会、一九八〇年七月）と捉えられており、その「臨終の住まい」の基盤となるあり方を究明するためにも、『往生要集』の「臨終の住まい」のあり方を明らかにすることは意義があると考えている。

12 また、『栄花物語』と『往生要集』との関係については、文学の形式的観点から、「寛和元年（九八五）恵心僧都四十四歳の時に書かれたといはれる往生要集が、文学に与へた影響として、思想的影響はすでに清少納言枕草子、源氏物語等に投影してゐるのであるが、その文章まで明示して摂取引用してゐるものとしては、栄花物語が最も早いものであらう。そしてそれが結果としては、やがて来るべき和漢混淆文といふ新文体の形成に対して一先駆的な役割を果たしてゐることは、文章史上軽視し難いことと云つてよいであらう」と言われており、もともと漢文で書かれた『往生要集』が書き下されて『栄花物語』に取り込まれても「他の箇所と殆ど区別がつかない文体を形成してをり」、『往生要集』の受容のあり方が単なるパッチワーク的なものではないことが知られる。それ程に、『往生要集』は『栄花物語』創作においてかかせない書物であったことが窺えるが、「殿」の臨終場面の叙述に関しては特に『往生要集』の重要性が指摘されている。松村博司「栄花物語と往生要集——栄花物語雑記——」、（大隅和雄、速水侑編『日本名僧論集　第四巻　源信』、三七一頁、吉川弘文館、一九八三年所収）を参照。

13 神居文彰前掲書、四二〜四三頁

「自己の死を思惟するということは、見失っていた人間の生の本質にめざめてゆくことにつながり、死をつきぬけた永遠のまことを見いだしていく方向をもっている」（鍋島直樹「日本浄土教における死の看取り（上）―仏教からの死生学のために―」、『龍谷大學論集』、第四四〇号、六六頁、龍谷学会、一九九二年）とあるように、「死」と「生」は表裏一体の問題である。

14　田宮仁前掲書、二六頁

15　同上書、七頁

16　同上書、二三頁

17　本書は、建築を単に「モノ」として扱うのではなくて、「いのち」ある人間との関わり合いを大切にして建築物と建築的事象を学的に問題にするという立場を取る。また、本書が『往生要集』の「臨終の住まい」という個別の問題から論考を進めるのは、「死が人類に共通の経験であるとしても、仏教文化、日本文化にみられる独自の死生観に注目しなければ、それは世界共通の死の一般論、プライマリーになってしまい、それぞれの個別な文化に生きている人々にとどく死生学にはならなくなってしまう」（鍋島直樹前掲論文、六二頁）と言われていることに依る。

18　平安時代のすまいのあり方を建築論的に明らかにしている玉腰芳夫『古代日本のすまい　建築的場所の研究』、ナカニシヤ出版、一九八〇年。と宗教建築のあり方を建築論的に明らかにしている前川道郎『ゴシックと建築空間』、ナカニシヤ出版、一九七八年を参照。

19　玉腰芳夫前掲書、八七頁

20　川崎庸之編『源信』、八一頁、中央公論社、一九八三年

21　『原典　日本仏教の思想四　源信』前掲書、三四三頁を参照。

22　玉腰芳夫前掲書、一八三頁

23　『往生要集』大文第七〈別時念仏〉第二〈臨終行儀〉初〈行事〉（岩波・要集・二〇六～二〇七頁）を参照。

24　「浄土に往生せんが為には、まづ応にこの界を厭離《おんり》すべし。今この娑婆世界《しやばせかい》は、これ悪業《あくごう》の所感《しよかん》、衆苦《しゆく》の本源なり。生

老病死は輪転《りんでん》して際《きわ》なく、三界《さんがい》の獄縛《ごくばく》は一として楽《ねが》ふべきものなし。もしこの時に於てこれを厭離せずは、当にいづれの生《しょう》に於てか輪廻《りんね》を離るべけん」（岩波・要集・二一〇頁）。

25　上田閑照は、「自己と世界」の動態の基本的動向として、主体の側では、「「我は我なり」と自己に閉じる傾動があり、そのように閉じた自己が自己の現事実となりやすい」とし、世界の側では、「元来の二重性が見えないゆえに一重化した世界は、その一重世界の内に歪んで皺がよるような仕方でさまざまな混乱雑や亀裂を作りだす」状況が生じるとする。そのため、「自己は、世界の歪みと自意識のコンプレックスの苦境のなかで、遅かれ早かれ、なんらかの仕方で救いと開放を求めざるを得ないであろう」とし、「世界内に擬似二重性を施設してでも」救済することが求められる。（上田閑照前掲書、二七頁）本書では、『往生要集』の「穢土」の現代的解釈としてそれを「歪んだ一重世界」とし、「厭離穢土・欣求浄土」をそこからの救いの一つのあり方として論考を進める。「厭離穢土・欣求浄土」と言う発想の根底には、世界が穢土と浄土の「二重世界」によって構成されているとする世界観が前提されており、その世界観と世界の本来相を「二重世界」とする上田閑照の世界解釈との間に共通性があると考えているからである。

26　〈厭離穢土〉惣結には、「当《まさ》に知るべし、苦海《くかい》を離れて浄土に往生すべきは、ただ今生《こんじょう》のみにあることを」（岩波・要集・四四頁）とあり、「今生」において厭離穢土・欣求浄土の実践が試みられるべきことが明確に記されている。

27　坂東性純「『往生要集』における業思想」、『佛教學セミナー』第二〇号、三一六頁、大谷大学仏教学会、一九七四年十月

28　「発菩提心の真意が自利即利他、とくに苦悩の人々を救わんがための慈悲心として強調されるのである。作願門を発菩提心とみる真意は、浄土への願生が単なる自己の欲望をみたす為楽願生ではなく大乗菩薩道の精神にもとずくことを示すのである」（浅井成海「『往生要集』における菩提心」、『印度學佛教學研究』第二二巻第二号、一六八頁、日本印度学仏教学会、一九七四年三月）。

29　伊藤真徹「往生要集の思想とその受容」、『人文学論集』第六号、三頁、仏教大学文学部学会、一九七二年を参照。

30　山折哲雄前掲論文、一九四頁

31　同上

32　「神の国や彼岸の見取図を描くことは元来不可能」（上田閑照前掲書、七一頁）と言われているのと同様に、仏の世界の見取図を描くことは元来不可能であると考えられるが、ここでは身体、内臓、光、など表現の相を多層化して描くことによって無限性を顕し、不可能性を内に含んで仏の姿の見取図を描くことが試みられている。そしてその見取図の観想を行うことによって仏の永遠性と不可能性が現実の自己世界の内に受用され、無限の奥行きを伴って自己世界が限定されていくところに別相観の創造的意義があると思われる。

33　色井秀譲前掲論文、二五頁

34　「二に、占察経の下巻に云く、もし人、他方の現在の浄国に生れんと欲はば、応当にかの世界の仏の名字に随ひ、意を専らにして誦念すべし。一心不乱にして、上の如く観察せば、決定してかの仏の浄国に生るることを得、善根増長して、速かに不退を成ぜん。と。〈「上の如く観察す」とは、地蔵菩薩の法身及び諸仏の法身と、己が自身と平等無二なれば、不生不滅・常楽我浄にして、功徳円満なりと観ずるなり。また己身は無常にして、幻の如く厭ふべしと観ずるなり〉」（岩波・要集・二五一頁）と「占察経《せんさつきょう》下巻に、地蔵菩薩の言く、一実境界《いちじつきょうがい》とは、謂く、衆生の心体《しんたい》、本より已来《このかた》、生ぜず滅せず、自性清浄《じしょうしょうじょう》にして無障・無碍なること、猶し虚空の如し。分別を離れたるが故に、平等に普遍して至らざる所なく、十方に円満す。究竟《くきょう》して一相《いつそう》にして二なく別なく、不変・不異にして増なく減なし。一切衆生の心、一切声聞・辟支仏の心、一切菩薩の心、一切諸仏の心は、皆同じく不生・不滅、無染寂静《むぜんじやくじょう》の真如《しんによ》の相《そう》なるを以ての故なり。所以《ゆえん》はいかん。一切の、心ありて分別を起すは、猶し幻化《げんけ》の如く、定実《じょうじつ》あることなし。〈乃至〉一切の世界に心の形状《ぎょうじょう》を求むるに、一区分として得べき者なし。ただ衆生の無明《むみょう》痴闇《ちあん》の、熏習《くんじゅう》する因縁を以て、妄《みだ》りに境界《きょうがい》を現じて、念著《ねんじやく》を生ぜしむ。いはゆる、この心、自《みずか》ら無なりと知ることあたはずして、妄りに自ら有と謂ひ、覚知《かくち》の想を起して、我《が》・我所《がしょ》を計《はか》る。しかも実には覚知の想あることなきなり。この妄心は畢竟して体なく、不可見なるを以ての故に。と。〈乃至、広く説く。信解《しんげ》を以てこの理を観念《かんねん》するを、菩薩最初の根本業《こんぽんごう》となすなり〉この一実境界は、即ちこれ如来の法身なり。華厳経の一切慧菩薩の偈に云く、法性《ほっしょう》は本《もと》より空寂《くうじゃく》にして　取るべきなく、また見るべきなし　性空《しょうくう》なるは即ちこれ仏なり　思量することを得べからずと。〈已上〉応《まさ》に念ずべし、「我、いづれの時にか、本有《ほんぬ》の性《しょう》を顕《あらわ》すことを得ん」と」（岩波・要集・一六九頁）、「仏子は応に弥陀仏《みだぶつ》の一の色相《しきそう》を念じて、心をして一境《いっきょう》に任せしむべし」（岩波・要集・二二二頁）を参照。

35　上田閑照『場所——二重世界内存在——』、二一〇頁、弘文堂、一九九二年

36　河波昌『浄土仏教思想論』、一三二頁、北樹出版、二〇〇一年

37　「自覚というのは、自己が自己を知ることであるが、単なる自己意識ではなく、自己が置かれている場所に自己が切り開かれその場所の開けによって照らされて自己が自己を知るということである」（上田閑照『宗教への思索』、八〇～八一頁、創文社、一九九七年）

また、本文では、別相観と惣相観に関してのみ論考し、雑略観の考察を省略した。雑略観では「救済仏の象徴的な相好」（山折哲雄前掲論文、一九九頁）としての「白毫相」が取り上げられ、「摂取不捨」（岩波・要集・三五八頁）の仏の白毫相の観想を通して見られる見えのあり様が、簡略に、記されている。

38　長谷雄文彰「看取りにおける隔離について——穢観を中心として——」、『印度學佛教學研究』第四〇巻第二号、二八七～二九〇頁、日本印度学仏教学会、一九九二年三月や千々和到「仕草と作法——死と往生をめぐって——」、『日本の社会史　第八巻生活感覚と社会』、一五七～一六一頁、岩波書店、一九八七年を参照。

39　神居文彰前掲書、五〇頁

40　鍋島直樹前掲論文、七四頁を参照。

41　伊藤真徹『平安浄土教信仰史の研究』、平楽寺書店、三四五頁、一九七四年

42　加須屋誠「臨終行儀の美術——儀礼・身体・物語——」、『藝術論究』第二六編、一六頁、帝塚山学院大学美学美術史研

究室、一九九九年三月を参照。
43　加須屋誠「金戒光明寺所蔵山越阿弥陀図と地獄極楽図屏風について」、『美學』一六五号（第四二巻第一号）、六五頁、美術出版社、一九九一年六月
44　川崎庸之編『源信』前掲書、二四七頁
45　鍋島直樹前掲論文、六五頁
46　長谷雄文彰「臨終行儀における身体処置法」、『印度學佛教學研究』第三九巻第二号、三〇一頁、日本印度学仏教学会、一九九一年三月
47　山折哲雄前掲論文、二一七頁
48　同上
49　同上
50　鍋島直樹前掲論文、六五頁
51　同上論文、七六頁

第四章　臨終行儀にみる「臨終の住まい」の形式的特質

序

『往生要集』は、『四分律抄』の「瞻病送終の篇」、善導の『観念法門』、道綽の『安楽集』に記された「臨終の住まい」のあり方を総合して「臨終行儀」として規定している[1]。臨終時の住まいのあり方の典型を集録するとともに、中国において理想とされていた臨終の住まいを追体験する試みが提示されていたと解される。既に前章で、念仏の場所において営まれる住まいの究極の事例として、臨終行儀を取りあげ、臨終の住まいが〈観る・観られる〉看る〉というあり方を基礎構造として営まれていたことを明らかにしたが、ここでは、形式化された臨終の住まいの事例として、臨終行儀を取りあげ、『往生要集』をふまえて営まれた臨終の住まいの諸形式の特徴と形式化のあり様を明らかにするとともに、諸形式を通じて見られる場所的特性を臨終の住まいの形式的特質として解明することを試みる。

そもそも、「臨終行儀」とは、『往生要集』大文第六〈別時念仏〉第二〈臨終行儀〉の項に記されている臨終時における住まいのあり方のことを指し、「仏教思想を基盤に、死に臨んだ（臨終）人の心得と、看取りの作法（行儀）と、それが行なわれる場について示したもの」(2)である。特に死ということに着眼して言えば、臨終行儀は、「死を迎える心構えをいかにすべきかという、死への用意」(3)のあり方を明らかにするものであり、逃れることのできない「死」を自覚した人が「その人ならではの「生」を全う」(4)することを目的として築かれた住まいのあり方のことを意味している。つまり、臨終行儀とは、全ての人に必ず訪れる死に臨んで営まれる住まいの理想像を表したものであり、言うならば、あるべき住まいの模範として営まれる形式行事であったと考えられる。死に狼狽え、ただ無闇無謀に生活を案出するのではなくて、伝統的に形式化された臨終行儀という行事を拠り所として、実践的に住まいを構築することによって、死を介して真に生きることのできる住まいの成立をめざすものであったと考えられる。本章では、臨終の住まいの模範例として営まれていたこれらの行事の特徴を明らかにすることを通じて、平安中末期以降営まれた臨終の住まいの独自性と固有性を明らかにするとともに、様々な形式をとって行われた行事の形式化のあり様を解明することを試みる。その一方で、諸形式をもって構築された臨終の住まいの中に潜んでいる共通性を臨終の住まいの形式的特質として明らかにすることを試みる。

一　臨終行儀の形式的特質

『往生要集』大文第六〈別時念仏〉第二〈臨終行儀〉には、五種の臨終行儀のあり方が記されている。ここでは、その臨終行儀の形式的特質を明らかにしていきたい。先ず、該当文を引き(5)、以下、解釈を進めていこう。

①『四分律抄』の「瞻病送終の篇」に引用された中国本伝からの引用

祇洹《ぎおん》の西北の角、日光の没する処に無常院を為《つく》れり。もし病者あらば安置して中に在《お》く。（略）その堂の中に、一の立像《りゅうぞう》を置けり。金薄《こんぱく》にてこれに塗り、面《おもて》を西方に向けたり。その像の右手は挙げ、左手の中には、一の五綵《ごさい》の幡《はた》の、脚は垂れて地に曳《ひ》けるを繋《つな》ぐ。当《まさ》に病者を安んぜんとして、像の後に在《お》き、左手に幡の脚を執り、仏に従ひて仏の浄刹《じょうせつ》に往く意《おもい》を作さしむべし。瞻病《せんびょう》の者は、香を焼《た》き華を散らして病者を荘厳《しょうごん》す。

②「或は説かく」として、

仏像を東に向け、病者を前に在く

③「私に云く」として、

もし別処なくは、ただ病者をして面を西方に向けしめ、香を焼き花を散らし、種々に勧進《かんじん》せよ。或は、端《たん》厳《ごん》なる仏像を見せしむべし

④善導の『観念法門』からの引用

行者等、もしは病み、病まざらんも、命《いのち》終らんと欲する時は、一《もは》ら上の念仏三昧の法に依りて、正しく身心に当てて、面を廻らして西に向け、心もまた専注して阿弥陀仏を観想し、心と口と相応して、声々《しょうしょう》絶ゆることなく、決定《けつじょう》して往生の想、花台《けだい》の聖衆《しょうじゅ》の来りて迎接《ごうしょう》するの想を作《な》せ。病人、もし前境《ぜんきょう》を見れば、則

ち看病人に向ひて説け。既に説くを聞き已らば、即ち説に依りて録記せよ。また病人、もし語ることあたはずは、看病して、必ずすべからくしばしば病人に問ふべし、いかなる境界を見たると。もし罪相《ざいそう》を説かば、傍の人、即ち為に念仏して、助けて同じく懺悔《さんげ》し、必ず罪をして滅せしめよ。もし罪を滅することを得て、花台の聖衆、念に応じて現前《げんぜん》せば、前に准《じゅん》じて抄記せよ

⑤道綽の『安楽集』からの引用

（建築空間に関する記述が希薄と思われるため、省略。）

①では、臨終の住まいが営まれる場所を「無常院」と名づけ、その場所のあり方が明らかにされている。先ず、無常院の敷地に関して、無常院が「祇洹の西北の角」、「日光の没する処」に配置されていることを知ることができる。無常院が敷地の特性や環境との関わりを大切にして建てられており、特に、敷地の「方位」や「日光」に重要な意味を見出していることがわかる。

また、無常院の内部空間に関しては、先ず、面を外の西方に向けた「一の立像」を安置すべきことを定めている。その像は「右手」を上に挙げ、「左手」には地面に曳かれた「一の五綵の幡」を手にしている。「病者」は、「仏像」の背後に位置し、「左手」で幡の「脚」をとり、仏にしたがい西方極楽に往く姿を構想すべきことが求められている。すなわち、無常院は、前後左右上下という身体的場所秩序を基盤に構築された内部空間に、超越的な意味をもって安置された仏像の場所を確保するという形式と、「仏像」と「病者」を幡で繋ぎ、仏像―病者ともに西方の極楽浄土に方位づけられるという形式を重ねて構成されていることを知ることができるのである。また

引用文から、「瞻病の者」の居場所がその傍らに配置されるということも窺い知ることができる。

②は、①をふまえての記述であるが、「仏像」を中心とし、仏像との相関関係を大切にして「病者」の居場所を規定しており、先例と同様に超越的な意味をもつ仏像を臨終行儀の場に安置するという形式をまもっている。また②の記述からは別に、「仏像を東に向け」、西方極楽浄土からの仏が病者を来迎する様を表すことが定められていることを知ることができる。仏像は東を向いているが、その背後には、西方極楽浄土からの来迎という意味が生きており、ここでも西方の極楽浄土への定位が内部空間の表現形式とともにはたらいていると考えられる。

③は、①と同様、端厳なる「仏像」を安置し、その「仏像」を見ることができる所に「病者」が自己の居場所を定め、面を西方に向けることが規定されており、ここでも超越的なるものの安置と超越的世界への定位という二つの形式の遵守が明らかにされている。

④は、建築空間に関する直接的な記述は希薄であるが、空間形成と密に関わる「住まい」のあり方が明確に示されているので、その点に注意して見ておきたい。先ず、「正しく身心に当てて、面を廻らして西に向け、心もまた専注して阿弥陀仏を観想し」と、行者が営む「住まい」のあり方が明らかにされている。これにより、行者が面を西方へ向けることとの出来る空間を形成することが定められていることがわかる。また、身体のみならず、「心」をもって西方極楽の阿弥陀仏へと専注することが出来る空間が要求されていることも窺え、臨終行儀を営むにあたって身心ともに西方の超越的世界に定位することができる空間形式が要求されていることがわかる。さらに、ここでは、「決定して往生の想、花台の聖衆の来りて迎接するの想を作せ」と、聖衆迎接、往生の視覚的イメージを明確に構想することが求められており、超越的世界への定位が単なる超越性への指向を意味するものではなく、超越的世界における住まいそのもののイメージを構想することの出来る空間を現実の世界に荘厳する

図 10　頬焼阿弥陀縁起　神奈川・光触寺

ことが要求されていることがわかる。さらに、「病人、もし前境を見れば、則ち看病人に向ひて説け」とあり、聖衆迎接、往生の視覚的イメージは、ただ曖昧模糊としたものではなく、言葉に示される程度に輪郭を顕している必要があることが窺え、「臨終の住まい」の成立にあたってはそのような確とした聖衆迎接、往生のイメージを形成することが求められていることがわかる。

続けて、「病人」との間で問答を繰り返し、それを記録する「看病人」の居場所が「病人」の傍らに定められるべきことが記されていることも確認することができる。すなわち、前章でも述べたように、臨終行儀は、「病人」と「看病人」とが、「たがいに生と死の切り結ぶ接点に立ち、手をたずさえて「前境」と「罪相」の問題にたいして[6]」応え、「連帯の協業[7]」を実践する事によって成立する事象であり、そのような「住まい」の実践を通して、看病人は「やがてその病者の立場に自分が置かれるであろう運命を見通[8]」すとともに、「死」を「第一人称の自己の死の問題[9]」として受用する場所を形成していく。つまり、臨終行儀は、「病人」(第一人称)と「看病人」(第三人称)とが、立場を異にしながらも、ともに死の問題に関わっていくことによって、死を両者の共通性として見出し、その共通する死に拠りながら、両者が相互主体的な関係を築いていくことによって成立する事象であり、「仏」、「病人」、「看病人」という三者の関わり合いの関係を構造的に形象化することによって成立している行事であることが確認された。

このように見てくると、「臨終の住まい」が営まれる空間は、人間と仏の関係の形象化によって形成され、以下の(A)、(B)、(C)三つの形式を要として構築されているとすることができる。すなわち、

(A)　超越的存在である「仏」を象徴する「仏像」を安置する場所の確保とその場所を基点として「病者」の位置を規定するという形式。

(B)　「仏像」、「病者」ともに超越的世界である西方極楽浄土に定位され、そのような超越的世界への定位を可能にする空間形式が構築されていること。

(C)　「仏」と「病者」との関係を傍らで看まもる「看病者」の居場所を構築すること。

である。

他方、上引の引用文を相互に比較することによって、臨終行儀は、上述の〈(仏像―病者) 看病者〉というあり方(A)、(B)、(C)を基礎構造として構成される一方で、「仏像」と「病者」の関係に形式的差異があることも確認することができる。

「仏像」と「病者」の関係の形式的差異に関しては、既に、山折哲雄によって、臨終行儀が、「病者が立像の背後に侍して、それとともに西方に向いて[10]」行われるあり方と「立像と病者の位置関係を、東面する仏像と西面す

る病者という工合に向かい合わせに配置させる」[11]あり方とに類型化されることが明らかにされている。すなわち、仏像も病者も同じく西方に向き、病者が仏像の背後から随侍する「背面随侍型」[12]と、仏像は東面、病者は西面し、仏像と病者が対面する形で成立する「対面合一型」[13]とに差異化され、類型化されるのである。

その「対面合一型」は、『往生要集』大文第四〈正修念仏〉第四〈観察門〉で説かれている別相観の観想対象となる仏と行者の関係を想起させる。別相観に関しては、既に前章で触れたが、一言で言うならば、別相観は行者に対面する「仏の像」のみかたを示す念仏の一つと言うことができよう。これをふまえて解釈するならば、東面する「仏像」は、西方極楽浄土から東面して来迎する「仏」の観想を助ける媒体として安置されていると考えることができる。すなわち、行者は、対象化しうる「仏像」に正面し、対象物としての「仏像」を内的に観つつ対象化を絶した存在である「仏」の観想を同時に行うことを介して、「仏の像」を「仏像」に二重して象ることが可能になる。つまり、非対象的な極楽浄土から来迎する「仏」の現れる場に開かれる手がかりとして、「仏像」を媒介した念仏が行われていたと考えられる。さらに換言すれば、死を前にして、生の拠り所を見失い、自閉しがちな病者が、対象的に見ることのできる「仏像」に正面し向き合うことによって、病者は自己を外に開き死を機として現れる「仏」に対面しうる自己を、臨終行儀の実践現場において、確立することが可能になるのであって、「対面合一型」を実践することによって、病者に対面する「仏」の観想を成就させ、「仏」に対面しうる自己に出会うことのできる「住まい」の成立がめざされていたと考えられるのである。

他方、「背面随侍型」は、仏の来迎―引摂のうち引摂に重点がおかれたありかたであり、仏像も病者も西方へ向き両者共に方位づけを同じくしている。この型の場合、引用文に「仏に従ひて仏の浄刹に往く意を作さしむ」とあるように、病者は、仏像の背面を見ることによって、「仏」に引摂されると同時に自ら「仏の浄刹」に往生する時のイメージを構想する。[14] つまり、仏像の背後を見ることを介して、病者は自身が仏に従って「仏の浄刹」へ向かう自己の写像イメージを確立し、加えて、病者は、「五綵の幡」の引かれた臨終行儀の実践現場において、五綵の幡の脚を手にとり、自身が「仏の浄刹」に往生するイメージを構想しつつ臨終の住まいを形成することが期待されているのである。すなわち、「背面随侍型」を実践することによって、病者は自身が仏に従い、仏の浄刹に往生する写像イメージを確立することのできる住まいの成立がめざされていると考えられるのである。

これらのことから、示された二つの型を順次実践することによって、あるべき来迎―引摂のイメージを確立することが可能になるのであって、仏像は、形式的差異の如何に関わらず、自己の理想像を今に於いて想起させ象らせる媒体として「臨終の住まい」の成立を支えているということを知ることができるのである。

二　臨終行儀の形式化

『往生要集』の著作以後、臨終時における住まいのあり方は様々に展開していく。その過程は、平安王朝物語、仏教説話などの文学作品や浄土教美術、絵巻物などの美術作品を介して垣間見ることができる。とりわけ、『栄花物語』巻三十〈つるのはやし〉[15]、金戒光明寺所蔵山越阿弥陀図・地獄極楽図屏風[16]、『法然上人絵伝』[17]は、臨終行儀が営まれた「場所」の描写が詳しく、臨終の住まいが営まれる場所が建築的に形式化されていく様子を見ることができる。本節では、これらの作品解釈を通じて、臨終行儀の形式化のあり様を明らかにしていきたい。

できる。

（一）『栄花物語』巻三十〈つるのはやし〉の場合

『栄花物語』〈つるのはやし〉には、「殿」の臨終場面が事細かく描写されている。既に第二章で論じたように、この場面では、「母屋」に「佛」、「廂」に「殿」、「簀子」に「尼」が配置された「阿弥陀堂」において営まれた臨終行儀の様子が物語られており、臨終行儀に相応して形成された阿弥陀堂の空間構成のあり方を窺い知ることができる。

物語の叙述から、「殿」が臨終を迎える場所として、「阿弥陀堂」の「廂」に、三尺ほどの障子を西を除く北・南・東に立て、上方も同様に仮設の調度で囲われた場所が室礼されていたことも確認された[18]。そこでは、命に限りあることを自覚した「殿」が、仮設の調度を用いて自らの身体を限定しながらも、この世を超越した「佛」のいる「西方」を開く様にして住まいを形成していたことを窺い知ることができた。改めて、『栄花物語』では、「殿」が臨終を迎える場所において、仮設の調度で自らを限定し囲うことによって、自らの有限性を自覚的に写し出している様子が物語られており、有限性の図化が「佛」という超越的存在を背景にして成立しているという構造的な事態が形象化されていることを知ることができる。『栄花物語』の場面描写によって、先述の形式(A)の内容が一層具体化されていることを確認することができるのである。

また、殿の臨終場面から、「母屋」の「佛」の手に結ばれた「蓮の絲」が、「廂」の「念誦の處」に引かれているのを見ることもできる[19]。仏像と行者を「幡」で繋ぐことは『往生要集』にも記されていたが、そのことが同様に継承されていると考えられる。とりわけ、『栄花物語』の場合には、「この絲に御心をかけさせ給て[20]」とあることから、「蓮の絲」が、仏像と行者を事物的に短絡しているだけの物ではなく、「絲に」「御心をかけ」ることによって、「佛」に引摂される自己の写像イメージを「絲に」託し、そのような「御心をかけ」た「絲」を実際に手に取ることによって臨終行儀が営まれていたと解される。西方極楽浄土への切なる願いがこの「絲」にかけられて臨終の住まいが築かれており、身心相応した重層的な定位を支えるようにして臨終の住まいの形式化が行われていたことを垣間見ることができる[21]Ⓑ。

さらに、〈つるのはやし〉に描かれている臨終場面では、「殿」がたった一人で臨終行儀を行っているわけではないことも確かめられる[22]。すなわち、殿の臨終場面には、「看病者」として殿の近親者の他に、「國の守」「僧綱・凡僧ども」「三位中將入道」「山の座主」「御堂童子」と「尼ども」が登場人物として描かれており、多くの人々に看取られながら臨終行儀が行われていたことがわかっている。なかでも「尼ども」に関しては、その居場所が明確に示されており、「臨終を迎え、極楽往生成就への願いを実践する「殿」への関係を三人称から二人称へと深めていく「尼ども」の志向性を具体的に形象化できる[23]」「簀子の下」で「殿」の臨終を看取っていたことが確認されており、殿の「臨終の住まい」の形成にあたって、「母屋」、「廂」に加えて、看病者の居場所である「簀子」が重要な意味をもっていたことを確認することができている Ⓒ。

（二）　金戒光明寺所蔵山越阿弥陀図・地獄極楽図屏風に見られる臨終行儀の場合

『栄花物語』で語られているような室礼をもって形式化されている住まいの様子は、現代に遺されている浄土教美術にも見ることができる。その例として、金戒光明寺所蔵山越阿弥陀図・地獄極楽図屏風をあげることができる。この屏風に関しては、既に加須屋誠による論考があり、山越阿弥陀図と地獄極楽図屏風とが対照的に描かれた一具の作品で、臨終行儀に用いられた物であることが指摘されている[24]。そのうち、山越阿弥陀図は、中央

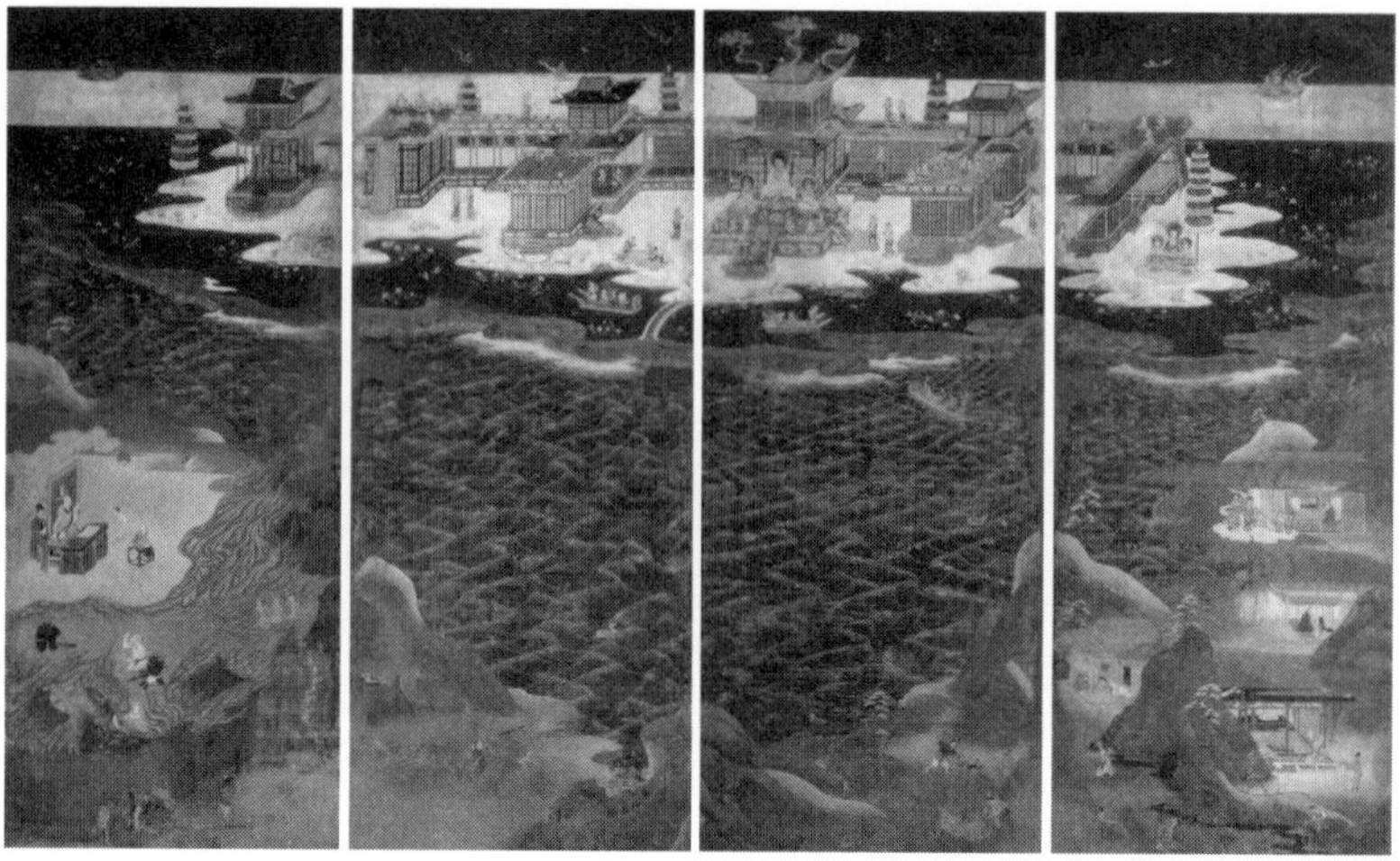

図 11　地獄極楽図屏風　京都・金戒光明寺

扇縦一〇一・〇cm、横四二・三cm、左右扇縦一〇一・〇cm、横二〇・五cmの三曲屏風からなり、[25]中央扇には、手に五色糸の残欠を付け、下半身を「山」の端に隠した阿弥陀仏が、左右扇には同じく下半身を山の端に隠した観音勢至菩薩が、描かれている（口絵2）。他方、地獄極楽図屏風は、縦一〇一・〇cm、横四二・三cmの画面四扇からなる二曲一双の屏風で、全体の図様は、海を挟んで、上方に極楽、下方に穢土が描かかれたものとなっている。[26]臨終行儀が行われている場所に室礼された様子を想像すると、臥している病者から見て、手前に穢土、遠方に極楽が描かれている図とすることができる（図11）。

前者の山越阿弥陀図に関しては、様々な分野からの研究があるが、折口信夫は、「山の端をかき添へ、下体を隠して居る点が、特殊なのである」とこの図の特徴を端的に指摘している。[27]また、上田閑照は、その「基本的構図は、山の彼方からこちらに向かって山のちょうど稜線に阿弥陀仏が顕現する（宗教的には来迎する）事態を示している」とし、「世界地平の彼方がリアルに感じられて地平と地平の彼方の重なりが主体の自覚の二重地平になっている」[28]事態を形象化している具体例としてこの屏風を取りあげている。すなわち、この屏風に正面している臨終行者は、死に臨み自らの有限性を自覚せざるをえない事態に直面していることが推察されるが、そのような行者のあり様に相応して、世界の縁取りを顕す山を描いた屏風で自らの目の前を限定して立てることによって、臨終行儀を行う場所を形成している。と同時に、山越阿弥陀図は、限定された世界を屏風そのものや描かれた山によって表現するだけでなく、限定された世界の背景となる「地平の彼方」が醸し出してくる事態を世を超越している「仏」として遠方に描いている。つまり、この屏風に対面する行者には、世界と自己の限界の自覚とともに、「地平の彼方」から現れる「仏」に拠って開かれるあらたなる「主体の自覚」が期待されているのであって、山越阿弥陀図屏風はそのような主体の根源的自覚を確立すべきという要求が織り込まれて形成されていると考えられる（Ⓐ）。

加えて、山越阿弥陀図屏風の特徴としてあげられるのは、描かれた阿弥陀仏の手に五色の糸が付けられているということである。病者は、五色の糸を手にして臨終行儀を行うことによって、正面する屏風に描かれた阿弥陀仏と自らの身体を繋ぐ。すなわち、描かれた阿弥陀仏を幻のニセモノとして切り捨てずに、虚構された仏の絵像をそのまま受用して、自己の有限性に直面しながらも世を超越した「仏」に定位されてある自己の存在を身をもって自覚する場所を現に形成しつつ臨終の住まいを成立させていると考えることができるのである（Ⓑ）。

他方、後者の地獄極楽図屏風に関しては、既にその図様分析が試みられているが[29]、特に注目されるのは、この屏風が臨終行儀に用いられるものであると同時に、画中にまさに臨終を迎えようとしている者を描いた場面が描かれているということである。当然、臨終行儀に参与する者は、画中の場面を目にし、今ここで営まれている臨終の住まいの鏡像として自らをそこに写し出しつつ画中の場面を見ていたであろうと考えられる。すなわち、この屏風を用いて臨終行儀を行う行者は、地獄極楽図屏風を単に臨終の住まいを飾り立てる装飾品として臨終行儀の現場に置くわけではなく、画中の臨終場面を臨終の典型として見るとともに、行者は屏風の画中にもう一人の自分を見い出しつつ屏風と一体的に成って臨終の住まいを形成していたと考えられる。

さらに、この図に関して、加須屋誠は、「まさに金戒光明寺所蔵地獄極楽図屏風とは、看取る側が念仏の際に思い描く想念を余すことなく具現化し眼前に表わした、壮大な宇宙観の展望にほかならない[30]」として、むしろ「看取りのまなざし」に開かれた絵であったとしている(C)。「死にゆく者の魂が死後の世界で歩むであろう道程を望ましいかたちで表明[31]」する屏風を見ることによって、病者・看病者は臨終時に想い描くイメージを共有し、ともに死にゆく者としてよき死生へ向けての道程を築いていくことが願われていると考えられる。

このように、山越阿弥陀図・地獄極楽図屏風は、一具にして臨終の住まいの営みを支え、病者と看病者の双方を往生へ導く物として臨終の住まいの基本型を形象している物であることが知られるのである。

(三)『法然上人絵伝』の場合

さらに、臨終の住まいの具体的あり様を詞書と絵で表現している事例として、『法然上人絵伝』がある。数多くの臨終の様子が記されているが、描かれている臨終場面の特徴として、先ず、病者が、「仏画」、「仏像」を傍らにして念仏している場面が多々あることをあげることができる[32]。仏画や仏像が描かれていない臨終場面もあるが、その場合でも、病者が居る建物の外に「紫雲」や「阿弥陀仏」が描かれているのを見ることができる(A)。法然のあり方を鑑みれば、『法然上人絵伝』が、仏画や仏像があれば臨終が成立するというよりも、室外に描かれた紫雲や阿弥陀仏の現象なくしては臨終の住まいが成立しえないということに力点をおいて描かれていることも窺い知られる[33]。また、絵図には、紫雲や阿弥陀仏から仏画を貫いて病者のもとへ届いている「光線」が描かれているのを見ることができる。その光線は、臨終場面を描写している絵の構図を決める程に強い一筋の線で描かれており、ただならぬ「光」を表現している[34]。さらに「光」は、建物の内部にある仏の画像と行者を結びつけるだけでなく、病者を外の紫雲漂う空へ定位していることを絵の図様から確認することもできる[35]（Ⓑ）。

さらに、この絵巻を通して見ると、臨終の住まいが描かれている場面のほとんどの場合で、建築の内部空間が描かれていることを知ることができる。建物の中に病者と看病者が居て、その内部空間において行者が念仏している様子が描かれているのである。すなわち、野ざらしの状態で臨終の住まいが営まれている場面が描かれているわけではないということである。巻三十七の詞書に見られるように称名念仏をひとえに選択し、精舎、仏像、五色の糸などの形ある物を拠り所にして念仏することを悉く退ける法然上人の臨終場面ですら、特徴ある建築の内部で臨終を迎えている様子を確認することができる[36]（図12）。また、巻四十三に描かれている西仙房心寂の臨終場面は、一見、野ざらしとも見られるが、よく見ると、庵の後ろに差された廂のもとで、藁で作られた衝立を立てて身体を囲うことによって、臨終の住まいが築かれている[37]（口絵3）。

これらの臨終場面に描かれている建築の共通の特徴は、先ず、病者のほとんどが畳の上で臨終念仏を行っており、畳が敷かれた床のある建築が臨終の住まいの形式化の背景としてあるということである。絵を見ると畳を下にして図化される病者が際立って見える（口絵4）。また、描かれている建築が、建具で囲うことによって室内を形成しながらも、少なくとも一方向は外に開かれた構造になっているということも確認することができる。囲われながらも、外に開かれた開口をもった建築が形成されることによって、建築の内に居ながら外に開かれた住まいの営みが可能になっていると考えられる（Ⓐ、Ⓑ）。さらに、室内の畳の間に隣接して、内外の中間領域にあたる縁側があり、畳の間――縁側――庭という形で臨終場面の構図が形成されていることにも注目される。畳の間に

図 13　薗田太郎成家臨終場面　法然上人絵伝　京都・知恩院

図 12　法然上人臨終場面　法然上人絵伝　京都・知恩院

図 14　真観房感西臨終場面　法然上人絵伝　京都・知恩院

は病者が、その傍らには看病者と思われる人が、描かれており、縁側には僧侶や近親者らしき人が描かれている。加えて、縁側下の庭には、結縁者と思われる人々が描かれており、臨終の住まいを営む人も建築も全て内外に開かれて、臨終の現場を共にしている様子を垣間見ることができる(C)。

結

以上、様々な形式をもつ「臨終行儀」を通して、「臨終の住まい」の形式的特質と形式化のあり様を見てきた。先ず、『往生要集』に規定されている〈臨終行儀〉の読解を通して、臨終の住まいが営まれる空間が、三つの形式を要として構築されていることを確認した。それは、

(A)　超越的存在である「仏」を象徴する「仏像」を安置する場所の確保とその場所を基点として「病者」の位置を規定するという形式。

(B)　「仏像」、「病者」ともに超越的世界である西方極楽浄土に定位され、そのような超越的世界への定位を可能にする空間形式が構築されていること。

(C)　「仏」と「病者」との関係を傍らで看まもる「看病者」の居場所を構築すること。

であった。

次に、『栄花物語』、山越阿弥陀図・地獄極楽図屛風、『法然上人絵伝』に描写されている臨終行儀に着眼し、「臨

終の住まい」が建築的に形式化されていく様子を見た。考察から、これらの臨終行儀も『往生要集』で規定された「臨終行儀」と同様に、〈仏像―病者）看病者〉というあり方(A)、(B)、(C)を基礎構造として構成されていることが確かめられた。とりわけ、病者の周囲空間の形象化は具体的であり、屏風や障子など仮設の調度の囲いで閉じつつ開くという両義的な形式をもって室礼されていることを特徴としていた。加えて、看病者の居場所が、仏像―病者の居場所を形づくる建築と一体的に構築されており、臨終の住まいの構築にあたって、看病者のあり方への配慮が重要な意味をもっていることを確認することができた。それは、臨終の住まいが、単に病者の死だけを目的として構築されているわけでなく、病者とともにすべての人間に受用されうる「死」（共通性）を基盤として構築されるべきものであり、言うならば、他者とともに自覚される人間の「死」をふまえて営まれるかけがえのない「生」の実践を形象する場所であることを意味していると言うことができよう。

〔註〕

1　石田瑞麿校注『原典　日本仏教の思想四　源信』、二〇六～二〇八頁、岩波書店、一九九一年

2　田宮仁、神居文彰他『臨終行儀――日本的ターミナル・ケアの原点――』、三七頁、北辰堂、一九九三年

3　同上書、四二頁

4　同上書、十頁を参照。また、鍋島直樹は、「源信浄土教における死の看取りは、日常の仏道修行から、臨終における瞻病、そして葬送にいたるまで相互に援助し合うというもので、友の死を看取りながら、自己の死を見透して超えてゆこうとする運動であった」（鍋島直樹「浄土教における臨終の問題」、『印度學佛教學研究』第三五巻第一号、二〇八頁、日本印度学仏教学会、一九八六年）とし、源信が営んだ「臨終の住まい」の意義を明らかにしている。また、「自己の死を思惟するということは、見失っていた人間の生の本質にめざめてゆくことにつながり、死をつきぬけた永遠

のまことを見いだしていく方向をもっている」（鍋島直樹「日本浄土教における死の看取り（上）」、『龍谷大學論集』、第四四〇号、六六頁、龍谷学会、一九九二年六月）とも言われている。

5 『原典　日本仏教の思想四　源信』前掲書、二〇六～二〇七頁

6 山折哲雄「宗教的経験としての視覚――源信を理解するための試案――」、『三康文化研究所年報』第八号、二一七頁、三康文化研究所、一九七五年

7 同上

8 同上

9 鍋島直樹「日本浄土教における死の看取り（上）――仏教からの死生学のために――」、『龍谷大學論集』、第四四〇号、六五頁、龍谷学会、一九九二年六月

10 山折哲雄前掲書、二一四頁

11 同上

12 同上

13 同上

14 『往生要集』大文第二〈欣求浄土〉に、「弥陀仏の後に従ひ、菩薩衆の中にありて、一念の頃に、西方極楽世界に生ることを得るなり（『原典　日本仏教の思想四　源信』前掲書、五三～五四頁）」とある。

15 松村博司・山中裕校注『日本古典文学大系新装版　栄花物語　下』、三一九～三三八頁、岩波書店、一九九三年を参照。また、「殿」の臨終行儀と『往生要集』の臨終行儀との関係に関しては、松村博司『栄花物語全注釈（六）』、一三七～一三八頁、角川書店、一九七六年を参照。

16 加須屋誠「金戒光明寺所蔵地獄極楽図屏風試論――その図様構成と主題の問題――」、『研究紀要』第一二号、六〇～八八頁、一九九一年、京都大学文学部美学美術史学研究室や加須屋誠「金戒光明寺所蔵山越阿弥陀図と地獄極楽図屏

風について」、『美學』一六五号（第四二巻第一号）、五九〜七〇頁、美術出版社、一九九一年六月や濱島正士編『図説　日本の仏教　第三巻　浄土教』、新潮社、一九八九年を参照。この屏風と『往生要集』の臨終行儀との関係に関しては、加須屋誠前掲論文、六一〜六二頁を参照。

17　小松茂美編『続日本の絵巻　法然上人絵伝』、中央公論社、一九九〇年。『法然上人絵伝』は、法然の伝記であるが、法然以外の多くの人々の往生場面が描かれている。絵を通して、形式化された「臨終の住まい」のあり方を見ることができるため本研究にとって貴重な資料である。

18　松村博司・山中裕校注『日本古典文学大系新装版　栄花物語　下』、八四〜八五頁、岩波書店、一九九三年

19　「蓮の絲を村濃の組にして、九體の御手より通して、中臺の御手に綴めて、この念誦の處に、東ざまに引かせ給へり」（『日本古典文学大系新装版　栄花物語　下』前掲書、八七頁）とある。

20　『日本古典文学大系新装版　栄花物語　下』前掲書、八七頁

21　伊藤真徹『平安浄土教信仰史の研究』、平楽寺書店、三四五頁、一九七四年では、「臨終に仏と往生者の各々の手を絲によって結合することは、来迎引接の具体的表顕であるが、切なる願望がその根底に横たわっている」とされている。

22　『日本古典文学大系新装版　栄花物語　下』前掲書、三二五〜三二八頁

23　第二章、八四頁参照

24　加須屋誠「金戒光明寺所蔵山越阿弥陀図と地獄極楽図屏風について」、『美學』一六五号（第四二巻第一号）、五九〜七〇頁、美術出版社、一九九一年六月

25　同上書、六〇頁

26　同上

27　折口信夫『死者の書』、一八五頁、中央公論社、一九九一年

28　上田閑照『場所――二重世界内存在――』、三三〜三四頁、弘文堂、一九九二年

29　加須屋誠「金戒光明寺所蔵地獄極楽図屏風試論――その図様構成と主題の問題――」、『研究紀要』第一二号、六五頁、一九九一年

30　加須屋誠「金戒光明寺所蔵山越阿弥陀図と地獄極楽図屏風について」、『美學』一六五号（第四二巻第一号）、六七頁、美術出版社、一九九一年六月

31　同上書、六六頁

32　『続日本の絵巻　法然上人絵伝』前掲書、上（一〇、一〇九、一一二、一一三頁）、中（九、二〇、六二、六三、八三頁）、下（五九、六〇、六三、七〇、八四、一一二、一一三頁）

33　同上書、上（一〇、一一、一〇八～一一三、一三二、一三三、一五〇、一五六、一五七頁）、中（九、一〇、二〇、二一、五五、六二、六三、八二、八三、九四、九五、一五八頁）、下（四、五、八、九、三二、三三、四四、四五、五六、五九、六〇、六二～六四、七〇、七一、七四、七七、八二、八四、九二、九三、一〇四、一一〇～一一三頁）

34　山折哲雄は、「来迎図の構成をきわ立たせる中軸線は、如来と往生者を一直線に結びつける光明にこそある」とし、来迎図における光明の重要性を指摘し、「「来迎図」における光明モチーフは救済の即時実現を暗示する一直線であり、そのヴェクトルは阿弥陀如来から往生者へと向けられている」としていることを参照。『法然上人絵伝』も同様に光を際立たせるように図様が構成されている。（山折哲雄「光明と白道――「来迎図」の解明――」、『図説　日本の仏教第三巻　浄土教』、一六五～一八二頁、新潮社、一九八九年）

35　『続日本の絵巻　法然上人絵伝』前掲書、上（一〇、一一、一〇八～一一三、一三二、一三三、一五〇、一五六、一五七頁）、中（九、二〇、二一、五五、六二、六三、八二、八三、九四、九五、一五八頁）、下（八、九、三二、三三、四四、四五、五六、五九、六〇、六二～六四、七〇、七一、七四、七七、八二、八四、九二、九三、一〇四、一一〇～一一三頁）

36　同上書、下（四～九頁）

37　同上書、下（五九頁）

第三部　「臨終の住まい」の諸相

第五章　『往生要集』以後の「臨終の住まい」の展開

一　『往生要集』と「臨終の住まい」

『往生要集』は、永観二年（九八四年）十一月から翌寛和元年（九八五年）にかけて延暦寺首楞厳院において源信が撰集した書物である。(1)第四章で見たようにそれは、世界を「濁世末代」、自己を「頑魯の者」と見る場所的自覚を介して、「念仏」を行い、厭離穢土・欣求浄土を究める教えを説くものであった。またそれは、叡山の僧侶のみならず広く貴族層にも受容され、(2)「藤原時代の浄土教(3)」の指針となる書物であったことも既に多くの論者によって指摘されている。(4)律令制度や鎮護国家仏教の瓦解に伴う現世否定的な社会動向、そのような社会状況と共に浮上してきた無常感、さらには仏教の末世観の浸透、これら諸契機と響き合って、『往生要集』は、当時の人々に縦横に受容されていったことが知られている。

その内容は、既に触れたように、厭離穢土・欣求浄土と念仏のあり方を説くことを主としている。特に念仏に関しては、大文第四〈正修念仏〉に見られる〈観察門〉が大切にされていた。また、大文第六〈別時念仏〉では、特定の時を限って行う念仏のあり方、すなわち、「尋常の別行」と「臨終の行儀」の二つのあり方が明示されており、特に後者は、現在では、「日本的看取り」のあり方を明らかにしている教えとして、仏教社会学、看護学などの分野において注目されている。(5)

尋常の別行は、一・二・三ないし七日、あるいは十日ないし九十日の行のあり方を明らかにするもので、「臨終のときの念仏に対する」(6)念仏である。特に九十日の行は、『摩訶止観』の巻二上〈常行三昧〉をそのまま引き、厳飾した道場（常行三昧堂、阿弥陀堂）において、阿弥陀仏を法門の主とし、ただ行き旋り、九十日を一期となす行であることを明らかにしている。(7)

他方、臨終行儀は、そのような「尋常」に対して行われるものであるが、両者の相違点として挙げられるのは、「修行者の肉体が現実に朽ちはてる「死の時点」（臨終時）」(8)における念仏であるという事である。特に臨終時が特別視される理由として、山折哲雄は、平生の浄死の視覚経験に比して、現実の肉体の死の場面が最も浄死の確証を得られる可能性に開かれる事を挙げている。(9)死滅し得る肉体なしでは生きられない生身の人間の生のあり方が、善くも悪しくも、最もよくアクチュアルに明示されるのが、「肉体の死滅」の時であると考えられるのである。

これまでにそのような臨終の住まいのあり方を『栄花物語』の「殿」や『往生要集』の「臨終行儀」によって見てきたのであるが、両者ともに、「仏」と「行者」の間の〈観る・観られる関係〉を形象化し、その形象によりながら、見仏、往生極楽をめざすという仕方でその住まいが営まれていた。さらに、臨終の住まいを営むにあたっては、「行者」と生の基盤をともにして「看る」眼が要請され、「看病人」との関わり合いを大切にして住まいが営まれていたことも見てきた通りである。すなわち、臨終場面においては、その時をたった一人で迎えるのではなくて、病者を看る眼を受容する住まいを営むことが大切であり、特に『往生要集』では、〈臨終の勧念〉の冒頭に善友・同行《どうぎょう》にして、その志あらん者は、仏教に順ぜんが為に、衆生を利せんが為に、善根の為に、結縁《けちえん》の為に、患《やまい》に染《そ》みし初より病の床に来問《らいもん》して、幸《さいわい》に勧進《かんじん》を垂れよ(10)

と記されているように、「肉体の死滅」の時、「浄死の確証」の場を共有せんとするはたらきである「連帯性」を重要視していると考えられる。以下、その具体的様相を『往生要集』脱稿後の源信周辺の活動を追いながら見ていきたい。

二　横川首楞厳院二十五三昧の場所

『往生要集』という理論書が執筆された翌年、寛和二年（九八六年）五月二十三日に『楞厳院二十五三昧根本結衆二十五人連署発願文』（以下、『発願文』）が記されている。これは、『二十五三昧式』所収の「根本發起衆竝同結縁衆」に挙げられている横川首楞厳院の住僧による連署発願文であり、「命《いのち》終る時、金蓮花《こんれんげ》の、なお日輪《にちりん》のごとくにして、その人の前に住するを見ん。一念の頃《あいだ》ほどに、すなわち極楽《ごくらく》世界に往生《おうじょう》することを」(11)得るという文を含む『観無量寿経』を「我等來世之誠證」とし、善友としての契りを交わした結縁衆が、臨終を迎える時まで助けあい浄土の業をともにするという願いを記したものである(12)。

具体的な活動としては、平常時の勤めとして毎月十五日の夕方に念仏三昧を修し臨終十念を祈る。一方、臨時、すなわち、一人でも病者がでた時は結衆は結縁願力に依り、病者の居る場所へ行って問訊勧誘することが規定され発願されている。堀大慈によると、これらの結縁衆は、「世俗化・門閥化[13]」した仏教集団と異なって、僧階・年令にとらわれない相互に平等な人格関係をもった「同信同行」の信仰中心の仏教集団であることが明らかにされており[14]、純粋に、臨終の時と往生の場を共にしようとして念仏行の実践に勤めていた集団であることが知られている。

さらに、その四ヶ月後の寛和二年九月十五日には『起請八箇条』（通称、八箇条起請、八箇条。以下、『八箇条』）が記されている[15]。現在では、『大日本仏教全書』、『続浄土宗全書』、『恵心僧都全集』、『大正新修大蔵経』に翻刻された中性院所蔵『横川首楞厳院廿五三昧恵心保胤臨終行儀』の中に、源信撰の『横川首楞厳院廿五三昧起請』（通称、十二箇条起請、十二箇条、定起請。以下、『十二箇条』）とともに、納められているものを見ることができる文書であり、上述の仏教集団のための起請文であったと考えられている[16]。その『八箇条』の項目は、以下のように定められている（注番号は引用者）。

①　可毎月十五日勤修念佛三昧事
②　可念佛結願次誦光明眞言加持土砂事
③　可調心護道擇人補闕事
④　可建立別所號往生院結衆病時令移住事
⑤　可結衆病間結番瞻視事
⑥　可點定結衆墓處號花臺廟二季修念佛事
⑦　可常念西方深積功力事
⑧　可結衆歿後守義修善事

『八箇条』の原文を全て引用することは控えるが、内容を見ると、『発願文』と同様に、毎月十五日に念仏三昧を修する事（①、③、⑦）と結衆の臨終時における対処の仕方（④、⑤、⑦、⑧）が記されていることがわかる。加えて、死後の対応についての記述（②、⑥、⑧）があり、全体として、「病中から臨終↓死後という連続した対応と具体的施設[17]」のあり方とそれを日常の念仏が支えていることを記した「人生全体の看取り[18]」に関する起請文であることが窺える。それ故、これら結衆の一連の活動は、浄土教に基づく生死の看取りを実現した運動として、キリスト教のメアリー・エイケンヘッドホスピス・ムーヴメントに対応して、改めて注目されているという[19]。

結衆の活動に関わる施設についての具体的記述は、④～⑥に記されているので該当箇所を引用し、以下、順を追って見ていきたい[20]。

④　可建立別所號往生院結衆病時令移住事

右案舊典云人受病時佛勸移處衆生貪著至死不捨恐在舊所戀愛資財染著眷屬故避住處令生厭離知无常之將至使正念而易興也云々又案天竺祇洹寺圖云寺西北角爲无常院安置一立像面向東方當置病人在像前坐若无力者臥向西方觀佛相好像手懸幡令病人執幡脚作往生淨土之意坐處雖有便利世尊不以爲惡云々故隨釋尊之敎又寫祇洹寺之風建立別院安彌陀像結衆若病時可令移此院抑香花幡蓋之具滿室莊嚴燈燭菓蓏之類問要求送不說世事於耳邊莫入惡緣於門裏焉

（往生院と名づける別処を建てて、結縁衆のなかに病人が出たら、ここに住まわせること。）

これは、古い書物を見ると、人が病気にかかると、仏はこの病人をよそに移して養生することをすすめる。なぜかといえば、衆生はものごとに執着して、死ぬときになってもこの執着を捨て去ろうとはしない。

おそらく、いままでのところに病人がいたら、まず、彼のもっている資財に執着し、また、家族・従僕などにかかずらわって、正念が起こってこない。だから、このような執着心から離れることのできない、もとの住居からはなれて、穢土を厭離する心を起こさせ、世の無常がすぐにやってくる、ということを知り、執着心を捨て去って、臨終の正念が起こりやすい環境に移させるのだ、と述べている。〔云々〕

また、天竺《てんじく》の祇洹寺の図を見ると、寺の西北の角に無常院と名づける一院があって、東方に向けて一体の立像を安置している。病人がその像の前に坐っている。もし、病人に気力のないときには、横にふせっている。病人は、西に向かい、いっぽう仏の相好をかたどった像を見ると、手に幡をかけている。そして、病人はこの幡のすそのほうをもって、往生浄土の思いをこらしている。この病人のいるところに用便のそなえがあっても、世尊（釈迦のこと）は、これをまちがったこととは考えられてはいない、ということが記されている。

だから、釈尊の教えにしたがい、また、祇洹寺のこのすがたをかたどって、別院を建て、阿弥陀像を安置する。もし、二十五三昧の結縁衆のうちに病人が出たときには、この別院に移して病いを養わせよう。そして、この別院では、香花や幡蓋などで部屋いっぱいに荘厳し、仏前にかかげる燈明や、仏にささげる果物などのたぐいは、その要求を聞いて送ってやらなければならない。そして世の俗事を病人の耳もとで話しあってはならない。このようなことで、当人の浄土往生の業のさまたげにならないためである。）

⑤　可結衆病間結番瞻視事

右病身不可不養護病心不可不安慰故律中佛言自今已後可立看病人若欲供養我者應先供養病人云々凡厥功德

多出經論非啻勝八福田之裏兼亦讚十往生之中是故結衆得病之初迄存亡遂定之期諸衆結番遞以守護先差二人限一日夜可爲一番一人偏勸念佛令聞法音一人遠近役走料理雜事又須隨所惱之輕重用結衆之多少問病者之願樂修顯密之善根且祈佛力且加醫療待後番來令前番去釋尊昔以紫金之手自洗病比丘之身佛子今當一心之勤盍扶善知識之苦須如孝順父母師長遂莫厭離臭穢不淨每至日沒必勤例時命若臨風燭相集而念佛或念佛或隨平生所行讚嘆如十〇〔誦〕律之說或問病眼所見而記錄如道和尙之誡夫趣善惡之二道只在臨終之一念善知識緣專爲此時也若未終捨去理不可然仍縱有非常當番衆者必可觸穢送終雜事一向執行凡茲結之興志在此事人深恃我々亦恃人我若踈於人人亦踈於我結緣之本懷已違往生之本事可敗結衆蹤有重障守結番可來勤縱於他所受病往訪往還暇盡一日過此程非此限矣事是最要不得忽諸焉

（この二十五三昧の結縁衆のなかに病人が出たときには、順番を定めて病人の看病をしなければならない。

これは、病いの身は養護してやらなければならない。病める心はよく慰めてやらなければならない。だから、戒律のなかで、仏が、「これからのちは、病人をみとってやる者を定めて、もし自分を供養したいと思ったら、まず病人を供養してやりなさい」といっている。〔云々〕

およそ功徳については、経・論によって多く記されている。この病人をみとってやるという功徳は、あの無上の功徳を受ける八福田のうちに加えられているだけではなく、十往生のうちにも、これをたたえられている。だから、この結縁衆のうちに病人が出たときには、その死に至るまでの間、結縁衆は組を定めて、病人をみとってやらねばならない。

それにはまず、二人が一組となって、一日一夜、病人のために尽くしてやる。二人のうちの一人は念仏をすすめて、病人に説法の声を聞かせてやる。もう一人は、あちらこちらを歩きまわって、病人のために雑事を処理してやる。また、その病気の重い・軽いによって、また、病人の数の多少によって、その要求するところも異なっているであろうから、それにしたがってやらなければならない。そして、病人の願うところによって、顕教・密教の善根を修め、かつは仏力に祈り、かつは医療を加えて、次の番の組の来るのを待って、前の組はこれと交替して去る。昔、釈尊は御自身の紫金の手で、病める比丘のからだを洗ってやられた。いま、仏子であるわれわれは、病人の看護の勤めにあたって、どうしてこの善知識（よき友）の病いによる苦しみを救ってやらずにおられようか。あたかも、父母や師長につかえるように、病人のいやな臭いや不浄をいとうことなく、日没になったら、番に当たった者は、定められた勤めをしなければならない。

もし、病人の生命が、今日・明日に迫っているときには、一同が集まって念仏を行なおう。また、彼の平生の所行にしたがって、『十誦律《じゅうじゅうりつ》』の説にあるように讃嘆口業を行なおう。また、道綽和尚《どうしゃくかしょう》が説いたように、病人の所見を聞いて記録しておこう。およそ、人が死後善悪の二道に別れてゆかねばならないのは、ただ、臨終の正念の有無にかかっている。われわれが善知識の縁を結んでいるのも、もっぱらこのときのためなのである。もし、臨終におよんでいる人を捨て去って、その終りをみとってやらないことがあったら、われわれが善知識の縁を結んだ意味が、まったくなくなってしまう。だから、急にその番に当たった者であっても、そのけがれに触れることもいとわず、最後をみとってやって、葬送の雑事一切をひきうけて、万事とどこおることなくしてやってこそ、われわれが善知識の縁を結んだ意味がある、というものである。

善知識の縁を結んだということは、おたがいに、対手は自分を深くたよりにしているし、また自分も対手をたよりにしているからである。自分がもし、人をうとんじたら、人もまた自分をうとんずる。これでは善知識の縁を結んだ本来の意味はなくなり、浄土往生という大切な目的をとげることはできない。だから、この結縁衆は、どんな重大な故障が起こっても、決められた番を守ってつとめなければならない。たとい結縁衆のなかでよそで病気になる者があっても、往って病気をみとってやらなければならない。しかし、その往復に一日以上かかるものは、この限りではない。このことは、もっとも重要なことであるから、よく心得てないがしろにしてはならない。）

⑥　可點定結衆墓處號花臺廟二季修念佛事

右人之在世誰能免死偏營眼前之事不慮身後者愚也我儻須占憤墓於西山之脚不煩葬斂於北郊之邊先就陰陽之家令致鎭謝之法其處建一基率都婆其內置多種陁羅尼結衆下世者不擇日時之吉凶不避方隅之忌諱三日之內必葬於此矣縱告浮生於他郷遂迗遺骸於此地願以一處埋骨之契轉爲一國受生之緣也抑往塚間增觀念者菩薩之常途也是故以春秋之時爲會合之期折山花供林葉爲後身修念佛及于松栢風寒山門日暮各以分散觀無常理毎步幽逕唯悲屠家之羊欲歸舊栖應慙雪山之鳥或安居之月或餘暇之日若有蒼率發心者不拘臨時薫修耳

（この二十五三昧結縁衆の墓所を定めて、これを花台廟と名づけて、ここで春秋二季の念仏を行うべきこと。

これは、人間がこの世に生を受けたからには、だれでもその死を免れることはない。だから、目先のことだけを考えて、死後のことを考えないのは、愚かなことである。

われわれの仲間は、西山のふもとに墳墓の地を定めて、葬送のことでこのあたりをわずらわすことのないようにしたい。まず、陰陽家に地鎮の法をしてもらって、そののちに、そこに一基の率都婆を建てて、そのなかにいろいろの陀羅尼《だらに》をおさめておく。この結縁衆のなかで死んだ人があったら、日時のよしあしをいわず、方角のよしあしなども考えずに、三日のうちにはかならずここに葬ろう。たとい、一生を他国に過ごし、死に臨んで、その遺骸だけをこの地に送ってきた者であっても、われわれ仲間はその墓所を一つにするという約束を守って、これを、この地に埋めてあげよう。これが同じ国に生を受けた因縁というものであろう。

そもそも、塚のあたりに行って、思いをこらす、ということは、菩薩が常に行っていることである。だから春秋の二季を会合のときと定め、そのときになったなら、山の花を折り、林の葉をたむけて、来世のために念仏を修し、松や柏をわたる風も寒く、山門に照る日も暮れるころになって、それぞれに別れてゆく。そして、無常の理を観じ、あるかなきかの小路を歩むごとに、ただ、免れがたい死を悲しみ、わが家に帰ろうとしては、巣を作らぬ雪山の寒苦鳥をしのんで、恥ずかしく思うべきである。もし、安居《あんご》の月、またはひまなときに、にわかに発心する者があったときは、臨時の修行をして差支えない。）

先ず、④では、「往生院」と名づける別所を建立し、結衆のなかに病人が出た時、そこに移して住まわせるべき事が記されている。具体的には、「舊典」と「祇洹寺圖」の事例を引いてそのあり方が示されている。「舊典」からは、別所を建立する事の意義が明らかにされ、舊所、すなわち、もとの住居に居ては、資財を恋愛し、眷属に染著してしまい、厭離穢土・欣求浄土が適わないとされる。それ故、穢土を厭離すべき心を生み、よの無常なることを知ることができ、臨終の正念が興り易い場所として「往生院」を建立すべき事が説かれている。

他方、「祇洹寺圖」に拠って、次のようなことが明らかにされている。すなわち、その図によると、先ず、寺の西北の角に「无常院」と言われる施設があり、そこが、面を東方に向けた一の立像を安置し、「病人」が「像」の前に対面することができる場所になっていることが明らかにされている(A)[21]。そして、「病人」と「立像」との間には幡がかけられており、「病人」がその幡の脚をとり、往生浄土のおもいをなすことができる様に建物が形作られていることを窺い知ることができる(B)。その他、「往生院」と名づけられる建物は、この「祇洹寺之風」を「写」して建立すべき事が記されていることに注目される。

そして、⑤によって、実際に結衆の中に病人が出た時には、死に至るまでの間、結衆は順番を決めて定期的に交代しながら看病することが定められていることがわかる。それは、二人一組で一日一夜を一番とし、一人は偏に念仏を勧め、病人に法音を聞かせ、もう一人はあちらこちらを歩きまわって雑事を行うというものである。いよいよ臨終が迫ってきた時には、相い集い、念仏讃嘆を行い、病の所見を問い、記録することを定めている。さらに、「縦有非常當番衆者必可觸穢送終雜事一向執行　凡茲結之興志在此事」と、臨終の場を守護して看送る事こそこの起請の主旨である事を記しており、臨終の住まいを営む際の「看取り」の重要性を強調している。また、本起請を守る結衆は、同じ死にゆく者の一人として、互いに看取りを実践すべき心構えを大切にして日常生活を営んでいたであろうことも窺い知ることができる。

⑥では、「花台廟」と名づける結衆の墓所を定める事が記されている。墓所は、「西山之脚」に占地し、「陰陽之家」に「鎮謝之法」をたのみ、内部に多種の陀羅尼を納めた一基の率都婆を建てることによってつくられる。そして、

縦告浮生於他郷　遂送遺骸於此地　願以一處埋骨之契　轉爲一國受生之縁也

とあるように、生涯を他郷において過ごした者も、「一處埋骨之契」を以て、遺骸はこの地に送られ「花台廟」に葬られる。その事が「一國受生之緣」となるとされている。つまり、「花台廟」は、「一國受生」という意志、すなわち場所を共にせんとするはたらきに拠って建てられた建物であるとともに、遺族がその建物に関与することによって、「一國受生之緣」に結ばれる可能性をひらく施設であることを窺い知ることができるのである。

『八箇条』起草の二年後、永延二年（九八八年）六月十五日には「首楞嚴院源信撰」という奥付をもつ『十二箇条』が撰述されている。内容は、やはり毎月十五日の勤行のあり方（①、②、③）が記され、その他、平常時のあり方（⑤、⑥、⑫）、臨終時の対処の仕方（⑦、⑧、⑨）、死後葬送時の対処の仕方（④、⑩、⑪）が規定されている。以下、各項目を列挙し、結衆の施設について記述されているものに関してはそのまま該当文を引用し論考を行う。

①　可以毎月十五日夜修不斷念佛事
②　可毎月十五日正中以後念佛以前講法花經事
③　可十五日夜結衆之中次第奉供佛聖燈明事
④　可以光明眞言加持土砂置亡者骸事
⑤　可結衆相共永成父母兄弟之思事
⑥　可結衆發願之後各護三業事

⑦　可結衆之中有病之時致用心事
⑧　可結衆中有病人時結番遞守護問訊事
⑨　可建立房舎一宇號往生院移置病者事
⑩　可兼占勝地名安養廟建立率都婆一基將爲一結墓所事
⑪　可結衆之中有亡者時問葬念佛事
⑫　可不隨起請致懈怠之人擯出衆中事

⑧　可結衆中有病人時結番遞守護門訊事

右人命无常一旦之煙忽昇天年不定五夜之燭乍滅所謂朝欣暮歎晝樂夜悲者也既受病根於朱橦之身何期生樹於翠松之齢吾黨既知之豈可不可護哉但恐生前不修一善根何因身後免三惡道嗚呼悲哉猶廻火宅之心遂入焔王之手須毎黄昏時皆行病者所相共唱念佛可令聞其聲慇懃相催令生極樂守護作法如事二親但以二日將爲一番二人宿直共守此人常唱念佛相勸往生一人能看平急可告傍輩可護可誶勿慵勿臥

（この結衆のなかに病人が出たときは、順序をきめて、たがいに病人を看護したり見舞ってやったりしなければならない。

このように定めたのは、人の生命というものは常なきもので、一旦の煙となってたちまち空に昇ってしまうものである。人の寿命の定めなきことは、夜のともしびと同じようなものである。いわゆる、朝《あした》に欣び夕べには哀しむ、また昼には楽しみ夜は悲しむというものである。立派な第宅《ていたく》にあって病気になっても、みどりの松が長く生命を保っているような長い命は保証のかぎりではない。いつ死ぬかわからない。われわれの仲間はこのことをとうに承知している。だから病人はみんなで看護してやらなくてはならない。ただ生前一つとして善根を修することもなく、何によって死んでから地獄・餓鬼・畜生の三悪道から救われるのかと思うと、そら恐ろしい気がする。なんと悲しいことであろうか。このように考えるうちにも、煩悩の多い火宅から、焔魔《えんま》の世界に送られようとしているわけである。

だから、たそがれどきになったら、みなうちそろって病人のところに行き、ともに念仏をとなえて、その声を病人に聞かせるようにしよう。これをおたがいが丁重に行なっていれば、極楽に生まれることができよう。

この病人を看護するのは、ちょうど父母につかえるような気持でやらなければならない。ただ、二日ずつを一番として、二人が宿直をしながらこの病人の看護をし、その間はいつも念仏をとなえ、往生の業をすすめなければならない。二人で宿直をするというのは、一人はいつも病人の傍にあって、その容態を見て、急変があったらすぐに他の一人に知らせるためである。よく看護して、病状を見てやりなさい。なまけてはいけない、またその間は横になってはいけない。）

⑨　可建立房舎一宇號往生院移置病者事

右人非金石遂皆有憂將造一房其時可用願傳彼祇洹精舍无常院之風塵欲訊此結縁知識有習地之霧露抑吾儻之人或不構松室或僅結草菴牛衣防風鼠飡送日平生如是寢疾誰憐至于如夫黄鸝啼而山櫻漸落之曉白鴈飛而薗菊半衰之晨莫不群居花前送萍實之輝遊宴月下運桂花之影四虵相鬪之比六禽競亂之時何人暫相憐慇懃得養寔雖有往生之契尚可踈必死之人仍今結衆合力建立一宇草菴安置彌陁如來將爲一結終焉之處可成三愛不起〇（之）謀方

隅縦塞日時寧凶皆移此院共養彼人又如論云佛像向西方病人亦從後佛像右手中繋五色之幡授病者左手将令執幡脚當令成從佛往生之思凡焼香散常莊嚴病者又調味撰食可供養病者更置一合之棺須爲闍維之備者也

（房舎一宇を建立してこれを往生院と名づけて、これに病人を移すこと。

このように定めるのは、次のような理由からである。

人間は金や石ではないから、いつかは病気になる。だから小さな建物を建てて、病気になったときの用心にしておきたい。これは、あの祇洹精舎《ぎおんしょうじゃ》の無常院のすがたを伝えたものである。ここをたずねようとするこの二十五三昧に結縁した人々にも、避けることのできない病いというものがある。

そもそも、往生を願って、二十五三昧に結縁する人々は、あるいは粗末な自分の家さえも作らずに、わずかに草ぶきの庵をこしらえて、粗末な麻で編んだむしろでわずかに寒さをしのぎ、粗末な食物を食べて、わずかにその日その日を過ごしている。ふだんはこのような生活を送っているものである。病気で床に伏せったときに、だれがこれを憐れんでくれようか。うぐいすが鳴いて山桜の花もようやく落ちはじめる春の暁には、花のまわりに集まって春を楽しまない者はなく、白い雁が空を渡って庭の菊もなかば枯れてくる秋の朝には、楽しい遊宴を思わない者はない。このようなときに、だれがしばらくの間でもこの病人を憐れんで、ねんごろに看病してやることだろうか。おそらく看病してくれる人はいないだろう。ほんとうに往生したいと思って集まった人たちばかりであっても、死んでいく人に対してはこれをうとんずるようなことが、自然に起こってくるものである。

だから、いまこの結縁衆たちが力を合わせて一宇の草庵を建て、阿弥陀如来を安置して、一同の終焉のところとしよう。また、病人が臨終におよんで三愛を起こすことのないように、そのてだてを考えよう。

そして、方角・日時の吉凶を論ぜず、みなここに移して、それらの人々を養ってあげよう。また、浄土の説にいうごとくに、仏像を西に向け病者はそのうしろに従わせ、仏像の右手のうちに五色の幡を結び、これを病人の手にもたせ、ちょうど仏に従って往生する思いをさせてあげよう。およそ、焼香や散華は病人を荘厳するものであり、調味・撰食は病人を養うためのものである。さらに、一個の棺を置いて、火葬のために備えておこう。）

⑩　可兼占勝地名安養廟建立率都婆一基將爲一結墓所事

右一生易過凡夫常類芭蕉之露二死難遁聖人猶接栴檀之煙樂盡而悲到如風扇花散榮去而衰來似水濁玉昏至于如夫骸臥露地鳥觜鑿眼骨横煙村獸脣啄觸莫不行人流之心中一寸之涷忽碎遊客之眼下兩行之泉乍流魂縦雖籠花藏之月身猶徒爲蒿里之塵仍兼占勝地建一率都婆名稱安養廟永爲吾黨墓所但請大法師占其地方所以印契分地以眞言鎭處然後方神縦雖塞土公猶雖在借佛德分地以神威豈祟哉仍一結死人不過三日則不論日善惡於此廟葬之

（景色のよいところに安養廟と名づける一画を設け、率都婆《そとば》一基を建てて、一同の墓所と定めること。

このようにするのは、人間の一生というものは過ぎやすく、凡夫の生命は、あたかも、芭蕉に宿る露のようなものである。死は免れがたいものであって、聖人でもなお茶毘《だび》の煙とともに、その体はこの世から消えてしまうものである。楽しみが尽きれば悲しみが来る。それは、あたかも、風が花を散らすようなものであり、栄花が去ると衰亡が来る。それは、たとえてみれば、水が濁って、玉が見えなくなるのと同じである。遺体が道に捨てられて、鳥がその眼をついばみ、骨は霞のたちこめるあたりに捨てられて、獣がこれをくわえていくようになる。これを見て心を凍らせ、また、涙を流さない者はない。魂はたとい蓮華蔵世界の月に宿るといっても、その身はいたずらに墓地の塵にまみれてしまうものである。

だから、かねがね景色のよいところに率都婆を建てて、これを安養廟と名づけて、長くわれわれの墓所としよう。ただ、この地を定めるにあたっては、立派な法師を招いてその地を定め、印を結んでその地を区画し、真言をとなえて地を鎮めなければならない。このようにすれば、たとい方神（四方の神）がこの地をふさぎ、土公（土をつかさどる神）があったとしても、仏徳によってこれを免れることができる。だから、われわれの仲間のうちでだれかが死んだならば、三日を過ぎないうちに、日のよしあしをいわずに、この廟所に葬らなければならない。）

⑪　可結衆之中有亡者時問葬念佛事

右吾等既非枅房桂宮之子或提蓬門華戸之親匣中无驪珠床上絶鳳被僮僕數不廣親眷亦甚希至其歸泉之時易訪苦海之患乎仍結衆悉集行安養廟將修念佛卽導亡者念佛畢後五躰投地各唱尊靈引導往生極楽可滿廿一遍仰乞彌陁種覺觀音勢至可願七日之內示其生處隨示處善惡可致志懇踈

（われわれの仲間のうちに死者が出たときは、葬儀を行なって念仏をとなえなければならない。

このように定めるのは、次のようなわけからである。

われわれは、后宮やりっぱな御殿に育った身分の高い者ではない。貧しい家に住む身分の卑しい人間たちである。匣のなかに得がたい玉をもっているわけでもなく、床をおおう美しいかけものをもっているわけでもない。また、召使の数といっても多くはない。そのうえ、親類縁者といっても、これもきわめて少ない。その臨終のときにあたって、だれがこの三界の苦しみをたずねてくれるだろうか。
だから、われわれの仲間は、すべて集まって安養廟に行き、念仏を修して、死者を浄土に導いてやらねばならない。念仏をとなえ終わったら、五体を地になげうって、おのおのみたまの名をとなえて、極楽に往生できるように導いてやらなければならない。これを二十一遍行い、阿弥陀如来・観音菩薩・勢至菩薩に、七日のうちにその往生したところを示してもらえるようにお願いしなければならない。そして、その往生したところの善悪にしたがって、その後の勤めをいたすべきである。）

ここでも『八箇条』と同様、「往生院」に関する記述があり、祇洹精舎の無常院における住まいのあり方が典例として挙げられている。その例に拠りながら「往生院」は、一宇の草庵として結衆の力を合わせて建立されるべきことが明らかにされている。内部には、阿弥陀如来が安置され、「終焉之處」として機能すべく住まいが営まれることが記されている。

具体的には、

佛像向西方　病人亦從後　佛像右手中繋五色之幡授病者左手　將令執幡脚　當令成從佛往生之思

と、仏像を西方に向け、病人を仏像の背後に安置し、仏像と病者との間を「五色之幡」で繋ぎ、そこで「従仏往生之思」をなす(A)、(B)。といった具合で住まいが形成される。

看病者に関しては、

毎黄昏時　皆行病者所　相共唱念佛　可令聞其聲　慇懃相催令生極樂　守護作法如事二親

但以二日將爲一番　二人宿直共守此人　常唱念佛相勸往生　一人能看平急可告傍輩

と、黄昏時に結衆は病者の所に行き、共に念仏を唱え声を聞かせる。「これをおたがいが丁重に行なっていれば、極楽に生まれることができよう[22]」とする（Ⓒ）。また、看取りの守護作法のあり方も親を看る様にすべき事が記されており、そのような親密な気分が生じてくる雰囲気ある住まいが営まれることが期待されている。

結番に関しては、二日を以て一番とし、二人が病人の所に宿直し、常に念仏を唱え、往生を勧めることが定められている。そのうち一人はいつも看病し、急変の時には傍輩に告げるべき事が定められており、臨終の住まいを営む際に常に「看取り」の場所の確保が求められていることがわかる。

先の起請と同様に、⑩では、結衆の墓所の事が記されている。墓所の敷地は景色のよい「勝地」に選び、そこに「安養廟」と名づける一基の率都婆を建て死者が葬られることが項目から窺える。特に敷地は、

但請大法師占其地　方所以印契分地　以眞言鎮處

と、『八箇条』とは異なり、「大法師」に占地を請い、印を結んでその地を区画し、真言をとなえて「處」を鎮める事によって選定すべきと記されていることに注目される。起請起草者の発想の違いを窺い知ることができる所である[23]。

また、

魂縦雖籠花藏之月　身猶徒爲蒿里之塵

と、死とともに「魂」と「身」が分離され、「魂」は「花蔵之月」に宿るとしても、「身」は「蒿里之塵」となり、ともすれば、眼は鳥の觜で鑿たれ、骨は煙村に横たわり、死体は獣に啄まれるとしている。これを見て心を凍らせ涙を流さない者はないであろうから、死後の身を定めて葬り共に心鎮まるように「安養廟」が建立されるべきことを規定している。さらに、⑪によると、亡者が出た時は、結衆は「安養廟」に集まり、念仏を修し五体を地に投げ、各々「尊霊」を唱え、亡者が極楽へ往生する様に引導すべき事が記されており、「安養廟」が単に亡者のための建物ではなく、極楽と亡者・尊霊そして結衆の各々を結びつけることを重視して建てられた公共の施設であることが窺い知られる。

この他、二十五三昧結衆に関する資料として過去帳というものがある。それは『八箇条』に、

夫他界雖隔舊交不忘　須勒名字於過去帳記亡日於往生院　毎月念佛之次必唱寶號
毎年之遠忌之日別修善根[24]

とあるように、亡者の名前を記した帳面で、臨終の住まいが営まれた「往生院」に保管されるものである。毎年の

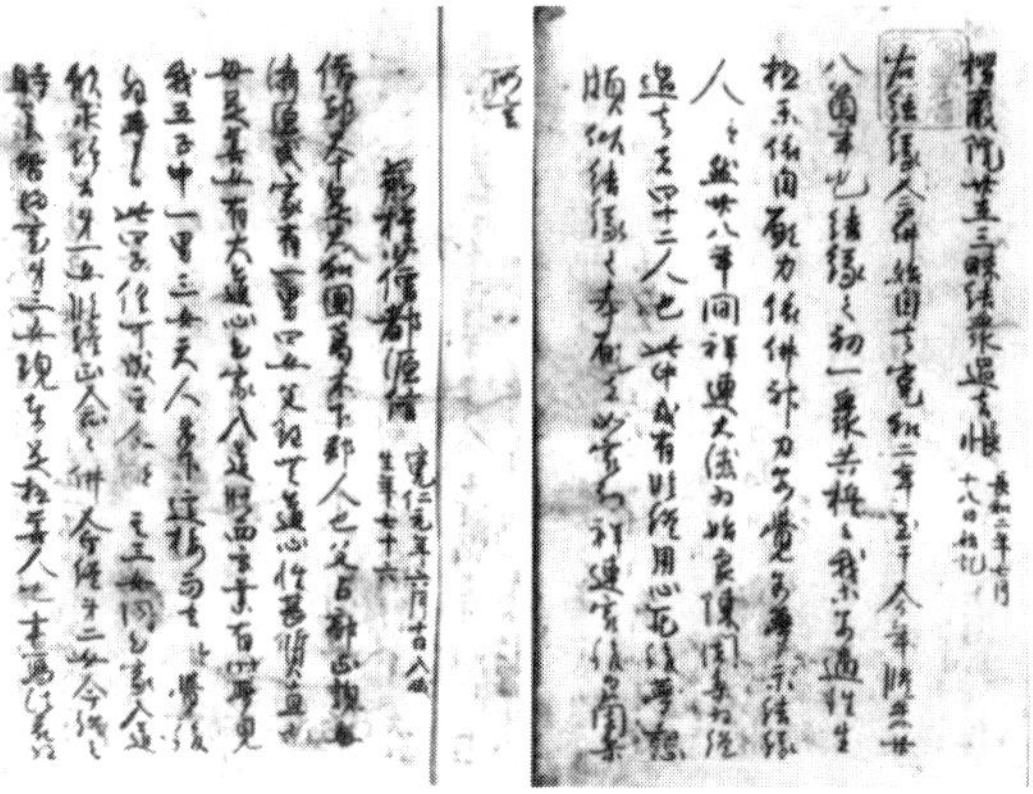

図15　楞厳院廿五三昧結衆過去帳　宮内庁書陵部

命日には別に善根を修することが定められており、死してなお「往生院」に集う結衆の結びつきを大切にする連名帳であることが窺える。現在では『恵心僧都全集』に所収されている『二十五三昧根本結縁衆過去帳』、『首楞厳院廿五三昧結縁過去帳』、宮内庁書陵部蔵の『楞厳院廿五三昧結衆過去帳』（長和二年（一〇一三年）七月十八日記始とある。以下、宮内庁本）[25]を見ることができる（図15）。宮内庁本には、寛和三年正月十二日の日付を有す祥連大徳をはじめ、長元七年（一〇三四年）正月廿四日の入滅、生年七十三、と記された前権少僧都覚超（覚超は『楞厳院二十五三昧根本結衆二十五人連署発願文』（寛和二年（九八六年）五月二十三日）の根本発起衆の一人）まで、総計五十一人の名前と行状が記されている。また、ここに載せられた人物は、『二十五三昧式』所収「根本發起衆並同結縁衆」に挙げられた僧侶とほぼ重なっていることも確認することができる。

三　霊山院釈迦堂と花台院阿弥陀堂

景山春樹に拠ると、源信が「比叡山本来の法華経の修行者として、釈迦如来の霊山浄土への理想を達成する道場として横川に建立したのが「霊山院の釈迦堂」であり、『往生要集』に構成されている阿弥陀如来浄土への理想境を顕現しようとしたのが「華台院の阿弥陀堂」であった」とされている。[26] そして、「霊山院釈迦堂」と「華台院阿弥陀堂」は、源信の宗教思想である「釈迦信仰と弥陀信仰の二面性」を示すものとして重要な意義をもつと言われている。[27] 以下、この「霊山院釈迦堂」と「花台院阿弥陀堂」において営まれた「住まい」の様子を見ていきたい。

（一）霊山院釈迦堂

「霊山院」に関しては、『山門堂舎記』に以下のように記されている。

一靈山院
檜皮葺堂一宇。奉レ安二置等身尺迦如來像一躰一。佛師康尚作也。
右惠心僧都所二建立一正暦年中歟。佛像者惠心僧都願。令二僧賢祐□知識一所二建立一也。惠心傳云。又其南起二一迹堂一安二置教主尺迦大師尊容一。毎朝供廼□之具着飡之飯□舎利弗等十六（ママ）弟子圖繪。四面打（ママ）レ壁。恭敬圍繞。何果（ママ）鷲峯之舊儀。便於二斯堂一毎月晦日講二法花經談義理一。院内號下之靈山尺迦講上云々。[28]
（括弧内引用者）

すなわち、霊山院は檜皮葺の堂で、そこには定朝の父康尚による等身の釈迦如来像一体が安置されていたことを知ることができる。創建は正暦年中（九九〇〜九九五年）で、源信による建立と推測されている。堂内の四方の壁面には、舎利仏等十大弟子の図像が描かれており、十大弟子が釈迦を恭敬し、囲い繞る様にして説法を聴聞している様を表していることも窺える。実際、その内部空間での様子は「何異鷲峯之舊儀」[29]と記されており、霊鷲山で弟子達に囲繞されて行われていた釈迦の説法の場と異なることがなかったであろうことを窺い知ることができる。また、二十五三昧結衆による念仏が毎月十五日に行われていたのに対して、ここでは法華経の講説が毎月晦日に行われ、院内ではこれを「霊山釈迦講」と呼んでいたということも確認できる。これらのことから、霊山院では、釈迦如来の仏像を作りそれを堂の中心に安置し、十大弟子を描いた四面の壁で囲われた空間を構築し、その内部で中心に向かって法会を行うことによって、釈迦が中心に坐し十大弟子が恭敬囲繞する説法の場に近づこうとする活動が営まれていたであろうことを窺い知ることができるのである。

また、景山春樹によって公刊されている永仁四年（一二九六年）の『横川霊山院造立案文』に拠ると[30]、霊山院の本堂は、檜皮葺の前庇がついた一間四面の堂（右後方に孫庇）で、等身の釈迦を本尊とする建物であったことがわかる。内部の柱間の壁には、それぞれ等身の図像が描かれており、堂内向かって左方には、普賢菩薩、地蔵菩薩、善載童子、帝釈天子、提頭頼吒天王、乾闥婆王、迦楼羅王、優塡王、浄名居士など十八の像が、右方には、観世音菩薩、虚空蔵菩薩、迦葉童子、大梵天王、阿修羅王、大龍王、執金剛神、緊那羅王、浄飯大王、阿闍世王など十八の像が描かれていたとされている。また、仏壇の後は二間に分かれており、その片方には多宝塔の図を中心に左右計八の菩薩が、もう片方には十大弟子等の図像が描かれていたことが知られており、本堂だけでも壮大な規模のものであったことが窺える[31]。

霊山院釈迦堂の作法に関しては、寛弘四年（一〇〇七年）七月三日の日付が記された『霊山院釈迦堂毎日作法』（源信著）と、十日後の七月十三日の日付が記された『霊山院式』にその様子を窺うことができる。また、『霊山院過去帳』には、正月一日から十二月三十日まで一年十二ヶ月の月日を列記し、その日付の下に一名から四名の氏名を記した結番表が納められている。[32] ちなみに、この『霊山院過去帳』に記された名前と、二十五三昧結衆の名前を比較すると、寛弘四年における三昧結衆の生存者のほとんどを『霊山院過去帳』の中に確認することができる。[33]

『霊山院式』には、先ず、「霊鷲山」が「釋迦如來常住之處」であることが明らかにされている。続いて、「今此寶殿庶幾彼山」とあり、この「霊山院釈迦堂」が「霊鷲山」を「庶幾」して建てられた建物であり、釈迦如来が常住し説法する霊鷲山という意味世界に重ねて構築された場所であることがわかる。それ故、この建物に入る時には、(そこが霊鷲山を庶幾して建てられた場所であるので、)「身心を清浄にして」参入すべきであることが定められている。

ちなみに、『霊山院式』に記されている毎日の恭敬供養の具体的内容を簡単にみておくと、以下のようである。先ず、卯の時に、お粥と一、二種の合物と箸をお供えすること。次に、巳の時に、香飯四、五升と塩酢の汁物一、二種と菓子を供えること。哺時には、閼伽や燈明(新油一合)を供えることが定められ、毎日の結番衆がこれを行う。さらに、寒暑に随って火鉢や扇等を供えるが、火鉢や扇は堂内の物を用い、炭は結番衆が用意することまで決められている。結番衆は、当番日の早朝に入り、翌日の早朝、次の人が来るまで待って退出する。といった具合で、「霊山院」における結衆の釈迦への生々しい対処の様子を垣間見ることができる。

また、『大日本史料』(寛弘四年七月三日)所収の霊山院に関する記述の中には、「靈山院或先徳御自筆被定置之、公家武家生身供勸進在之[34]」とあり、『溪嵐拾葉集』には、

惠心先徳被修生身供事　横川靈山院者、惠心御建立也、被模靈山淨土故、靈山會上聽衆等悉四壁被書、

巻首

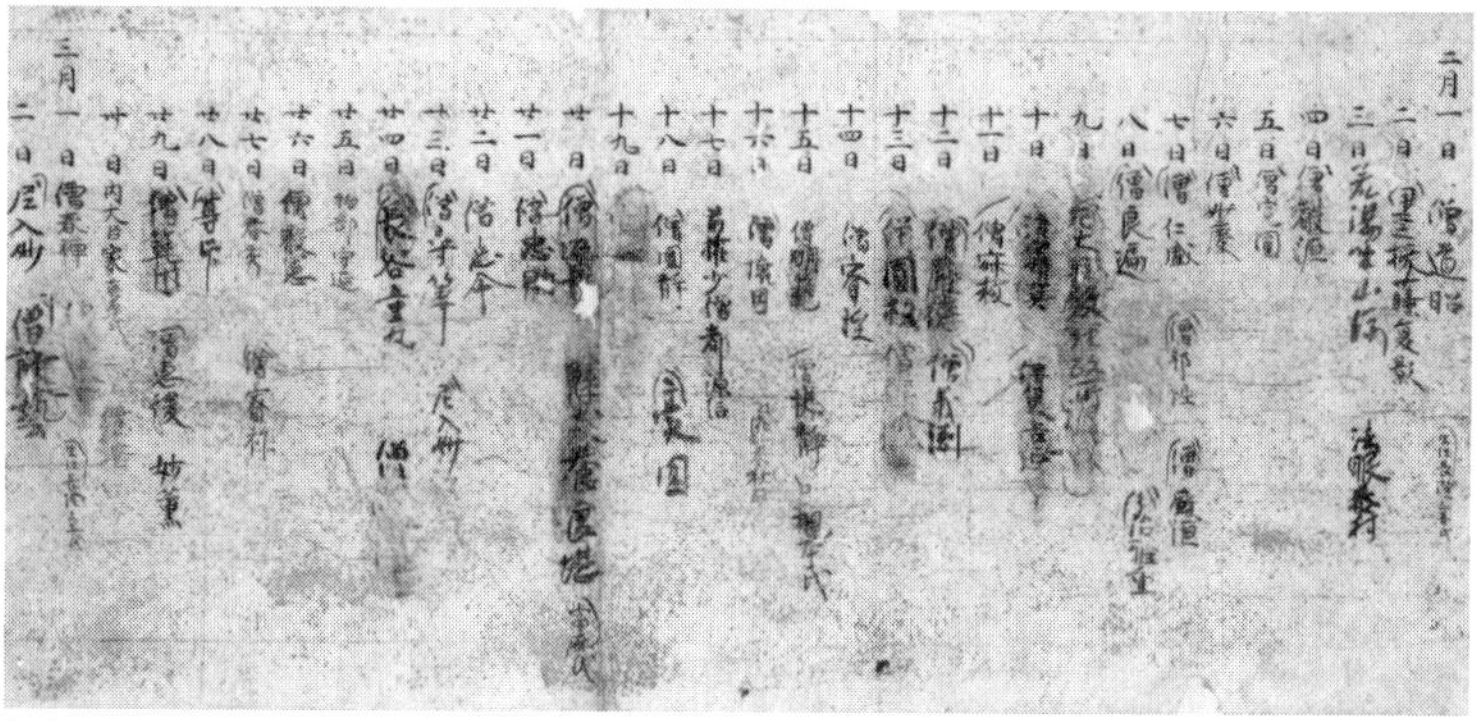

部分

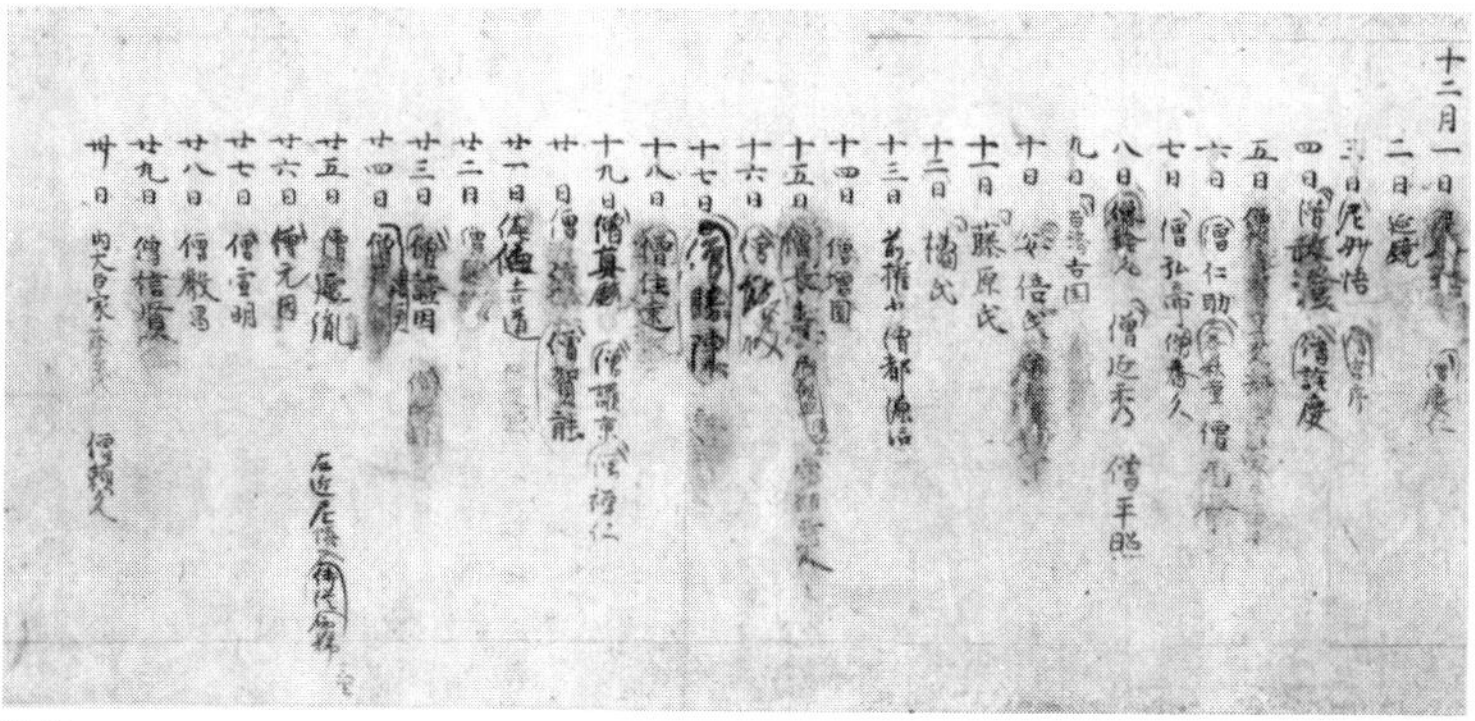

巻末

図 16　霊山院釈迦堂毎日作法　滋賀・聖衆来迎寺

寶塔涌現於空、二佛並座相アリ、朝供粥、日中供時、在世儀式不違也、夏奉扇、冬奉火、號之生身供也、
先德御意、奉仕佛、只生身ニ仕ヲスヘシ[35]

とあることから、霊山院では、単に形式的に毎日の供養が行われていたわけではなく、その供養を「生身供」と呼び、釈迦が在世していた際に行われていた儀式に違うことのないように、像を「生身」の存在として見、毎日の奉仕を行うことを大切にしていたことがわかる。霊山院が、「公家武家」を含む多くの人々に支えられて成立している共生の場所であるとともに、「霊鷲山」として生きている場所に成ることがめざされていたことを垣間見ることができるのである。

（二）　花台院阿弥陀堂

「霊山院」と同様、「花台院」に関しても『山門堂舎記』や『延暦寺首楞厳院源信僧都伝』（以下、『源信僧都伝』）にその様子を窺うことができる。[36]以下、両文書を引用し、論考を進めていこう。

『山門堂舎記』

一華臺院
長保三年惠心院僧都建立。惠心僧都去年五月依二弟子嚴冬讓一。補二權少僧都一。今年辭二其職一隱二居密所一。建二立花臺院一也。檜皮葺安二置丈六阿彌陀三躰一。或卷云。尊者妙雲上人所二建立一也。佛師尊儀康尚朝臣等三人造レ之。小佛者惠心院僧都爲二迎講一被レ奉レ張云々。南佛者花山法皇御造立也。佛師者朝覺造レ之。

『源信僧都伝』

夏五月。爲二權少僧都一。明年修レ状固辭。不レ從二其職一。隱二居山谷一。偏修二淨土之業一焉。楞嚴院東南建二立精舍一。安二金色丈六彌陀佛一。號二之花臺院一。便就二其地勢一。勤下修來二迎行者一之講上。菩薩聖衆。左右圍繞。伎樂供養。歌詠讚嘆。已爲二年事一矣。緇素貴賤。結緣之者。僉然以爲三即身往二詣極樂國一矣。

『山門堂舎記』に拠ると、「花台院」は、長保三年（一〇〇一年）に建てられた檜皮葺の建物であることがわかる。内部には、丈六の阿弥陀如来像が三体安置されており、そのうち小さな仏像に関しては、源信が「迎講」を行う時のものであったことも記されている[37]。また『源信僧都伝』にも見られるように、「花台院」では「来迎行者之講（傍点引用者）」、すなわち「迎講」が修せられていたことが知られる。その法会に関して、『源信僧都伝』には「便就其地勢」とあり、当麻寺の来迎会のように敷地の「地勢」を生かす様にして行われていたであろうことが推察される[38]。また、その具体的内容に関しては「菩薩聖衆。左右圍繞。伎楽供養。歌詠讃嘆」とあることから、「霊山院」で「釈迦講」が行われ、十大弟子が釈迦の四方を囲繞するように求心的な形式を以て内部空間が構成されていたのに対して、「花台院」では「迎講」が行われ、菩薩聖衆が「左右に囲繞する」という線的な形式を大切にした空間が建物の内外を通して展開していたであろう事を窺い知ることができる。

迎講に関する資料は多くあるのでその詳細について論考するのは章を変えて行うことにして、ここでは「霊山院」と比較が可能な範囲内で、「花台院」で行われたと考えられる迎講に関する記述を引き論考を行っておく。『法華験記』には以下のような文章がある。

弥陀迎接の相を構へて、極楽荘厳の儀を顕せり〈世に迎講《むかへこう》と云ふ〉。その場に集まる者は、緇素《しそ》老少より、放蕩邪見の輩《ともがら》に至るまで、皆不覚の涙を流して、往生の業を結び、五体地に投げて、菩提の因を種ゑたり。[39]

先に、「霊山院」では「釈迦講」が行われ、「鷲峯之舊儀」の場の開示がめざされていたことを見たが、引用文によって、「花台院」で行われる「迎講」は、「極楽荘厳の儀」を顕す事を大切にしていることを知ることができる。また、引用文冒頭に「弥陀迎接の相を構へ」とあり、「釈迦講」では釈迦を中心に十大弟子が恭敬囲繞する様子の形式化を介して説法の場が顕されていたのに対して、「迎講」が阿弥陀如来が臨終行者に迎接する時の様子を形式化して「極楽荘厳の儀」を顕す法会であり、来迎引接を受ける行者の臨終の様子の劇化を介して極楽の荘厳を顕す儀礼であることを窺うことができる。

また、『源信僧都伝』にも同様の記述が見られるが、上引に拠って、迎講の場には、緇素貴賤、緇素老少の者が集まり、そこで「往生の業を結び」、結縁の意が確かめられることを窺い知ることができる。すなわち、「迎講」とは単なる演劇ではなくて、この場に集まる人々がともに「往生の業」を結び、結縁することが大切にされているのであって、「花台院」も「霊山院」と同様に、これら結縁の意に支えられ共生の場の開示をめざして営まれている場所であることを知ることができるのである。

結

以上、「連帯性」を基盤として営まれた「臨終の住まい」の具体的あり様を源信と関連の深い二十五三昧結衆による活動を通して見てきた。文献資料に限りがあるため、その範囲内でしか論考を進めることができないが、大略、以下のようにまとめることができよう。

先ず、寛和元年（九八五年）著の『往生要集』大文第六〈別時念仏〉第二〈臨終行儀〉次〈臨終観念〉に、「臨終の住まい」が病者と看病者の間に築かれた生の連帯性を基盤に営まれることを重要視していることを確認した。そして、他人同志が「死にゆく者」として同じ限りある人間であることを自覚し、その事実をふまえて、臨終の時まで互いに助けあい浄土の業をともにしようとして結成されたのが横川首楞厳院二十五三昧結衆であったことが、寛和二年（九八六年）五月二十三日に記された『楞厳院二十五三昧根本結衆二十五人連署発願文』によって示された。

同寛和二年（九八六年）九月十五日には、『八箇条』が記されており、上述の仏教集団のための起請が明示されていた。それには結衆のための施設として、「往生院」と「花台廟」を建てるべきことが記されており、「往生院」が単に病者一人の臨終の住まいを営むための場所ではなく、「看取り」の場所のことも大切に考えて建てられるべきことが記されていたことを見た。他方、「花台廟」も単に亡者を葬るだけの施設ではなく、亡者をそこに葬ることによって「一国受生之縁」を結ぶことができるとする連帯性を大切にして建てられている場所であることが明らかになった。

また、永延二年（九八八年）六月十五日には、源信によって『十二箇条』が撰述され、あらたに結衆のあり方が定められていた。それにも『八箇条』と同様に、「看取り」の場所を大切にして建てられる「往生院」の事が記されていた。また、亡者・尊霊、結衆、極楽を結びつける「安養廟」を建立すべきことが記されていた。

さらに、「正暦年中」（九九〇〜九九五年）には、霊山院と呼ばれる建物が建てられており、そこで「釈迦講」と言われる法会が行われることを確認した。『霊山院過去帳』には寛弘四年における二十五三昧結衆の生存者のほとんどの名前を確認することができ、霊山院での活動が二十五三昧結衆とは無縁でないことが知られた。また、上述の起請が毎月十五日に念仏を行うことを定めていたのに対して、霊山院では毎月晦日に法華経の講説が行われるとともに、そこが、結衆の力を合わせて「霊鷲山」で行われた説法の現場をひらくことをめざしている共生の場所であったことが明らかになった。

その霊山院に対して、長保三年（一〇〇一年）、花台院と呼ばれる建物が建てられていた。花台院では、阿弥陀如来が臨終行者に迎接する時の様子、すなわち「臨終の住まい」のあり様を形式化した「迎講」が行われていた。そして、「迎講」が単なる演劇ではなく、この場に集まる人々がともに「往生の業」を結び、結縁することができる、いわば共生の場の開示をめざして営まれている行事であることが確認され、「花台院」がその「迎講」の実践の場所として建立されていることが明らかになった。

〔註〕

1 『往生要集』末尾に、「永観《えいかん》二年甲申《きのえさる》冬十一月、天台山延暦寺《えんりやくじ》首楞厳院《しゆりようごんいん》に於て、この文を撰集《せんじゆう》し、明年《あくるとし》夏四月、その功を畢《おわ》れり」とある。（石田瑞麿校注『原典　日本仏教の思想四　源信』、三二〇頁、岩波書店、一九九一年）

2 『権記』寛弘二年九月十七日条（増補「史料大成」刊行会編『増補　史料大成』第五巻、三九頁、臨川書店、一九九二年）に「詣左府、返奉往生要集、被召新寫自筆、仍奉、賜本要集」とあることから、藤原道長がこの書物を有していたことはよく知られている。

3 井上光貞『新訂　日本浄土教成立史の研究』、一一二〜一五五頁、山川出版社、一九八九年

4　大野達之助『上代の浄土教』、吉川弘文館、一九七八年。伊藤真徹『平安浄土教信仰史の研究』、平楽寺書店、一九七四年。速水侑『浄土信仰論』、雄山閣出版、一九七八年など。

5　神居文彰、田宮仁他『臨終行儀―日本的ターミナル・ケアの原点―』、北辰堂、一九九三年。水谷幸正『仏教とターミナル・ケア』、法蔵館、一九九六年など。

6　『原典　日本仏教の思想四　源信』前掲書、一九六頁、頭注

7　同上書、二〇〇～二〇六頁。関口真大校注『摩訶止観（上）』、七六～八一頁、岩波書店、一九八一年を参照。

8　山折哲雄「死のための団体形成―源信とその同志たち―」、『宗教研究』二三六号、六頁、一九七八年

9　同上

10　『原典　日本仏教の思想四　源信』前掲書、二〇八頁

11　中村元他訳注『浄土三部経（下）』、七八頁、岩波書店、一九九一年

12　以下、『二十五三昧式』に関しては、仏書刊行会編『大日本仏教全書』、二二〇～二三一頁、仏書刊行会、一九一六年所収のものを底本とする。また、比叡山専修院・叡山学院『恵心僧都全集』第一巻、三五九～三八〇頁、思文閣出版、一九八四年や和多昭夫「高野山の二十五三昧式」、（仏教文学研究会編『佛教学研究（十一）』、三二五～三六〇頁、法蔵館、一九七二年所収）に載せられているもの（通称　恵心僧都全集本、金剛三昧院本）を参照した。現代語訳は、川崎庸之編『源信』、中央公論社、一九八三年を参照。

13　堀大慈「二十五三昧会と霊山院釈迦講―源信における講運動の意義―」、（二葉博士還暦記念会編『仏教史学論集』、三二一頁、永田文昌堂、一九七七年所収）

14　同上論文、二八九頁。また、宮崎円遵は、「社会的に貴賤の区別を認めず、往生のため契を結び、ともに同行として平等であるという思想は、當時の貴族社会の制約を超えるものであるばかりでなく、僧位・僧官や出自・学問等によつて階級づけられていた當代の律令佛教的社会の規範を脱したもので、頗る特異な存在であつたといわねばならない」

としている。（宮崎円遵「二十五三昧式並びに同起請について」、『結城教授頌壽記念　佛教思想史論集』、六八二頁、大蔵出版、一九六四年）

15　以下、『八箇条』と『十二箇条』は、小山昌純「東大寺中性院所蔵『横川首楞厳院廿五三昧恵心保胤臨終行儀』の再検討――叢書本の誤植による問題点――」、『佛教學研究』五三、五六～九五頁、龍谷仏教学会、一九九七年所収のものを底本とする。また、現代語訳は、川崎庸之編『源信』、中央公論社、一九八三年を参照。

16　小山昌純同上論文参照。また、『八箇条』には、その著作動機が記されている。一つは、「今像法之壽至喉人世之事如夢捨穢土生浄土非此時」という世界観に拠るもので、今一つは、「若纔臨命終遇善縁者莫不轉火車乗寶臺」という人の臨終時を大切にした浄土思想に拠るものであり、それが結末部分に明確に記されている。

17　神居文彰他前掲書、四八頁

18　鍋島直樹「日本浄土教における死の看取り（上）――仏教からの死生学のために――」、『龍谷大學論集』第四四〇号、七九頁、龍谷学会、一九九二年

19　同上論文、七六頁

20　原文の引用は小山昌純前掲論文、八八～九一頁。現代語訳は川崎庸之編『源信』前掲書、三五〇～三五四頁

21　文末の(A)、(B)、(C)の記号は第四章の形式(A)、(B)、(C)に対応しており、章相互の関連性を保つために付記するものである。以下の章に関しても同様とする。

22　川崎庸之編『源信』前掲書、三四五頁

23　『八箇条』と『十二箇条』の相異に関しては、堀大慈「二十五三昧会の成立に関する諸問題」、『京都女子大学　人文論叢』第九号、京都女子大学一般教育学会、一九六四年二月や小原仁「勧学会と二十五三昧会」、（大隅和雄編『日本名僧論集　第四巻　源信』、三〇二～三二二頁、吉川弘文館、一九八三年所収）などを参照。

24　小山昌純前掲論文、九四頁

25 前掲『恵心僧都全集』第一巻、六七一～六八六頁。宮内庁本は、平林盛得『慶滋保胤と浄土思想』、二七三～二九二頁、吉川弘文館、二〇〇一年所収のものを参照した。

26 景山春樹『比叡山寺』、一一九頁、同朋舎、一九七八年

27 同上

28 『山門堂舎記』は、『群書類従 釈家部 第十五輯』、五一六～五一七頁、経済雑誌社、一九〇一年に所収のものを底本とする。また、『山門堂舎記』の「又其南」以下は、『延暦寺首楞厳院源信僧都伝』に拠っており、この「其」が指示するのは、「花台院」の事であることが、『延暦寺首楞厳院源信僧都伝』を見るとわかる。ちなみに、『延暦寺首楞厳院源信僧都伝』の該当箇所は以下のようである。

又其南起二一區堂一。安二置教主釋迦大師尊容一。毎朝供二漱盥之具一。羞二湌飯之饌一。舎利弗等十大弟子面畫二四面粉壁一。恭敬圍繞。何異二鷲峯之舊儀一。便於二斯堂一。毎月晦日。講二法華經一。談二論義理一。院内號二靈山釋迦講一。（『延暦寺首楞厳院源信僧都伝』は、前掲『恵心僧都全集』第五巻、六六五頁所収を底本とする。）

29 同上『延暦寺首楞厳院源信僧都伝』

30 景山春樹前掲書、一二四～一二七頁

31 その他、本堂廊一宇、鐘楼一宇、経蔵一宇、鎮守神殿一社、如法普賢道場二宇、惣門、普賢堂門、如法経料紙供台一宇、大湯屋一宇の名が見られる。（景山春樹前掲書、一二八～一二九頁参照。）

32 以下、『霊山院釈迦堂毎日作法』、『霊山院過去帳』は、東京大学史料編纂所『大日本史料』第二編の一一、三六二～三八九頁、東京大学出版会、一九五七年。『霊山院式』は、東京大学編『大日本史料』第二編の五、九〇六～九〇九頁、東京帝国大学、一九三四年を底本とする。現代語訳は、川崎庸之編『源信』、中央公論社、一九八三年を参照。

33 註13前掲堀大慈論文、前掲書三〇九頁

34 『大日本史料』第二編の五、同上書、九〇九頁

35　『渓嵐拾葉集』は、東京大学史料編纂所『大日本史料』第二編の一一、四四八頁、東京大学出版会、一九五七年所収のものを底本とした。

36　『山門堂舎記』は、『群書類従　釈家部　第十五輯』、五一六頁、経済雑誌社、一九〇一年に所収のものを底本とする。『延暦寺首楞厳院源信僧都伝』は、前掲『恵心僧都全集』第五巻、六六四～六六五頁に所収のものを底本とする。

37　大串純夫によると、「「迎講」とは、平安中期に恵心僧都（九四二～一〇一七）が始めたという宗教的なページェントで、浄土往生を願う念仏行者が、菩薩に扮して行った弥陀来迎の演劇的「行道《ぎょうどう》」のことである」とされている。（大串純夫『来迎芸術』、一三～一四頁、法蔵館、一九八三年）

38　『当麻寺縁起』には、「当寺の法会は横川花臺院よりうつす所なり」とあり、横川花台院の迎講と当麻寺の迎講との間に関わりがあることが窺える。（真保亨「資料紹介　当麻寺縁起（享禄本）」、『日本佛教』一五号、五八頁、日本仏教研究会、一九六二年）

39　井上光貞・大曽根章介校注『続・日本仏教の思想一　往生伝　法華験記』、一六〇頁、岩波書店、一九九五年所収『大日本国法華経験記』第八十三楞厳院の源信僧都の項より引用。

第六章　迎講の展開

一　迎講の形式と内容

迎講に関する資料は多くのものがあるので、ここでは住まいの形式化の問題に関わるものを選出し、そのあり方を明らかにしていくことを試みる。先ず、迎講に関する初期の資料を見てみよう。

弥陀迎接の相を構へて、極楽荘厳の儀を顕せり〈世に迎講《むかへこう》と云ふ〉。その場に集まる者は、緇素《しそ》老少より、放蕩邪見の輩《ともがら》に至るまで、皆不覚の涙を流して、往生の業を結び、五体地に投げて、菩提の因を種ゑたり。(1)

これは、先述した『霊山院過去帳』にも名前が載っている鎮源による『大日本国法華経験記』(以下、『法華験記』)第八十三楞厳院の源信僧都の項の中の一文である。引用から、「迎講」が、「弥陀迎接の相を構へて、極楽荘厳の儀を顕す」ものであることがわかる。「弥陀迎接の相を構え」に関しては、『往生要集』の以下の文章によってその概要を窺い知ることができる。

いかにいはんや念仏の功積《つも》り、運心年《うんじんとし》深き者は、命終の時に臨んで大いなる喜自《おのずか》ら生ず。しかる所以《ゆえん》は、弥《み》陀如来《だにょらい》、本願《ほんがん》を以ての故に、もろもろの菩薩、百千の比丘衆とともに、大光明を放ち、皓然《ごうねん》として目前に在します。時に大悲観世音《だいひかんぜおん》、百福荘厳《しょうごん》の手《みて》を申《の》べ、宝蓮《ほうれん》の台《うてな》を擎《ささ》げて行者の前に至りたまひ、大勢至《だいせいし》菩薩は無量の聖衆とともに、同時に讃嘆《さんだん》して手を授け、引接《いんじょう》したまふ。この時、行者、目《ま》のあたり自《みずか》らこれを見て心中に歓喜《かんぎ》し、身心安楽なること禅定《ぜんじょう》に入るが如し。当に知るべし、草菴《そうあん》に目を瞑《と》づる間《とき》は便《すなわ》ちこれ蓮台に跏《あなうち》を結ぶ程《とき》なり。即ち弥陀仏の後に従ひ、菩薩衆の中にありて、一念の頃《きょう》に、西方極楽世界に生るることを得るなり

（大文第二〈欣求浄土〉岩波・要集・五三〜五四頁）

弥陀如来はただ光を以て遙かに照したまふのみにあらず。自《みずか》ら観音・勢至とともに、常に来りて行者を擁護《おうご》したまふ。（略）当に知るべし、この時に、仏は大光明を放ちて、もろもろの聖衆《しょうじゅ》と倶に来り、引接《いんじょう》し擁護したまふなり。惑障相隔《わくしょうあいへだ》てて、見たてまつることあたはずといへども、大悲の願は疑ふべからず。決定してこの室に来入したまふなり

（大文第六〈別時念仏〉第二〈臨終行儀〉岩波・要集・二一三頁）

これにより、『往生要集』の弥陀迎接の相が、草庵の臨終行者のもとに観音・勢至、無量の聖衆をともなった阿弥陀如来が来迎し、光を放ちながら行者に引接する様を示していることを窺い知ることができる。換言すると、弥陀迎接のあり様とは、「命終の時」の出来事であり、草庵に居る「行者」と聖衆をともなった「阿弥陀如来」との関わり合いの出来事であることがわかる（A）。また、「阿弥陀如来」は、「光」を放ちながら「行者」を引接する存在であり、西方極楽浄土から行者を迎えに来、臨終行者を西方極楽浄土へと往生させる存在として意味づけ

られていることも窺いうる(B)。

『法華験記』に記された源信の「迎講」は、上述の弥陀迎接のあり様と無関係に行われたわけではないように思われる。「弥陀迎接の相を構へ」とは、おそらく源信著作の『往生要集』に述べられているような阿弥陀如来の臨終行者への来迎迎接の姿を顕したもので、『法華験記』に記された源信の「迎講」は、臨終時の来迎引接の様子と極楽へむけて荘厳された空間を形式化して行われた儀式であると推察される(2)。また、迎講が行われる場所には緇素老少から放蕩邪見の輩まで多くの人々が集まっていたことが記されており、迎講は「弥陀迎接の相」と「極楽荘厳の儀」を多くの人々が傍らで見、結縁することができるような余裕のある場所で行われていたことがわかる。

また、『今昔物語』にも、以下のような迎講に関する叙述がある。長文になるが興味深い文章なので全て引用しておく。

始丹後国迎講聖人、往生語《たんごのくにのむかえこうをはじめたるしようにんわうじやうせること》　第二十三

今昔《いまはむかし》、丹後《たんご》ノ国ニ聖人《しやうにん》有ケリ。極楽ニ往生セムト願フ人世ニ多カリト云ヘドモ、此ノ聖人ハ強《あながち》ニナム願ヒケル。

十二月晦日《つごもり》ニ成《なり》テ、「今日ノ内ニ必ズ来《きた》レ」ト云フ消息《せうそく》ヲ書《かき》テ、一人ノ童子ニ預ケテ教ヘテ云《いは》ク、「暁ニ我ガ未《いま》ダ後夜起《ごやおき》セザラム程ニ、汝《なむ》ヂ此ノ消息ヲ持来《もてきたり》テ、此房《この》ノ戸ヲ叩《たた》ケ。我レ、「誰《た》ソ、此ノ戸叩クハ」ト問ハヾ、汝ヂ、「極楽世界ヨリ阿弥陀仏《あみだぶつ》ノ御使也。此ノ御文《ふみ》奉ラム」」ト云ヒ置《おき》テ、我レハ寝ヌ。暁ニ成テ、童子云ヒ含《ふくめ》タル事ナレバ柴ノ戸ヲ叩ク。聖人儲《まう》ケタル言《こと》ナレバ、「誰ソ、此ノ戸ヲ叩クハ」ト問フニ、「極楽ノ阿弥陀仏ノ御使也。此御文奉ラム」ト云ヘバ、聖人泣〻《なくな》ナク丸《まろ》ビ出テ、「何事ニ御坐《おはしまし》ツルゾ」ト問《とひ》テ、敬《うやまひ》テ文ヲ取《とり》テ見テ、臥《ふ》シ丸《まろ》ビ涙ヲ流シテ泣ケリ。如此《かくのごと》ク観ジテ、毎年《としごと》ノ事トシテ年積《つもり》ニケレバ、使ト為《な》ル童子モ習ヒテ、吉《よ》ク馴《なれ》テゾ此ノ事ヲシケル。

而《しか》ル間、其ノ国ノ守《かみ》トシテ大江清定《おほえのきよさだ》ト云フ、此人《このひと》聖人ヲ貴《たふと》ビテ帰依《きえ》スル程ニ、聖人守《かみ》ノ国ニ有ル間、館《たち》ニ行《ゆき》テ守ニ値《あひ》テ云ク、「此ノ国ニ迎講《むかへこう》ト云フ事ヲナム始メムト思《おもひ》給フルヲ、己《おのれ》ガ力一ツニテハ難叶《かなへがた》クナム侍ル。然レバ、此ノ事力ヲ令加《くはへしめ》給ヒナムヤ」ト。守、「糸《いと》安キ事也」ト云テ、国ノ可然《しかるべ》キ者共《ども》ヲ催《もよほ》シテ、京ヨリ舞《ぶ》人《にん》・楽人《がくにん》ナムド呼ビ下《くだ》シテ、心ニ入レテ令行《おこなはし》メケレバ、聖人極《きはめ》テ喜《よろこび》テ、「此ノ迎講ノ時ニ、「我レ極楽ノ迎《むかへ》ヲ得《う》ルゾ」ト思ハムニ、命終ラバヤ」ト守ニ云ヒケレバ、守、「必ズシモヤ」ト思テ有ケルニ、既《すでに》迎講ノ日ニ成テ、儀式共《ども》微妙《みめう》ニシテ事始マルニ、聖人ハ香炉《かうろ》ニ火ヲ焼《たき》テ娑婆《しやば》ニ居《ゐ》タリ。仏ハ漸《やうや》ク寄リ来《きた》リ給フニ、観音ハ紫金《しこん》ノ台《だい》ヲ捧《ささ》ゲ、勢至《せいし》ハ蓋《がい》ヲ差《さし》、楽天《がくてん》ノ菩薩ハ一鶏婁《ひとつのけいろう》ヲ前《さき》トシテ微妙《みめう》ノ音楽ヲ唱ヘテ、仏ニ随《したがひ》テ来《きた》ル。

其《その》間、聖人涙ヲ流シテ念ジ入《いり》タリト見ユル程ニ、観音紫金台《しこんだい》ヲ差寄《さしよ》セ給《たまひ》タルニ、不動《はたらか》ネバ、「貴シト思ヒ入タルナメリ」ト見ル程ニ、聖人気絶《いきたえ》テ失《うせ》ニケリ。音楽ノ音《こゑ》ニ交《まぎ》レテ、聖人絶入《たえいり》タリト云フ事ヲモ不知《しら》ザリケリ。仏既ニ返《かへ》リ給ナムト為《する》ニ、「聖人云《いふ》事モヤ有ル」ト、時替《かはる》マデ待ツニ、物モ不云ズ不動ネバ、怪ビテ弟子寄テ引キ動スニ、痓ミタリケレバ、其時ニゾ人知テ、皆、「聖人往生シニケリ」ト云テ、見喤《ののし》リ泣キ貴ビケル。

実《まこと》ニ、日来聊《ひごろいささか》ニ煩フ事モ無クテ、仏ヲ見奉テ「被迎《むかへら》レ奉ルゾ」ト思ヒ入《いり》テ失《うせ》ナムハ、疑《うたがひ》無キ往生也トゾ讃《ほ》メ貴《たふとび》ケル。況《いはむや》日来《ひごろ》此ノ時ニ命終ラムト願ヒケルニ、違《たが》フ事無シ。

実ニ奇異ニ貴キ事ナルハ。此語《かく》リ伝ヘタルトヤ(3)

これは、丹後国の聖人が行った迎講に関する物語である。内容は、前半と後半に分かれており、前半部分では、毎年晦日、聖人が「今日ノ内ニ必ズ来レ」と書いた消息を童子に渡し、それを翌元日の暁に「阿弥陀仏ノ御使」扮する童子から受け取るというもので、自分宛に手紙を書きながらそれを阿弥陀仏からの「御文」として受容する「自作自演」(4)の物語が叙述されている。後半では、聖人が自ら「臨終行者」の役を演じて行った「迎講」の様子が叙述されている。この迎講は、「己ガ力一ツニテハ難叶クナム侍ル」とした聖人が大江清定の力を得、「国ノ可然キ者共ヲ催シ」、「京ヨリ舞人・楽人ナムド呼ビ」行われた大がかりな儀式であった。当日の儀式は、聖人が「娑婆」に居て香炉に火を焼きながら臨終行者の役を演じ、そこへ観音・勢至等諸菩薩を随えた仏が音楽を唱えながら来迎引接するという次第で行われたのであるが、儀式が始まる前に、「此ノ迎講ノ時ニ、「我レ極楽ノ迎ヲ得ルゾ」ト思ハムニ、命終ラバヤ」と言っていた聖人が、儀式の最中に本当に命終してしまったという物語である。

前半部分に関して、加須屋誠は、「主人公の僧侶は劇としての救済を自己の救済として捉えている」とし、「この救済が虚構（フィクション）であることは勿論承知していたが、しかしこの劇としての救済を極めてリアルに自分のこととして認識」することができる人物の物語であると解釈されている(5)。聖人は、現実世界において弥陀の来迎引接や救済を形式的に虚構するのみならず、形式化された虚構の中の事実をそのまま受容し得ることを示すことによって、現実世界が一重の閉じた世界ではなく、虚構世界に開かれた両義的な世界に成り得ることを教えている。そしてそのような虚構世界と現実世界の重層を生きることによって、「迎講を自己救済として捉える眼差し(6)」がはたらき得ると考えられる。

他方、後半部分に関して、加須屋誠は、「迎講の実施に協力した国守大江清定の眼差し」、「主人公の僧侶が迎講の場で臨終を迎えたことを発見し、泣き叫んだ弟子たちの眼差し」がはたらいていることを指摘し、ここに「劇としての救済を第三者的視点から享受する眼差し」があったとされている。そして、迎講においては、〈宗教劇である迎講をまさに自分自身へ向けられた実際の救済として眺める眼差し〉と〈宗教劇を観客として第三者的に眺める眼差し〉がはたらいていることを明らかにしている。つまり、『法華験記』で見た迎講と同様に、迎講が単に演者のみで行われる儀式ではなく、観客の眼を含めて行われる重層的な儀式であることが窺える。さらに、迎講では「演者」が単に形式化した虚構を第三人称的に演じるのではなく、虚構世界の事実をそのまま現実のものとして第一人称的に受用することが期待され、同時に、臨終行者の役者を媒体としてはたらいている第三人称から第一人称へ向かうはたらきが、第三者的な「観客」を、臨終行者の役者が第一人称的に体験している「来迎引接」の現場へ導き、その現場を第一人称的に追体験することによって「迎講」に特有の〈結縁〉（二人称的関係）が成立することが期待されていると考えられる。

つまり、迎講とは、単に「臨終の住まい」を形式化したものではなく、『法華験記』に「弥陀迎接の相を構へて、極楽荘厳の儀を顕せり」とあったように、平板で一面的な世界になりがちな現実の娑婆世界において、代替不可能の絶対的な「臨終の住まい」を内的に追体験することによって、「極楽荘厳の儀」が顕され、世界が単なる一重の閉じた世界ではなく、虚構世界に開かれうる重層世界であるということを教えてくれる儀式であると解することができる。そして迎講に関わる人々には、日常的には体験できない「臨終の住まい」を経験することによって、死生を自覚して生きる厚みある人間に成ることが期待されていると考えられる。

二　迎講の形式変化

（一）　初期の迎講

以上、迎講の形式と内容の基本的動向を見たが、次に、迎講の歴史的展開と形式変化の様子を幾つかの資料を通してみていきたい。先ず、初期の迎講に関する資料に以下のようなものがある。これによって迎講の原初形態を知ることができるように思われる。

迎講者。恵心僧都始給叓也。三寸小佛ヲ脇足ノ上ニ立テ。脇足ノ足ニ付レ緒テ引寄々々シテ渧泣給ケリ。寛印供奉ソレヲ見テ智發シテ。丹後迎講ヲバ始行云々(7)

迎講を源信がはじめた行事としているが、その具体的あり様の記述が素朴で興味深い。すなわち、ここで記されている迎講は、〈「三寸小佛」をのせた「脇足」〉と〈源信〉とが「緒」によって繋がれⒶ、源信がその「緒」を引き寄せ引き寄せして行われるものであるⒷ。源信が「緒」を引くことによって〈「三寸小佛」をのせた「脇足」〉が動いて源信の方へ近づき「弥陀迎接」の様が顕されるというのであろう。臨終行儀では、仏像と行者が幡によって繋がれ、そのような室礼の中で極楽へ向けて観想念仏が行われていたことを見たが、ここでは源信と関係づけられた室礼自体が動くことによって阿弥陀の迎接が顕されている。固定された〈「三寸小佛」をのせた

「脇足」〉が動き得るということを具体的に経験する事が儀礼的に行われ、それが迎講と名づけられていることを知ることができる。

次に、画像資料によって、「臨終行儀」や「迎講」の様子をみていこう。

（二）　迎講と画像

第四章で、臨終行儀において画像が用いられたことは確認したが、迎講などの儀礼時においても同様に画像を用いて行われたことが知られている。例えば、大串純夫は、永観の『往生講式』の、

先西壁安㆓阿彌陀迎接像㆒

という文や、

若人散㆓乱心㆒　乃至以㆓一華㆒
供㆓養於画像㆒　漸見㆓無数仏㆒

を挙げて、「藤原後期には迎講の際にその本尊として弥陀来迎画像が用いられる場合があったことを至極明確に知るのである」[8]としている。また、『明義進行集』巻第二〈第二高野僧都明遍〉には、以下のような記述がある。

敏覺クタムノ絹ヲモテ、カツハ西光出離ノタメ、カツハ自身行法ノタメ、住坊ノ西北ニイタフキノ一堂ヲ建立シテ、ソノカヘニ等身ナル光ホトケヲ圖シ、左右ニ木像ノ勸音勢至ヲタテ、、ヒカリ堂ト號ス、コ、ニシテツ子ニ妓樂ヲト、ノヘテ、往生講ヲ修ス、ツヒニ臨終正念ニシテ、往生ヲトケオハヌト也(9)

これに拠ると、「ヒカリ堂」と名付けられた板葺きの堂で往生講が行われたことがわかる。「ヒカリ堂」では、内部の壁に等身の「光ホトケ」の図像が掲げられ、図像の左右に観音・勢至の仏像を立て、画像を本尊として往生講が行われていたことを知ることができる。おそらく、画像と対面する形で儀式が行われ(A)、行者が画像に向けて念仏することによって儀礼が成立していたであろうと推測することができる(B)。ここでも、画像や光が、「仏」との関わり合いを形成する媒体となっていたであろうことを知ることができよう(10)。

(三)　迎講が行われる環境

上引の『古事談』に見られる源信の迎講は異なるが、迎講という儀式の特徴として、それが建物の中に閉じ籠もって行われるものではなくて、儀式の施行者が外に出、建物の敷地となる外部環境において行われるものであることを挙げることができる。また、『源信僧都伝』には「便就其地勢、勤修來迎行者之講」とあり、迎講を行うにあたって敷地の特性が重視されていることも窺える。また、管見に見る迎講のほとんどが、建物の内外を行き来して行われているが、三浦三崎で行われたもののように全くの外部で行われたものもある。

ここでは先ず、『述懐抄』に記された花台院の迎講から見てみよう。

抑モ此先德。欣求淨土ノ志シ懇ナル餘リニ。聖衆ノ來迎ヲ心元ナキ事ニ思ヒ給ヒ。迎講ノ儀式ヲ。花臺院ニシテ執リ行ヒケルニ。寛印供奉是ヲ妬ミ。誹謗ノ心ヲ發シ。短ヲ見出シテ爲ニレ加ンレ難ヲ。忍ビテ此ヲ見給フニ。西山ノ端ヨリ紫雲斜ニ聳ヘテ。伎樂遙カニ聞ヱ。絲竹ノ聲ヲ諍ヒ。彌陀如來。安祥トシテ相好光明鮮カニ。二十五菩薩。前後ニ圍遶シテ。雲ニ袖ヲ翻ヘシ。念佛ノ聲ニ隨ヒテ草菴ニ近附キ。觀音ハ臺ヲ傾ケ。勢至ハ御手ヲ伸ベ。行者ノ頂ヲ撫デ給フヲ拜スルニ。貴シト云フモ疎也。寛印無二ク身ノ置處一。感ニ堪ヘズシテ山ノ中ヨリコロビ出デ。五體ヲ投シレ地ニ。隨喜ノ泪ヲ流サレキ。(11)

引用文に拠って、迎講が行われた花台院が、「西山の端」が見える場所に建てられていたことがわかる。迎講は、「西山ノ端ヨリ紫雲斜ニ聳ヘル」状景が醸し出される場所において行われ、遙かに聞こえてくる伎楽とともに二十五菩薩に囲繞された阿弥陀如来が「草菴」に近づいてくるという次第で行われる(A)、(B)。「草菴」には行者が居り、そこへ観音菩薩が台をさしのべ勢至菩薩は行者の頂を撫でる。その様子を見て寛印は感激し「山ノ中ヨリコロビ出テ、五體ヲ投シレ地ニ。隨喜ノ涙ヲ流サレキ」と言うのであるから、外から草庵の中の様子を垣間見ることができるような外に開かれた場所において儀式が行われていたことを窺い知ることができる。

また、同じく『述懐抄』には、

又或時慧心來迎ノ儀ヲ調ヱ。夕日ヲ待レケル時。聖衆來迎ノ儀式嚴重也シカバ。保胤入道。舞臺ノ景氣ヲ詠テ流シレ泪ヲ。感嘆ノ餘リニ盡虚空ノ莊嚴ハ。眼雲路ニ纏ヒ。轉妙法輪ノ音聲ハ。聞滿二寶刹一トテ。人目ヲ不レ憚擧レ聲テ呼ケルニコソ。道心ノ色モ顯レヌト。慧心モ共ニ泪ヲ流シ給ヒケレ。見聞ノ諸人モ袖ヲシボラヌ

ハ無リケリ。サテ寛印供奉ハ。衆生利益ノ爲メニ來迎ノ儀ヲ。丹後國府。天ノ橋立ニ移シテ。三月十五日ニ是ヲ行フ。(12)

という記述があり、「来迎ノ儀」が「夕日」を待って行われる儀式であったことがわかる。それ故、この儀式は「夕日」がよく見える時間と場所を設定して行われたであろうことを窺い知ることができる。ちなみに、この儀式を見て、寛印が丹後国の天橋立で同様の儀式を行ったことも記されている。

三浦三崎の迎講は、夕陽が壮麗に見える場所で行われている。

安貞三年（一二二九年）

廿日、己未、晴、竹御所幷びに武州の室、三浦三崎の津に出でしめ給ふ、是駿河前司義村來迎講の儀を構ふ可きの由、之を申すに依りてなり、

廿一日、庚申、彼岸の初日、天霽風静なり、三崎の海上に於て、來迎の儀有り、走湯山淨蓮房駿河前司の請に依り、此儀を結構せん爲、兼ねて此所に參り儲け、十餘艘の船を浮べ、其上にて件の構有り、莊嚴の粧夕陽の光に映じ、伎樂の音晩浪の響を添ふるが如くなり、事訖つて説法有り、其後御船に召され、嶋々を歴覽せしめ給ふ、(13)

静かに風が吹く、三崎の海上に、十数隻の船を浮かべ、迎講が行われているのを見ることができる。「莊嚴の粧夕陽の光に映じ、伎樂の音晩浪の響を添ふる」と、夕陽の光と伎楽の音、晩浪の響が奏でる荘厳が天地の間の雄

大な迎講を演出していたことが窺える。

迎講が建物の内部と外部空間を行き来して行われる儀式である事は上述したが、ここではその儀式が行われる施設について見ておきたい。

（四）　娑婆屋

日夜旦暮併ヲ本願ヲ置二胸ノ内ニ一。剩ヘ移シテ二都卒ヲ谷ノ上ニ一立テ二花臺院ヲ一。安シ二丈六ノ來迎ノ之聖容ヲ一。解脱戒心ノ境娑婆ノ辻ニ結ンテ二行者ノ草菴ヲ一結構ス二迎講ヲ一。如シテレ此ノ常ニ最後正念ニシテ臨終ニハ見ル二佛來迎ヲ一儀式ヲ思知ル(14)

引用文に拠ると、「都卒谷」の上に丈六の「来迎ノ聖容」を安置した「花台院」が建てられていたことがわかる。他方、「解脱戒心ノ境娑婆ノ辻」には「行者」の「草菴」が建てられており、迎講は、その二つの建物の間で行われていたことを知ることができる。つまり、「「娑婆屋」とはまさに、この現實穢土の象徴として、浄土堂に対して設けられたものに他ならない(15)」と言われているように、迎講は、極楽浄土を象徴する「花台院」と娑婆世界を見立てた「草庵」という二つの相異なる場所を建て Ⓐ、その二つの相異なる場所を行き来することによって成立する儀式であることが窺える Ⓑ。

また、『南無阿弥陀仏作善集』東大寺渡辺別所の条にも、

渡邊別所
一間四面淨土堂一宇　奉安皆金色丈六阿彌像一ヽ弁觀音勢至
來迎堂一宇　奉安皆金色來迎彌陀來迎像一ヽ長八尺
娑婆屋《ヤ》一宇
（中略）
天童裝束《シヤウソク》卅具　菩薩裝束廿八具　樂器等
印佛一面一千餘躰　奉テ始《ハシメ》迎講ヲ之後六年成建仁二年ニ(16)

とあり、時代が下っても「来迎堂」と「娑婆屋」を行き来して行われる儀式が行われていたことが窺える。ちなみに、『百練抄』第十二の建保元年（一二一三年）八月三日の項には、

延暦寺衆徒百余人集二會長樂寺一。爲レ令レ燒二拂清水寺一云々。是去比清閑寺領内清水寺住僧。爲二迎講一結二構娑婆屋一。自二山門一依レ令レ燒二件屋一。(17)

とあり、迎講を行う施設の一つである「娑婆屋」が「迎講の為に結構」された建物であることがわかる。すなわち、「迎講を重要な行事とする處では、娑婆屋の常置も行はれたであらうが、その一面、迎講の時にこの屋宇を一時的に設けたことも考へられる」(18)と言われているように、「娑婆屋」は、必ずしも常設の建物というわけではなく、迎講が行われるごとに建てられる仮設的な建物であったことが窺える。『私聚百因縁集』の「花台院」と「草庵」

との対比からも両者のあり方の違いを知ることができる。

(五)　橋

迎講が浄土を象徴する場所と娑婆を見立てた場所との間で行われる儀式であることを見たが、迎講の行道は、その二つの場所を繋ぐ線上で行われる。例えば『横川花臺院迎講記録』では、観音勢至諸菩薩が左右に分かれて行列して行われている迎講の様子が記されている。行道の起点は記されていないが、娑婆屋での聖衆の様子が、

烈間奏慶雲樂聖衆娑婆屋前天童
立留持幡菩薩同立留舞菩薩前出奏舞
其後観音勢至娑婆屋前ニ長跪之時止
樂舞菩薩同長跪天童共奉之大衆幷
見聞徒衆悉蹲居云々
娑婆屋所作人　前懸篇後引幕(19)

と記されている。これらの儀式次第から、鈴木治子は「娑婆屋からいくばくか離れた処に極楽浄土を象徴したいわゆる極楽堂があって、そこに開眼供養した本佛の阿弥陀が安置されいると想定してよかろう(20)」としている。極楽を象徴する場所と「娑婆屋」との間で、行道が線状に列をなす様にして儀式が行われ(A)、(B)、その線に沿って「大衆幷見聞徒衆」が迎講を見聞していたことも確認することができる(C)。

また、『當麻曼陀羅疏』巻第五には、

> 後ニハ立テ、二華臺院ヲ一造二大身ノ坐像ノ佛ヲ二一躰一一躰ヲハ立テ二佛殿ニ一一躰ヲハ奉レ出シレ庭ニ僧ニ著テ二菩薩ノ衣裝面ヲ一廿五躰觀音勢至ハ前ニ進テ庭ニ所ノレ建玉フ大佛ノ左右ヲ練リ來玉フ諸餘ノ菩薩ハ或ハ持二管絃幡蓋ノ具足ヲ一左右ヲ行列シテ成シテ二歩来玉フ形ヲ一我ハ在二東ノ方ニ一向レ西ニ今此尊像ヲ作シテ下預カル二來迎ニ一之粧ト上此時ヲ時時行シ給ヘリ今ノ華臺院ハ其處也(21)

とあり、花台院で、坐像の仏像を二体造り、そのうちの一体を仏殿に、もう一体を庭に出して行われた迎講のことが記されている。やはり、観音・勢至が仏像の左右を練り歩き、さらに二十五菩薩が行列して東方に居る行者の方へ行道し、行者もまたその東西軸上で来迎に預かるとされており、仏殿と娑婆屋、西と東を結ぶ線上の道が迎講の際に重要な意味をもつ場所であったであろうことを知ることができる。

また、二つの場所の間に「橋」がかけられて行われる迎講もある。

『平戸記』仁治三年（一二四二年）九月二十九日

> 先西方菩薩、出自鎮守社鳥居、渡池上黑木橋、到中嶋之後、漸歩行、到小橋間、今三方芔次第漸出、如去年、此儀念佛衆等行也、西方芔已過澇後、小反《橋カ》・指昇、立堂東階之間、南方芔漸出南山、渡池上南板橋、西方芔第一持砂金、裹紅薄様付女郎花枝、入堂中、置北机南妻一拜、退立正面北方、先是天童捧玉幡、入堂中、當正面庇北柱留

立、第二艹持風流衣職、以染絹造、盛色々時花、又昇堂中、幷置沙金、此間三方艹皆宛満庭上、東方者出自娑婆屋、自堂前庭石階進立小反橋東頭、北方者自北廊東妻草花之中進出、東方艹渡反橋之後、同在件橋艮方、南北東皆以分立庭上皆隔花、各々其程相隔分立、皆以天童爲先、[22]

ここに記された迎講は少し複雑な様相を見せているが、様々な種類の橋が「中島」にかけられており(A)、その「橋」を渡ることが迎講の行道の中で重要な行為となっていることが窺え、迎講において「橋」が大切な役割を担っていることを知ることができる(B)。

また、『水左記』承暦四年（一〇八〇年）十月八日条には、

丙寅　晴、今日於清水寺橋河原、有迎講事、住醍醐山聖人行之云々、予爲結縁参向、卽歸了[23]

とある。この記事に関しては、「彼岸、此岸が聖俗二境を表わすとされ、両境を結ぶ橋上で来迎の儀がくりひろげられたのであろう[24]」と言われており、此岸、彼岸という隔てられた二つの場所を繫ぐ橋が架けられている所で、娑婆と極楽を結ぶ来迎の儀式が行われていたことを窺い知ることができる(A)、(B)。

また、「この土地は死者の埋葬所である鳥部野にごく近い。それゆえ、鳥部野と対岸を結ぶ五条大橋で迎講が修されたとこれを解すれば、それは後に中世に入り流行する二河白道図の図様構成を先取りするものであったかも知れない[25]」という見解もある。二河白道図とは、極楽と娑婆を赤・黒の河を挟んで上下に分け、その間を白道が繫ぎ、行者が厭離穢土・欣求浄土の歩みを進めるという二河譬を図化したものであり、仏の場所と行者の場所とを繫ぐ媒体が白道という形式で表現されている図である（図17）。この資料によって知られる迎講はそのような図

を連想させると言うのである。

さらに、この資料では、単に迎講が行われた事実が記されているのではなく、「予為結縁参向」と、作者である源俊房自身がその迎講に結縁する為に参向した事を記している（Ⓒ）。すなわち、『法華験記』や『今昔物語』で確認されたのと同様に、ここでも迎講を看まもる第三者の眼がはたらいて儀式が行われていた事が知られるのである。(26)

図 17　二河白道図　兵庫・香雪美術館

結

以上、「臨終の住まい」の形式化という観点から、「迎講」の形式と内容、そしてその形式変化の様子を見てきた。

先ず第四章でみた「臨終行儀」の形式化に関する三つの要点をふまえて考察を進めた。三つの要点を繰り返しておくと、

(A)　超越的存在である「仏」を象徴する「仏像」を安置する場所の確保とその場所を基点として「病者」の位置を規定するという形式

(B)　「仏像」、「病者」ともに超越的世界である西方極楽浄土に定位され、そのような超越的世界への定位を可能にする空間形式が構築されていること。

(C)　「仏」と「病者」との関係を傍らで看まもる「看病者」の居場所を構築すること

であった。

そして、この三つの要点は、迎講においても見出されうるものであったことは、見てきたとおりである。とりわけ、「迎講」では、形式(A)、(B)の構成規模が拡大し、「臨終行儀」では、仏像を安置するだけであったものが、迎講では、極楽を象徴する「極楽堂」（「花台院」、「来迎堂」等）が建てられていた。同様に、病者の居場所を確保す

るだけであったものが、病者の居場所である娑婆世界を見立てて「娑婆屋」(「草庵」)が仮設されていたⒶ。両者の間を、阿弥陀如来、観音・勢至をはじめ二十五菩薩が往還するというのが迎講の基本的な形式であり、両者を結ぶ道が特別の意味をもっていたであろうことも垣間見られたⒷ。時代が下ると、この道が「橋」として形づくられ、迎講が一層規模を拡大して行われるようなことがあったことも確認された。さらに、「迎講」においても仏と病者との関係を看まもる第三者の眼が常にあり、「結縁之者」として登場し、「極楽堂」と「娑婆屋」を結ぶ線に沿ってその眼がはたらいていたことも見てきたとおりであるⒸ。

このように「迎講」は様々な形式変化とともに時代を貫いて行われてきているのであるが、その集大成的な位置づけを担っているのが、現在も当麻寺で行われている練供養である。

以下、章を変えて、当麻寺の練供養に関する論考を試みたい。

〔註〕

1 井上光貞・大曽根章介校注『続・日本仏教の思想一 往生伝 法華験記』、一六〇頁、岩波書店、一九九五年

2 『沙石集』(渡邊綱也校注『日本古典文学大系八五 沙石集』、四二六頁、岩波書店、一九七三年)には、

「迎講ト名テ、聖衆ノ來迎ノヨソヲヰシテ、心ヲモナグサメ、臨終ノナラシニモセバヤト思事侍リ」ト被レ申ケレバ、佛菩薩〔ノ〕裝束等、上人〔ノ〕所望ニ隨テ調ジテゾ被レ送ケル。サテ聖衆來迎ノ儀式ノ臨終ノ作法ナムド、年久ナラシテ、思ノ如ク、臨終ノ時モ來迎ノ儀ニテ、終リ目出カリケリ。コレヲ迎講ノ始ト云ヘリ

とあり、迎講が「聖衆ノ来迎ノ荘」を表すもので、一方では「心の慰め」として、また他方では「臨終の慣らし」として行われていたことがわかる。形式化された臨終行儀としての「迎講」を行うことによって「臨終行儀」の行者の役割を追体験することがめざされていたことが窺える。また、「迎講」を行った上人は、迎講開催の甲斐あってか、

実際の臨終時にも、聖衆の来迎に預かることができたとされていることが確認できる。また、『私聚百因縁集』巻第八（仏書刊行会編、『大日本仏教全書』一四八頁、一四七頁、仏書刊行会、一九一二年）には、

日夜旦暮併ヲ本願ヲ置二胸ノ内一ニ。剰ヘ移シテ二都卒ヲ谷ノ上一ニ立テ二花臺院ヲ一。安シ二丈六ノ來迎ノ之聖容ヲ一。解脱戒心ノ境娑婆ノ辻ニ結ンテ二行者ノ草菴ヲ一結二構ス迎講ヲ一。如シテレ此ノ常ニ最後正念ニシテ臨終ニハ見ル二佛來迎ヲ一儀式ヲ思知ル。

とある。行者が臨終を迎え、仏の来迎を見る時、迎講儀式を思い出すとされていることから、迎講が記憶し想起され得る有形の体験であることが窺える。

3　池上洵一校注『新日本古典文学大系三五　今昔物語　第三』、四一〇～四一二頁、岩波書店、一九九三年。また、大串純夫は「『今昔物語』にはその丹後国の迎講がかなり具体的に語られているが、そのありさまはさながら光茂本『当麻寺縁起』の最末段を髣髴させるものがある」とし、本文を引いて、「これこそまさに当麻寺迎講の原型と考える事ができると思う」としている。（大串純夫『来迎芸術』、二七～二八頁、法蔵館、一九八三年）

4　石破洋「迎講の原型――今昔物語集における丹後聖人と源信の場合――」、『研究紀要』第三巻第一号、一七六頁、鹿児島女子大学、一九八二年三月

5　本章の加須屋誠に関する引用は、全て、加須屋誠「金戒光明寺所蔵山越阿弥陀図と地獄極楽図屏風について」、『美學』一六五号（第四二巻第一号）、六三～六五頁、美術出版社、一九九一年六月

6　同上論文、六四頁

7　『古事談』第三、（黒板勝美編新装版『新訂増補　国史大系』第一八巻、六〇～六一頁、吉川弘文館、二〇〇〇年所収）

8　大串純夫『来迎芸術』、六八頁、法蔵館、一九八三年。『往生講式』は、浄土宗典刊行会編『浄土宗全書』一五、四六七～四七三頁、浄土宗宗典刊行会、一九一〇年を参照。また、往生講と迎講の関係については、鈴木治子「『横川花臺院迎講記録』解説ならびに翻刻」、『国文學踏査』第一六号、一一八～一一九頁、大正大学国文学会、一九九一年七月

9　江藤澂英編『佛教古典叢書　明義進行集』、中外出版、一九二四年

10　石破洋は、『後拾遺往生伝』巻上、二二の、

遂占東山幽閑之地。建西土迎接之堂。弥陀尊容。白毫東照。脇侍菩薩。紫台西聳。俗呼曰光堂。其仏前向西。作一比丘像。其名銘阿法。蓋以身寄弥陀。以心帰法花之意也。

を挙げて、「迎接堂とは俗人の言う光堂のことで、「光」とはいうまでもなく迎接弥陀像の光を意味し、親元の迎接像もまた現に白毫光を発する仕組みになっていたらしい」としている。石破洋「迎講の展開」、『富山大学国語教育』第六号、四〇頁、富山大学国語教育学会。また、迎講と画像に関して、以下のような資料もある。『円光大師行状画図翼賛』巻五十、当麻寺護念院の条（浄土宗宗典刊行会編『浄土宗全書』第一六巻、七五〇頁、浄土宗宗典刊行会、一九一〇年）では、次のように叙述されている。

恵心ノ僧都曼陀羅ヲ深ク信シ給ヒテ數度詣テ二、此寺ニ一考妣ノ爲ニ變相ヲ書寫シ又衆人ニ同生極樂ノ信ヲ生セシメントテ弟子寛印トトモニ一條ノ院寛弘元年ヨリ當庵ニシテ來迎聖衆ノ面又法如ノ肖像ヲ作リ明クル二年三月十四日法如比丘尼往生ノ日ナレハトテ迎接會ヲ興行シ給フ是レ本朝迎接會ノ始ナリサルヲイツノ比ヨリカ四月十四日ニ行フ事ニハナリヌル其ノ後華臺院天橋立其ノ外國國ニモ移シ行レシトソ

一方、横川僧都源信和尚行実（比叡山専修院・叡山学院『恵心僧都全集』第五巻、六八〇頁、思文閣出版、一九七四年）はまた幾分所伝を異にしている。

後僧都時々行二迎接會一。以自助二信心一也。西林院當麻寺天橋立等ノ諸會。皆濫二觴ス于僧都一也。綿綿トシテ至レ今不レ絕。一日修スルニ二之華臺院一。眞佛迎接シテ授レ手ミテヲ。僧都歡喜シテ作レ禮。乃親ラ圖二其像於戸扇一。遂刊刻模印シテ。惠二之故舊一。從レ茲天下方ニ爭傳之。世ニ稱二亂レ版木ト一者是也。蓋以二其印影漫トシテ而不レ可レ分也。又一日遊フニ二於不二峰一一佛二大士。倏爾トシテ現二乎兩峰之交アハヒニ一。光明熾盛ニシテ。花香芬郁タリ。僧都欣躍瞻禮シ。亦親圖スレ之。俗稱シテ曰二山越阿彌陀一。

『東大寺雑集録』（仏書刊行会編、『大日本佛教全書』一二一、三八〇頁、仏書刊行会、一九一五年）には次のような文章がある。

或日夕陽西傾ク比。西山紫雲聳。異香薫。彌陀如來攝取圍繞シ。稱名應聲。草庵入臨シ給。恵信自執レ筆。白綾ニ寫シ給ヒヌ。是日本迎講始也。恵信自廿五ノ菩薩ノ面彫刻。而花臺院ニ始行ス。

11　宗書保存会編『続浄土宗全書』第四回刊行書、一〇七頁、宗書保存会、一九一六年

12　同上

13　龍粛『吾妻鏡（五）』、一四六頁、岩波書店、一九四四年

また、『北条九代記』には、「三浦義村経營彌陀来迎粧」として、その時の様子を以下のように叙述している（『通俗日本全史　第四巻　源平盛衰記（下）北條九代記』、一〇八～一〇九頁、早稲田大学出版部、一九一二年）。

伊豆の走湯山の住侶淨蓮房は、道心堅固の上人なり、年比駿河前司義村が家に來り、後世の事ども物語せられ、念佛の貴き義を勸め申さるゝに、義村然るべき宿縁にや、彌陀の本願念佛の理を聞開き、それより後は、毎日毎夜數珠爪繰りて、念佛しけるが、安貞三年二月二十一日は、彼岸に入るの初日なり、日比に承りし彌陀來迎の粧を拜み申さばや、其儀式を眞似給へ、營みは如何にも辨じ奉らんと望み申す、淨蓮房それこそいと易かるべけれとて、鎌倉三崎の海上に、十餘艘の舟を浮べ、舟の幕には紫雲の棚引ける色を染めて、船毎に走らかし、金銀の金物、五色の彩、さながら七寶莊嚴の有樣、船は見ながら極樂世界もこゝに移かと怪まる、幡天蓋には、青龍金鳳孔雀迦陵頻を作りて着けたれば、雲に輝き風に飜り、奇麗微妙の有樣なり、已に申の刻ばかりに、將軍頼經公、御船に召されて、磯近く碇を下し、御供の人々は、小船數百艘、その後に浮べたり、三浦駿河前司を初めて、渚の方に出でらるれば、鎌倉中の見物の貴賤男女は、野にも山にも充滿ちたり、斯る所に、沉檀名香の匂ひ、濱風に乗りて四方に聞え、異香薫ずとはこれなるべし、十餘艘來迎の船は、沖中より漕寄する、管絃の響、漸々近くなり、折節空晴れ風靜かに、波も無き海の面に漕ぎ据ゑたり、金銀五色の作り花を、絲にて操りけん、船の上に

翩々として、四方に渡りて、降るが如し、絲竹の聲頻りなるに、內々仕立てゝ定めたりしかば、其役々の輩、菩薩の姿に出立ちつゝ、觀世音菩薩紫金臺を差寄せて、船の面に現れたり、船は二階に拵へ、幕は下に張りたれは、紫雲の上に立つが如し、其次に勢至菩薩合掌して現れたり、又中央阿彌陀如來の立ち給ふ、紫磨黃金の粧は、瑩き出せる金の山、四邊を拂つて見え給ふ、その後には、山海恵菩薩の鞨鼓は、此土不二の音をなし、日藏王菩薩の玉の笛の音、聲澄みて、月藏王菩薩の瑠璃の琴は、無漏實相と響くらん、藥上菩薩の琵琶の音は、眞如平等の調あり、師子吼菩薩の篳篥は、淸淨究竟の聲すなり、虛空藏菩薩の方磬は、常住凝然の法を說き、陀羅尼菩薩の笙の音には、禪定正智の德を唱ふ、德藏菩薩の大鼓の響は、內證發覺の理を演べたり、其外普賢菩薩の大悲の曲、三昧王菩薩の利智の歌、華嚴王、定自在王、法自在、大自在王、金光藏、金剛藏、白象王、衆寶王、日照王、月光王、大威德王、無邊身、藥王とて、すべて二十五の菩薩のとり〲の舞樂は、心も詞も及ばれず、たゞ今西方の極樂へ迎へ取らるゝ心地して、見物の諸人は隨喜の涙を流しけり、空に響く調べには、天人も影向し、海に亘る唱には、龍神も出現して、この營をや助くらん、夕陽に映じては、光明遍照の義を表し、潮水に映りては發菩提心の想を勸む、時移り事去りて、來迎の船は隱々として、沖を指して漕隱るれば、貴賤男女も立歸る、將軍は還御あり、駿河前司義村は、大造の經營、事故なく願望を遂げたり、有難かりける事どもなり

14 『私聚百因縁集』巻第八、前掲書

15 藤田寛雅「迎講と娑婆屋」、『建築史』第三巻、五二頁、建築史研究会、一九四一年

16 小林剛『俊乗房重源の研究』、二七五頁、有隣堂、一九八〇年

17 黒板勝美編『新訂増補　國史大系』第一一巻、一四五頁、吉川弘文館、一九二九年
またこの事件に関しては、『明月記』建保元年七月二十五日の条（国書刊行会編『明月記』第二、二九八〜三〇一頁、弘文堂、一九一一年）も参照。

18 藤田寛雅前掲論文、四八頁

19　鈴木治子前掲論文、一三〇頁
20　同上論文、一二〇頁
21　浄土宗宗典刊行会編『浄土宗全書』第十三巻、四五四頁、浄土宗宗典刊行会、一九一〇年
22　増補「史料大成」刊行会編『増補　史料大成』第三二巻、二一五〜二一六頁、臨川書店、一九九二年
23　増補「史料大成」刊行会編『増補　史料大成』第八巻、一二七頁、臨川書店、一九九二年
24　伊藤唯真『仏教と民俗宗教──日本仏教民俗論──』、八四頁、国書刊行会、一九八四年
25　加須屋誠「来迎図の成立と展開に関する調査研究──迎講儀式との関連を通じて──」、『鹿島美術財団年報』第七号、一二五頁、一九九〇年。またこの報告には「迎講略年表（抄）」が載せられている。
26　石破洋「迎講の原型──今昔物語における丹後聖人と源信の場合──」、『研究紀要』第三巻第一号、一九三頁、鹿児島女子大学、一九八二年三月を参照。

第七章　当麻寺の練供養

一　当麻寺練供養の歴史

（一）『大乗院寺社雑事記』

古来、当麻寺では迎講が行われてきた[1]。その迎講は、来迎会、練供養《ねりくよう》、連座《れんぞ》、とも呼ばれ[2]、「歴史上来迎会の総本山のように見做され、また今日最もよく来迎会の伝統的な姿を残している」[3]法会である。先ず、現在の練供養の論考に入る前に、その歴史的背景を現在知られうる資料から簡潔に概観しておきたい。

はじめに、当麻寺の練供養に関する文献資料のうち一般に最も古いとされている『大乗院寺社雑事記』を見ておこう[4]。その長禄三年（一四五九年）四月十四日の条には、

今日當麻寺迎講云々、毎年不退法會云々[5]、

とあり、当麻寺では四月十四日に「迎講」が行われていたことがわかる。四十年後の明応八年（一四九九年）四月

十五日の条には、

昨日ハ當麻迎講云々[6]、

また、翌明応九年（一五〇〇年）四月十四日条には、

當麻寺迎講也、爲結縁藤千代昨日下向了[7]、

とあり、すでにこの頃、当麻寺の迎講が恒例の法会となっていたことを知ることができる。また、「結縁」に関する記事も見られ、当麻寺の迎講が結縁を重要視するものであったことも窺える。

（二）　当麻寺練供養の装束

一方、文献以外での形跡を練供養に用いられる菩薩面に確認することができる。その菩薩面に関して田辺三郎助は、「当寺には、毎年五月十四日（以前は旧暦三月十四日）に行われる練供養つまり来迎会に用いられる仮面が二十八面遺っている。その構成は菩薩形二十四、僧形二（地蔵・竜樹）、童形（天童）二で、他にいま本堂に安置される阿弥陀如来立像があって、来迎会所用の彫刻類としては完存の形であるが、その製作は鎌倉時代から江戸時代におよび、必ずしも一様のものではない[8]」としている。この検証をふまえて、毛利久は、「現在、当麻寺の伝統行事として知られる迎講は、阿弥陀如来と二十五菩薩の来迎の有様を演出するもので、その起源は明確でないが、

それに使用する菩薩面のなかに鎌倉期のものもあるので、かなり古い時代にさかのぼることは確かである」[9]とし、また、關信子も「面の製作年代からすると、鎌倉中期には当麻寺でも行道を伴う迎講・来迎会が始まっていたという結論に達する」[10]としており、少なくとも鎌倉時代には当麻寺で菩薩面を用いて行う迎講が施行されていたと考えられる。

さらに、昭和三十五年十月発行の『国宝当麻寺本堂修理工事報告書』には、当麻寺本堂の解体修理の際「多くの光背・台座」が屋根裏から発見されたことが記されている。[11]光背は、檜の板光背で「形状は概括的に立像用・坐像用・頭光用に大別され、立像用が多く、坐像用は少なく、頭光用は僅少である」と言われるようなもので、文様・彩色手法から判断して、遅くとも平安時代中期（十世紀）頃に遡り得るものから、鎌倉時代初期（十二世紀）頃に及ぶものまでかなり広汎な時期のものを含むと推定されている。（報告書によると、立像用船型挙身光背に関しては六十個、坐像用挙身光背は十個、頭光用宝珠型光背は三個分のデータが示されている。）台座は比較的簡単な二重蓮華座で、大きさは様々あるが、全体の形式から見て、その大部分が立像用の台座と判断されている。また、それにも拘らず、蓮実部分には足枘のあとが全くといってよい程認められず、光背を差し込む孔だけが大抵のものに見られるとされており、この台座が「枘穴」のない特殊な形をしたものであることが明らかにされている。製作年代は、板光背と一致し、平安時代中期頃と判断されている。これを受けて、鈴木嘉吉は、「實はあれは當麻のお渡りです。聖衆來迎のお渡りのためのものだという説がありますね。臺座と光背だけあるのは結局そこに立つのは人間だという説があるんです」[12]と、この光背と台座に関する仮説を紹介している。そのような仮説を受けて、須田勝嶄仁は、「現行の迎講儀礼として、最も古い儀礼形態を残しているといわれる当麻寺の迎講は、当麻寺本堂解体修理のさいに、屋根裏から平安時代に製作された板光背や台座が発見されたことによって、さらに古い時代にま

図18　練供養菩薩御札

で遡れることが指摘されるようになった。しかしその発見された板光背や台座が、当麻寺迎講の儀礼の中で、どのような位置をしめていたのか、また当麻寺の迎講の歴史との関係は、どのように説明されるのかは、依然として謎の部分が多いといわねばならない。しかしながら、この板光背や台座の発見によって、当麻寺の迎講が、少なくとも平安時代にまで遡りうることはたしかなものとなった。そこで当麻寺迎講の歴史について、再度考察しなおすことが必要であると考える[13]」としている。

また、練供養に使用する面・装束を講員が受け取る時に引き替える「札」や菩薩がつける「輪光」の刻銘から、当麻寺の菩薩講が「元禄六年（一六九三）にはすでに存在していたことがわかる[14]」とされており、元禄期には迎講が、僧侶だけで行われていたのではなく、当麻周辺の人々と僧侶とが力を合わせて行われていたことが知られている。

（三）『当麻寺縁起絵巻』

また、絵画資料として、享禄五年（一五三二年）成立の『当麻寺縁起絵巻』下巻末尾の迎講に関する一段がある。この絵巻は「当麻曼荼羅の文亀摸本製作という大事業に連なる、室町後期の当麻寺再興運動の一環[15]」で、三条西実隆、土佐光茂等によって製作されたものである。内容は、上巻で当麻への万法蔵院遷造までの由来を、中・下巻で中将姫の物語を書き、下巻第六段で中将法如尼の臨終と往生の様子を記し、第七段で迎講の様子を描写している。

最後の迎講の一段は、『実隆公記』享禄五年一月十五日条に

當麻縁起繪興迎講事一段依寺命書詞、今日書了(16)、

とあることから、寺命により特別に書き加えられたものであることが知られている。その詞書は以下のようである。

抑迎講の法事は、みなもと恵心の先徳、叡山にしておこなひはしめ給ふ時、寛印供奉常にこれを心にうけかひたまはすといへとも、有時この行事まことに奇瑞あらたにして、虚空に花ふり異香薫し、来迎のよそほひあることをみて、現に信心肝にめいす故、今当寺の法会は横川花臺院よりうつす所なり。是極楽の荘厳を平生に見ることなし、娑婆相似の舞楽終焉にあるへきしるしをしめす、まことに大悲善巧の方便なり。しかしなから釈迦は此方にして広誓をゝしへ、弥陀はすなはち往生のみきりを得て、彼国より来迎す。かしこにはひこゝにやる佛果の慈悲誰人をかへたつへけむや。これによつて参詣の男女帰依のたもとをつらね、聞位即悟の往生うたかひなし。見聞の道俗渇仰のおもひきもに銘し、来迎引接の誓約をあふく。然則利益を十方にほとこし、功徳を都鄙にをよほさんかために、今縁起三巻の奥に是を図して、万機済度の信心をすゝむる者也(17)

先ず、詞書の第一文から、源信の故郷当麻の寺で行われている迎講が、横川の花台院で行われていた迎講をうつして行われているとされていたことがわかる。また、画面の内容は、詞書の第二文に「釈迦は此方にして広誓をゝしへ、弥陀はすなはち往生のみきりを得て、彼国より来迎す」とあるように弥陀迎接の様が描かれている。図様の詳細は以下のようである（図19）。

画面右方には、娑婆堂と思われる仮設的な建物が建てられており、その中に三十人近くの鈍色の衣装を着た僧侶が画面の左方を向いて坐している。娑婆堂の周りには結縁の者と思われる衆生が何人か描かれており、中には正座祈願している者もいる。娑婆堂の前には、法如尼と思われる合掌した坐像が台の上に画面左すなわち聖衆の方を向いて安置されている(18)。

画面左方には、当麻寺の本堂すなわち極楽堂と思われる建物が描かれており、建物の中では明色系の衣装を着た者が楽器を奏でている。堂正面の縁側には蓮花の台座にのった阿弥陀如来と思われる立像が描かれており、光背を背景に頭部から光を放っている。その光線の一つは画面の右斜め下向きにまっすぐのびている。堂の縁側の下には僧侶や衆生、そして地面に坐した尼と思われる人物が三人描かれている。

図 19　当麻寺縁起絵巻（享禄本）　第七段

このように画面の左右端には建物が描かれているが、横長の画面中央部分には、幡が画面の手前と奥に並列に描かれており、極楽堂と娑婆堂のつながりを明示している。その内側を菩薩聖衆が画面右方を向いて行道し、来迎の様子を演出している。

これらの事から、『当麻寺縁起絵巻』が描かれた頃には、当麻寺では、中将姫物語が豊かな形で成立してきており、その中将姫物語のクライマックスである臨終場面と迎講が重層しながら、一つの祭儀として行われていたこと、そして、その祭儀が行われる際には極楽を象徴する建物と娑婆を表す建物との二つの建物が建てられ、さらにその両者の間を結ぶ軸が明確に示されるような形で行われていたことを窺い知ることができる。(19)

二　当麻寺のトポグラフィー

現在では毎年五月十四日に「二十五菩薩練供養」と呼ばれて祭儀が行われている。

二十五菩薩練供養は、面や装束をつけた菩薩講中の人々が観音・勢至等二十五菩薩になり、娑婆堂で待つ中将姫を迎え極楽へ引導するといった宗教儀礼で、境内の極楽堂、娑婆堂、そして両者の間をつなぐ来迎橋を舞台として行われる。これらの舞台は既存の建物や敷地の上に仮設的につくられるもので、練供養のために特別に設営されるものである。以下では、この練供養と密接な関わりをもって建てられる極楽堂―来迎橋―娑婆堂が、練供養の開催とともにどのように意味づけられ構造化されるのかということを見、さらにこれらの舞台が仮設されることの意義を明らかにすることを試みる。二上山、当麻寺を背景に、古式ゆかしく、仮の舞台を建築し臨終の儀礼を行うことによって起きている事象とその意義をできる限りありのままに記述し、練供養において生きられた空間の成立背景を体系的に論述してみたい。

図20　二上山と当麻寺

練供養が行われる当麻寺は、二上山東麓、西から東へ緩やかに傾斜した扇状地の一帯、当麻の地に建てられている。寺地の標高は約一〇〇mで、境内に立ち西方へ目をやると二上山の二つの峰、雄岳（五一五m）・雌岳（四七四m）の頭が不思議な親密さをもってあらわれ、東方を眺めると奈良盆地の底にひろがる町の家並みと大和三山の姿がおぼろげに望まれる[20]（口絵13）。

二上山は生駒葛城山系の中間にあり、南北に広がる山脈の一部となって奈良盆地の西域を限定している。この山はまた、山脈を形成する連山のなかでも特に象徴的な形をしており、その雌雄双峰の姿は大和平野のどの位置からも望まれ、古くから東の陽昇る神山三輪

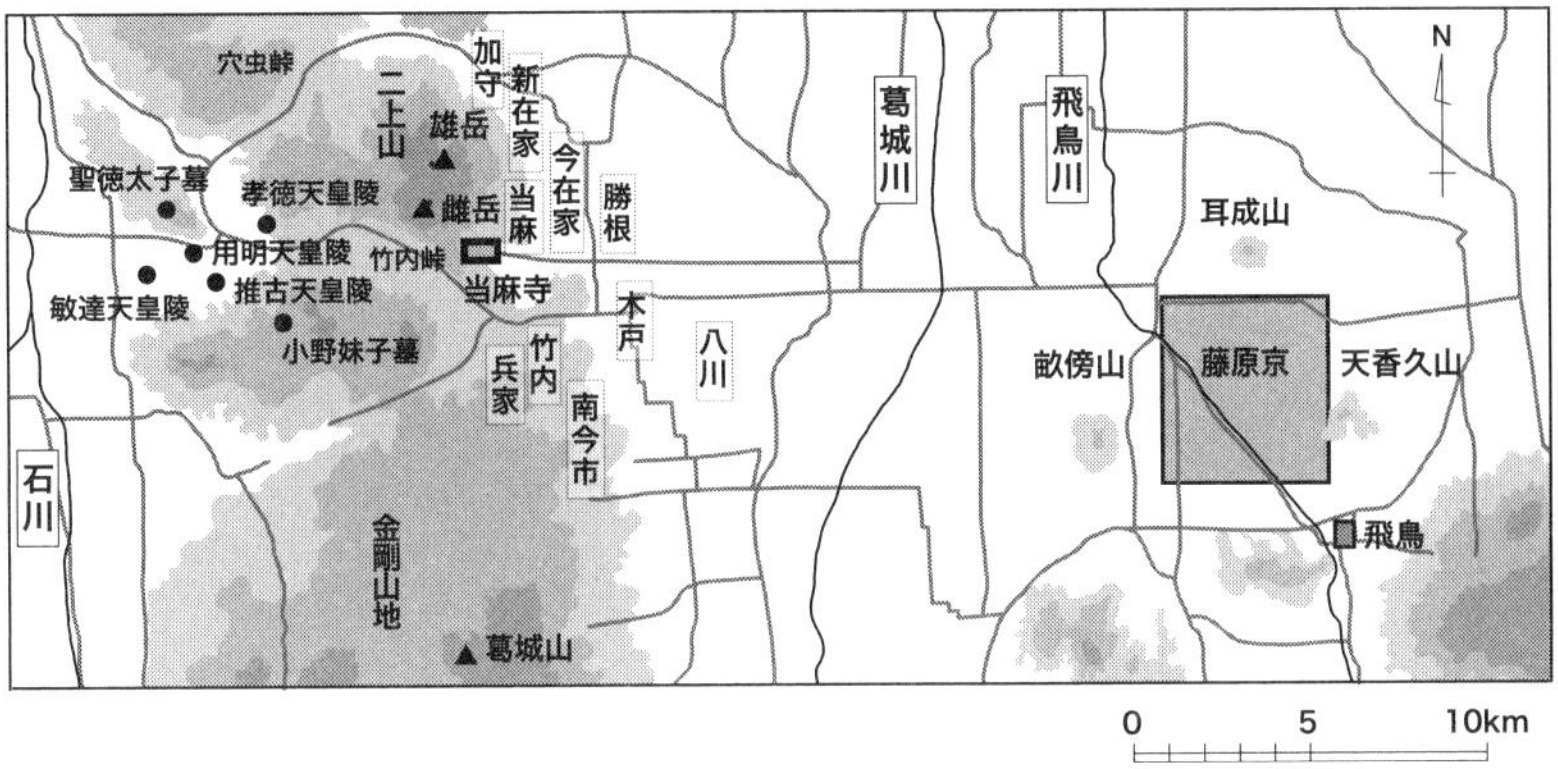

図21　当麻寺周辺の略図（当麻寺周辺に講が分布している）

山と対照的に陽の沈みゆく山として位置づけられ、大和平野に住む人々の世界を限定してきた。

一方、二上山の西側には、孝徳天皇陵、推古天皇陵、用明天皇陵、小野妹子の墓など、仏教公伝から大化改新の頃までのいわゆる飛鳥時代を築いた天皇と貴族達の墳墓が集められ、山々によって囲われてできた盆地の外側にかれらが埋葬されたことがわかっている[21]（図21）。飛鳥時代の人々にとって、奈良盆地の外側は死者の領域として意味づけられ内側とは次元の異なる世界がひろがっていた。人々は盆地を形づくる山々を境として、その外を死者の世界、翻って、自分たちの居る盆地の内側を彼岸ではなく此岸として意味づけていたと考えられる。また、この盆地の内外を分ける山々の中でも特に二上山に関しては「飛鳥地方からみた二上山は、この世（大和）とあの世（墳墓の地）を決定的にわけへだてる目じるしとしてこの上なく適当なものであった」とされ、さらに「二上山こそ、あの世（彼岸）をへだてる「墻《かき》」であった」と言われている。二上山が此岸と彼岸という二つの世界を分節する「境界」を象徴する山であったと考えられるのである[22]。

三　当麻寺の伽藍配置

当麻寺の創建に関しては確実な文献は残っていないが、金堂本尊の塑像弥勒仏坐像（丈六）、金堂正面の石灯籠、金堂東にある鐘楼の梵鐘など、寺に伝存するいくつかの作品の制作年代が白鳳時代とみられることから、寺の創建も少なくとも白鳳時代頃まで遡るとされている。[23] 創建に関する史料の最古のものとしては建久三年（一一九二年）の『建久御巡礼記』所引の縁起をあげることができる。それには「麻呂子ノ親王ノ御願也、金堂ニハ奉レリレ居二弥勒ヲ一、当麻寺ト云付事ハ、（中略）麻呂子親王幷同夫人、善心凝一、信心無二、請吉土於二此処一、立二精舎一於二其中一」[24]とあり、この寺が用明天皇の皇子麻呂子親王の御願によって建てられたもので、境内の精舎で「吉土」が請願されていたことを知ることができる。

また、創建当初の寺の伽藍配置に関しては、毛利久によって「寺地は地勢的に西から東へ向って下降しているのだが、それにもかかわらず南面を厳守していて、金堂と講堂を南北軸上に並べ、その南前方にかなり離れて東西の両塔を配置するという天平時代通行の伽監《ママ》配置[25]」が採られていたと言われている。現在の寺の配置図を見ても、石灯籠、金堂、講堂の位置を決めている南北軸が生きてくるように東西の塔が配置されているのがわかる（図22）。

一方、練供養の舞台となる「本堂（曼荼羅堂）」は、この伽藍配置の主軸である南北軸上にはのらず、金堂・講堂の西側に東面して建てられている。現在、この建物は「本堂」と呼ばれている。内陣須弥壇上の厨子に「綴織当麻曼荼羅図」を安置することから曼荼羅堂とも言われる。また、練供養のもう一つの舞台「娑婆堂」は、本堂

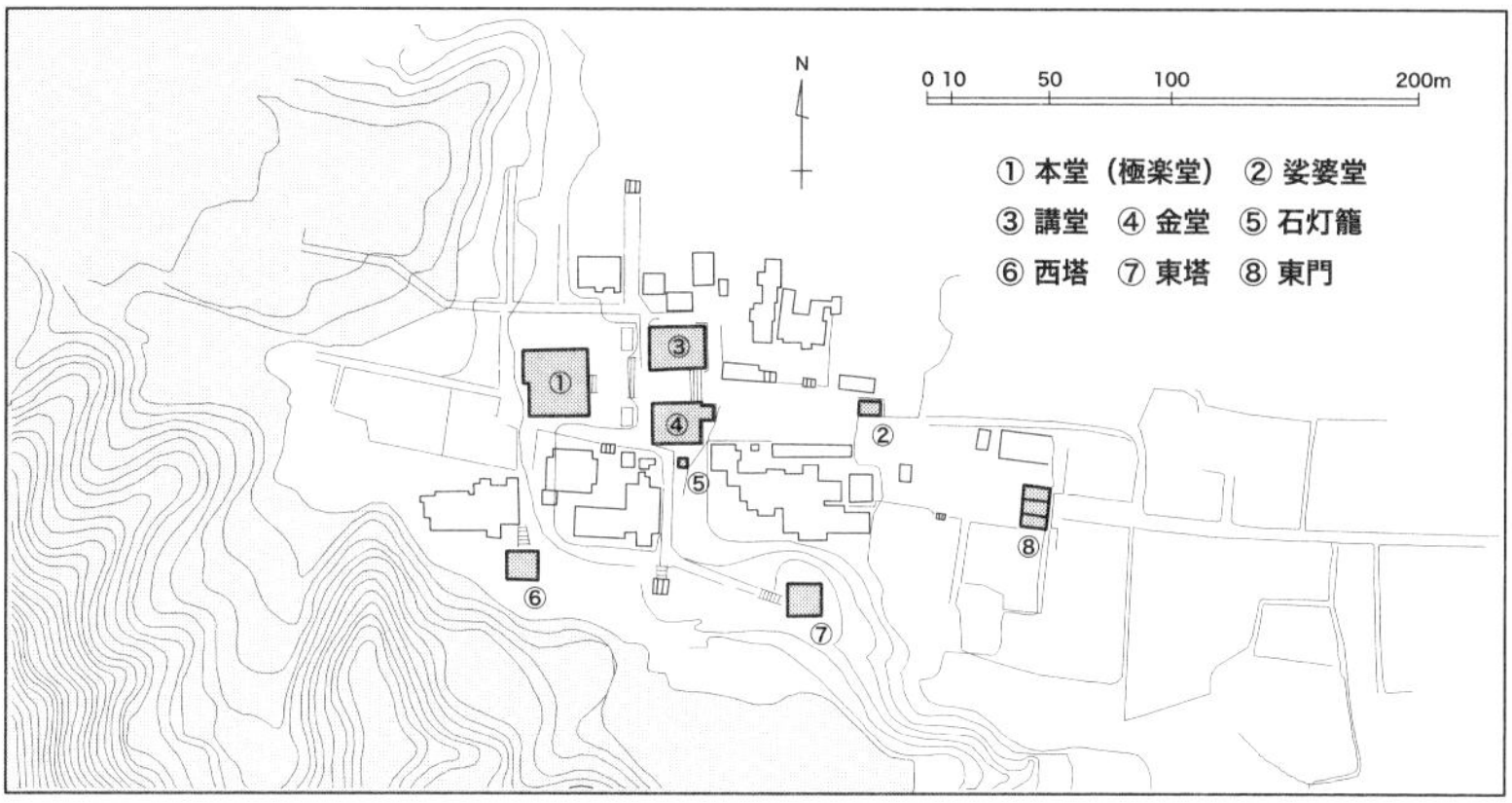

図 22　当麻寺伽藍配置

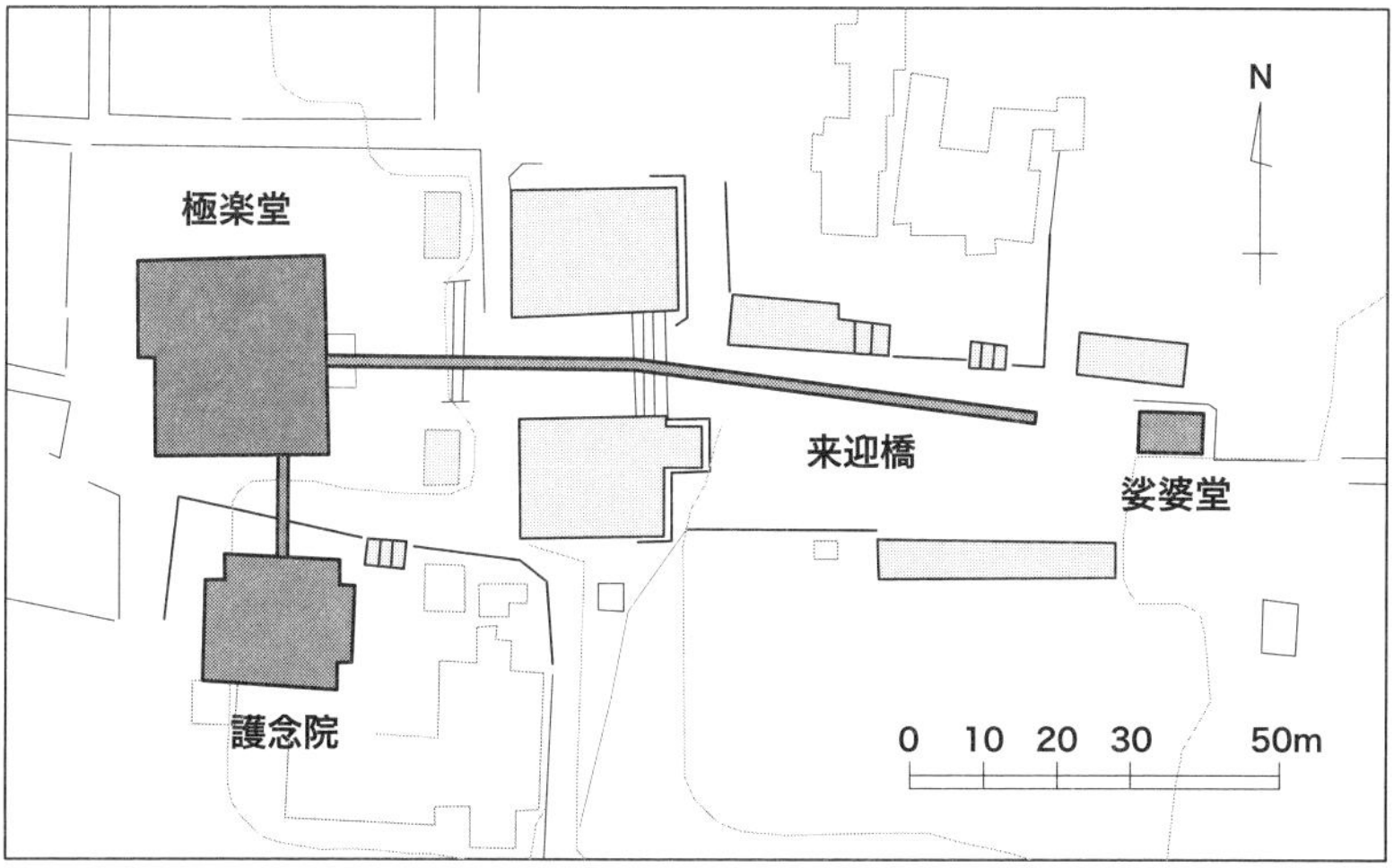

図 23　練供養の舞台の配置

の東側、伽藍の東門の近くに建てられている。

四　娑婆堂の空間構造

現在建てられている「娑婆堂」は、建物内部の壁に掛けられている札によって、昭和三十七年に「再建」された建物であることがわかる（図24）。再建前の建物は、当麻寺の住職の目の前で「突然、音を立てて壊れた」[26]と言われている事から、それ程大規模のものでなく、どちらかというとささやかな仮設的な建物であったことが想像される。現在のものも、境内に建てられている本堂、講堂、金堂、東西両塔に比べると小規模で、人の身体に近しい建物である。規模が小さく、歴史意匠的な価値も見出されることがないため、文化財に指定されることもない建物であるが、伽藍配置の骨格を決める建物の一つとなっていることが配置図からもわかる（図22）。現在では、「娑婆堂」と「本堂」をつなぐ道が、「本堂」への参道となっていることもその要因の一つと考えられる。

娑婆堂は、高さ六m程の建物で、屋根を切妻の瓦葺きとし、桁行三間、梁行四間とする（図25〜図30）。東西側を平、南北側を妻とし、西側は、三間とも柱間に開口部を設けている。その中央一間には高さ二m三八㎝の両開きの扉を設け、この建物の唯一の出入口となっている。両隣の開口部には縦七一㎝、横一m六二㎝の蔀のような格子パネルが嵌め込まれている。同じように、南の妻側には、縦一m、横一m七〇㎝の押開格子パネルが西寄りに二枚嵌め込まれており、建物の内外を繋ぐこれらの開口部は全て建物の西寄りに設けられていることがわかる。

娑婆堂はまた、他の諸堂と同様に、木造軸組構造で建てられているが、西と南の開口部を除いて、柱間は全て壁を建て込み、内部空間を囲っている。そのため内部はやや薄暗い。しかし外側とは異なって内壁は漆喰の真壁

図 24　娑婆堂内部に架けられている札

のせいか、膜に包まれているようで外見ほど壁の重圧感は感じられない。上方には地面から三m二九cmの高さに天井が張られており、水平方向と扉のある西方を強調している。下方は、西側二間ほどを、大地が露出している「土間」とし、東側には二間程の「床」が張られている。そして、この幅三間、奥行二間の床の上には、半間ほどの壁が東寄り東西方向に二枚、中央一間の両側に立てられている（図27）。このように、娑婆堂は西方に開口部を持つコの字型の平面をもつ建物であるが、内側にもさらに西方を開いたコの字型の囲いを立てることによって建物の性格を明確にしている。そして、この囲いの内には、仏像が、西方を向いて安置されている。これらのことから、娑婆堂は全体として、西という方位に特別の関心を寄せて形づくられている建物であることがわかる。

さらに上述のように、娑婆堂は内部に一部床を設けており、古来からの住居の典型と同じように、土間と床からなる建物となっている。その「床」のある場所には、西を向いた釈迦如来の像が安置され、仏の空間として意味づけられている。また、床の高さは膝上までであり床面積も狭いことから、人が簡単に床の上にあがることができるわけではないことがわかる。そのため、人の行動領域は土間の上に限定され、「土間」は、人間の空間として意味づけられていると考えられる。つまり、娑婆堂の内部は、床のある場所が仏の空間、土間が人間の空間として分節されており、娑婆堂の中に入る人は、床上が仏の存在する特別な場所であるのに対して、土間の上が人間の居場所であるということを知ることができるようになっている。

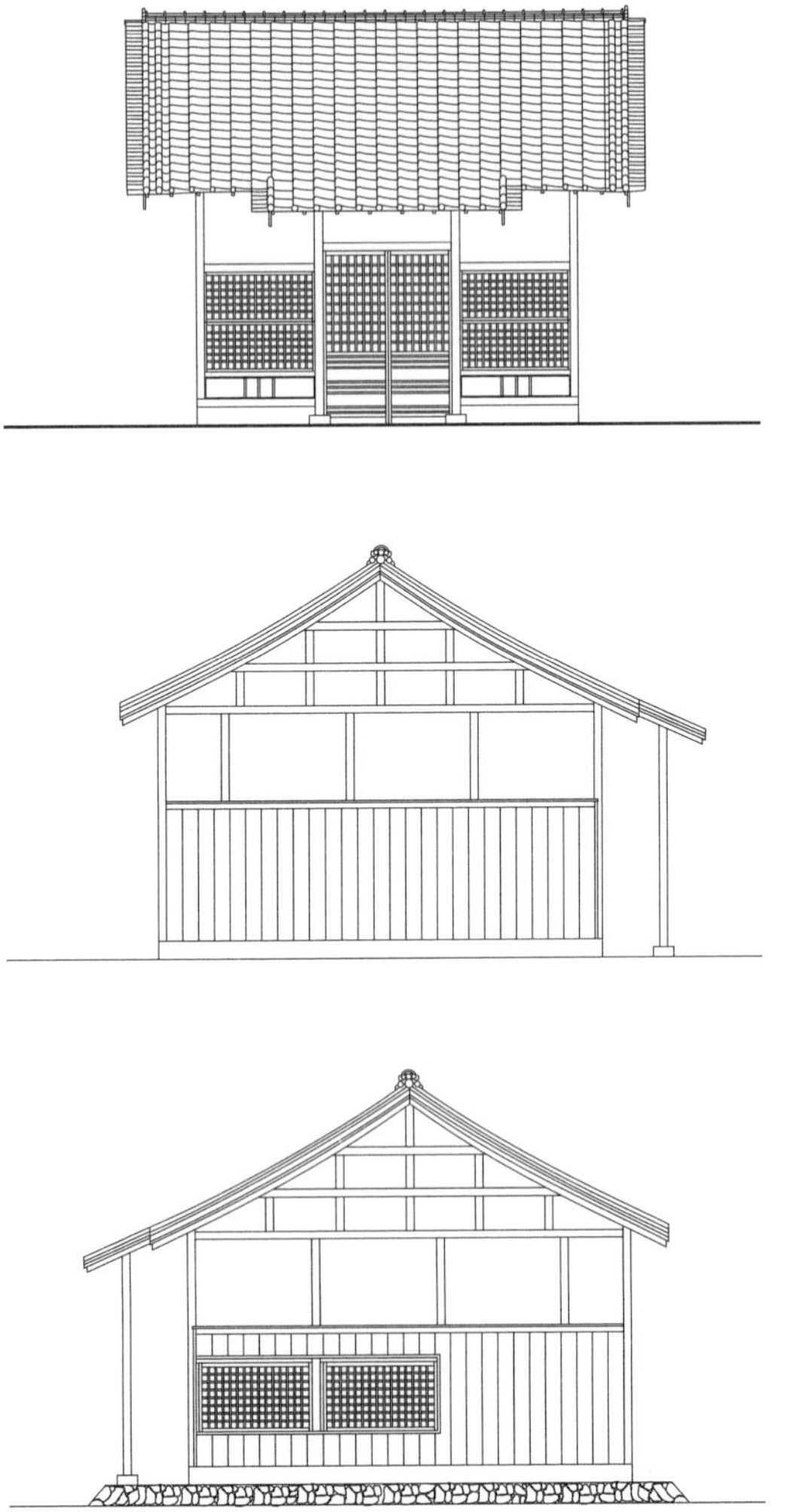

図 25 当麻寺娑婆堂 立面図（筆者実測）

図 26　当麻寺娑婆堂内部

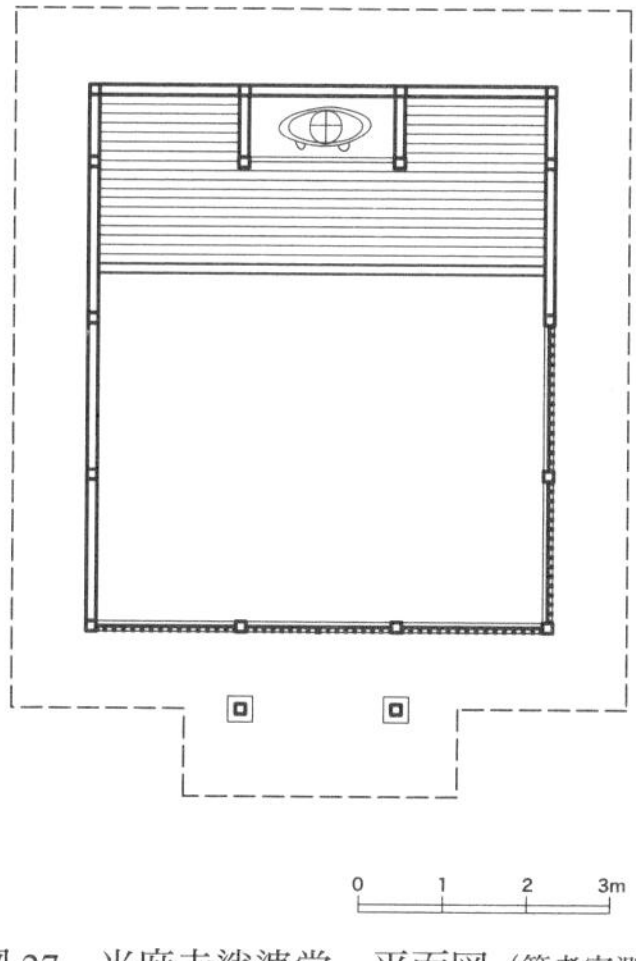

図 27　当麻寺娑婆堂　平面図（筆者実測）

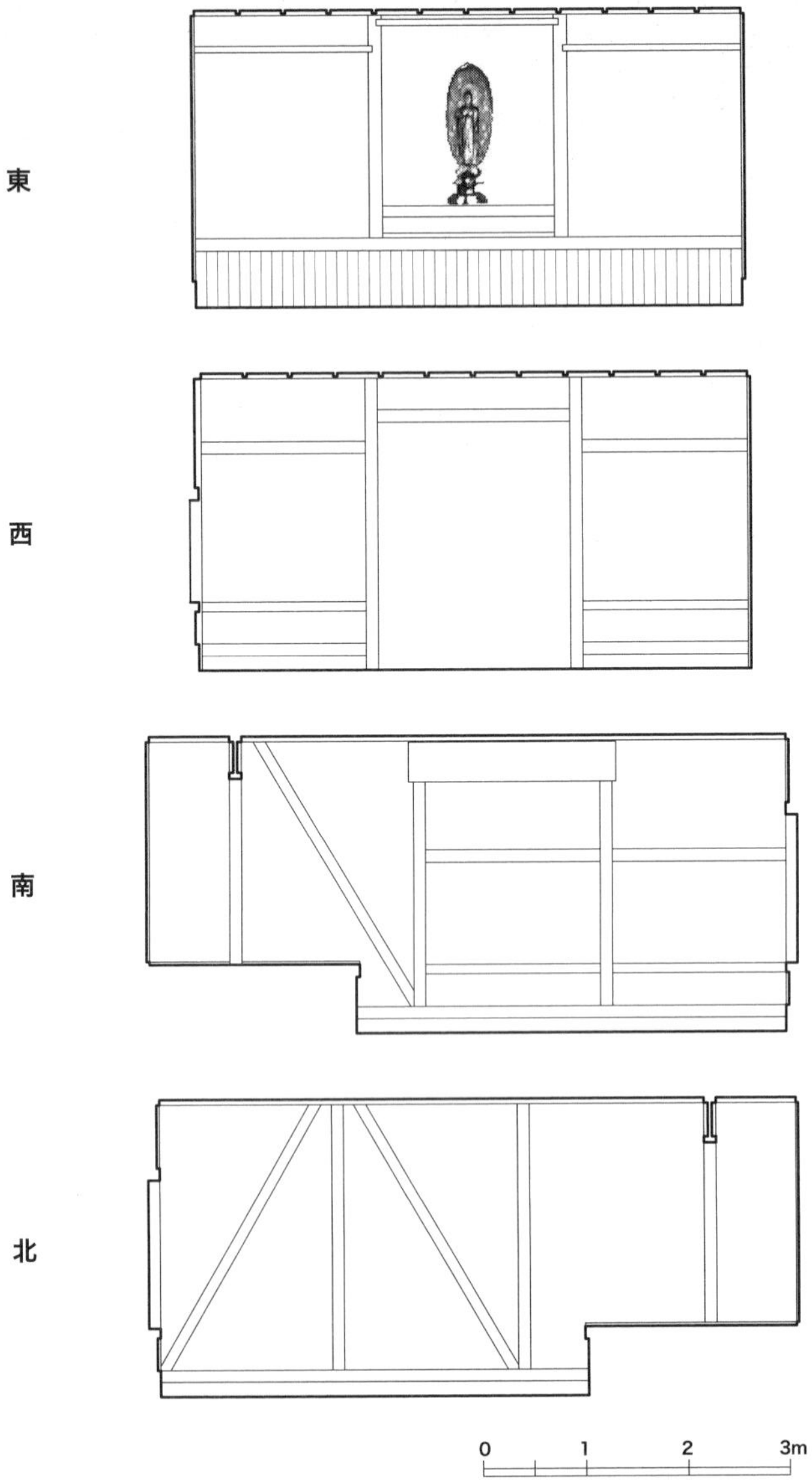

図 28　当麻寺娑婆堂　展開図（筆者実測）

図 29　平常時の娑婆堂

図 30　練供養時の娑婆堂

さらに、「娑婆堂」の「娑婆」という言葉には、「苦しみが多く、忍耐すべき世界」や「人間が現実に住んでいるこの世界」という意味があり、[27]この建物が無常なる人間の現実世界を象徴的に表している場所であることがわかる。ちなみに、娑婆堂の本尊は釈迦如来である。周知のように釈迦とは、生きながらにして仏陀（Ｂｕｄｄｈａ）になった修行者であり、人間と仏との両面を具えた存在―者である。つまり、娑婆堂の本尊が釈迦如来であるということは、この建物が、人間のままで修行を完成し「如来」となった「釈迦」を尊ぶ場所であり、娑婆堂に入る人は、修行によって成仏し得た「釈迦如来」に出会う可能性に開かれるということを意味している。

以上、娑婆堂の形態とその意味について説明してきたが、娑婆堂は普段全ての開口部を閉じ、その中に「来迎橋」を組み立てる部材を保管している。いわば、物置のような場所となっている。しかし、年に一度「練供養」が行われる日だけはその開口部を開き「娑婆堂」として機能する場所になる。この日、この場所は、形とともにその意味を変え、西方に開かれた人間の場所になるのである。

五　当麻寺本堂の空間構造と意味

練供養のもう一つの舞台となる「本堂」は、桁行七間、梁行六間の建物で、講堂、金堂、東西両塔と同規模の仏堂である。本瓦葺、寄棟造で、背面に別棟の閼伽棚が付いていることを特徴とする。内部は、梁行前方三間を外陣、後方三間を内陣とする。外陣棟木の墨書によって、永暦二年（一一六一年）に建立されたことがわかっている。[28]また、内陣の厨子の制作年代は、天平時代末あるいは平安時代初頭頃に遡ることができるとされている。[29]現在では当麻寺の中心的な建物となっていることから、「本堂」と呼ばれている。また、内陣を西側、外陣を東側に配置し、東側に主要な開口部を設ける東面の建物となっている。

以下、岡田英男による研究の成果に拠りながら、本堂の歴史的変遷に関して簡単に説明しておきたい[30]。

本堂は永暦二年（一一六一年）に初めて新築されたものではなく、その前身に建てられていた堂があり、それを基にして何度も修理改修されて現在の建物があることが解体修理調査によって判明している。その前身堂は、桁行七間、梁行四間の建物で、母屋と庇からなる建物に孫庇をつけた古代的な特徴を持つ建物であったとされている。その後、永暦の改修によって母屋は内陣に取り込まれ、東側に梁行三間の外陣を設け奥行きのある内陣・外陣からなる中世的な特徴を持つ建物に変貌したという。その際、厨子と須弥壇は、手を加えられず、前身堂のものがそのまま残されたと考えられている（図31）。

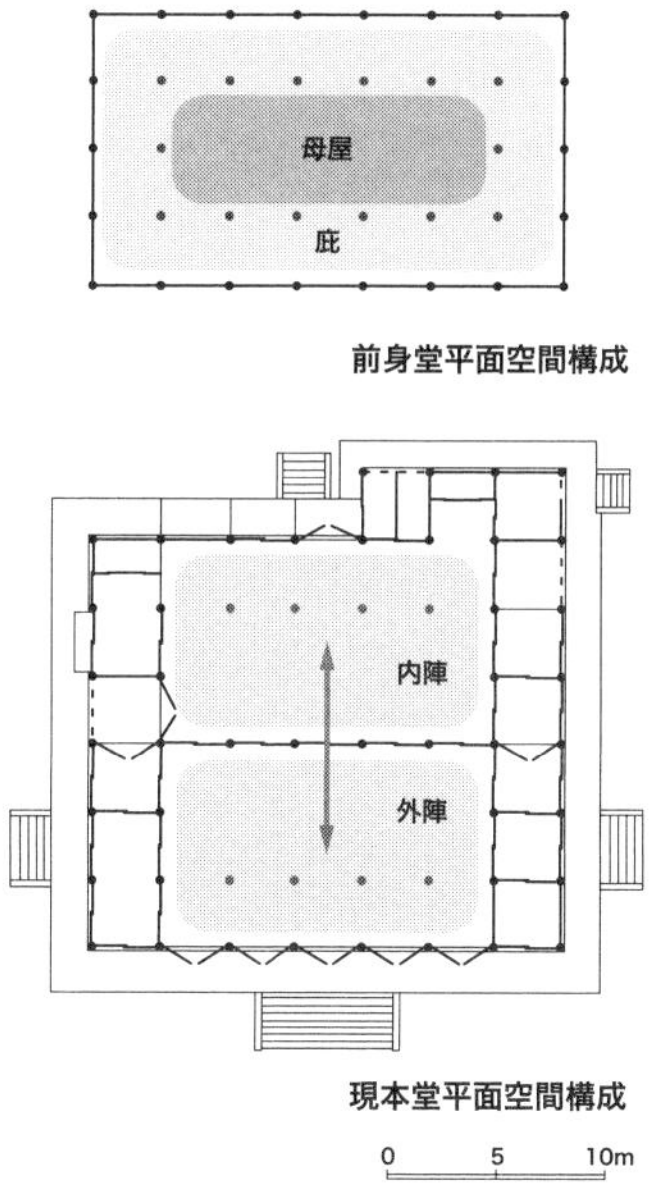

図31　当麻寺曼荼羅堂の平面の変遷図

母屋・庇からなる建物と内陣・外陣の建物の相違を建築の空間論的な観点から述べると、母屋・庇からなる建物は、母屋を中心とする諸空間が同心円状に展開するのに対して、内陣・外陣からなる建物は、内陣と外陣を結ぶ軸を基軸として諸空間が構成されているということにある。換言すれば、母屋・庇による空間構成は、庇が外縁部としてあることによって母屋が図化され、母屋の中心性が顕著に表現されるという関係をもつのに対し

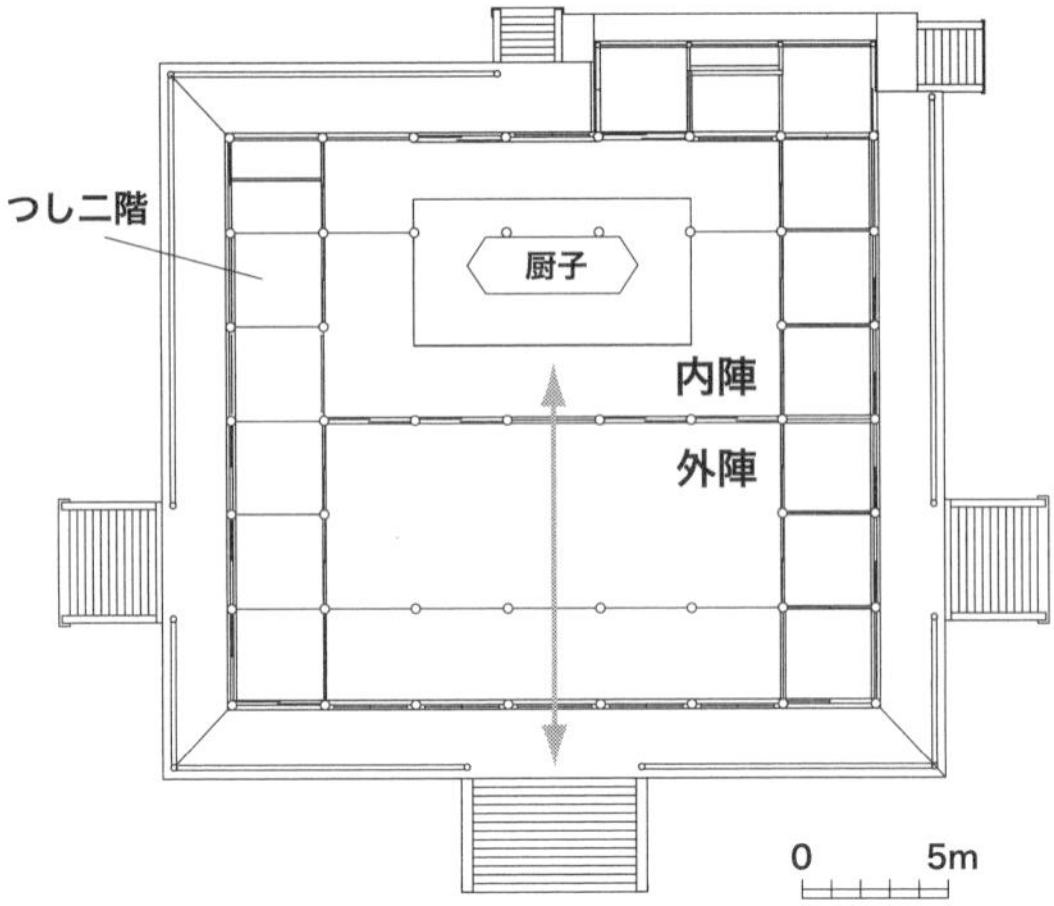

図 32　当麻寺本堂（極楽堂）平面図

図 33　当麻寺本堂内部

て、内陣・外陣による空間構成は、内陣と外陣の境界を境にして両者が、互いに空間の性格を異にしている一方で、両者が地盤を共にして相互に関係し合うことによって内陣の中心性が顕著に表現されるという関係をもつ。どちらも空間構成の中心は曼荼羅の安置されている母屋、内陣であるが、そこから展開される諸空間の構成のあり方が異なっている。

現在の本堂は、その前身堂にあった母屋・庇の空間構成の名残を若干残しながらも内陣・外陣によって構成されている。堂の内部空間は、その内陣・外陣をつなぐ軸を基軸として、内―外陣の両脇の間をこまかく仕切り、つし二階を付けて構成されている。平面図を見ると、この軸を基軸としてほぼ正対称に空間が構成されていることがわかる。さらに先の配置図（図22）を見ると、この軸が東―西軸に重ねられていることも確認できる。

続けて、堂の内部空間を構成する内陣と外陣の差異を表す特徴を示しておくと以下のようになる。

その特徴として先ず、内陣と外陣の境界に欅の太い柱を立て、その間に戸を嵌込むことによって、内陣と外陣を分節し両空間を差異化している事を挙げることができる。ちなみに、柱間の戸は、中央間が三枚折両開き格子戸を上方に吊込み、下方は格子戸を嵌込みとし、全体が開かれるようになっている。その他は上方は菱欄間、下方は中敷居を入れた引違格子戸とし、部分的に開かれるようになっている。つまり、内陣と外陣を隔てている戸は完全に両者を密閉するものではなく、内陣からは外陣を、外陣からは内陣を格子を通して透かし見ることができ、時としてはそれらの戸が開かれ、両空間の間を往還することができるようになっている。そのような開閉可能な壁と上下に聳える柱によって内陣と外陣は分節されている。

次に、内陣・外陣の形態上の特質を簡潔に述べておくと、外陣は小組格天井が張られており参拝の場所となっているが、内陣は化粧屋根裏で前身堂の横架をそのまま見せ創建当初の風貌を残そうとしている。その点に両者の特質を見ることができる。もちろん、西側にある内陣にはこの堂の本尊である曼荼羅図が安置されており、そのことが空間の特質に意味を与えていることは言うまでもない。

さらに、本堂の内部に関しては、娑婆堂が主に土間空間によって構成されていたのに対して、この堂は内外陣とも床を板張りとし、全面に渡って板床が張られていることに注意しておきたい。内陣外陣は、空間を形づくる構造材、建具、置物、そして内・外陣を分節する柱や戸によって空間の差異を表しているが、両空間はともに同じ床の上で成立しているのを見ることができる。

その床と敷地との関係は、本堂の敷地となる地形が先述したように東—西方向に傾斜しているため、本堂の西側の床の高さが地面から一m弱であるのに対して、東側は人の身長よりも高い二m強の位置に床が設けられることになる。そのため、さらに低い位置にある娑婆堂から本堂を見ると、本堂の床面は目線より高いところにあり、建物を仰ぎ見るようなかたちになる（口絵10）。

練供養当日の本堂は、少し様相を変え特別の舞台として整えられる。先ず、正面七間のうち中五間の扉がはずされ、外陣と外部の境界が開かれる（図34）。さらに、内部の内陣と外陣を隔てている戸のうち、中央のものは全体が開かれる。その他の引違格子戸は練供養の法会の具合に応じて部分的に開かれる。つまり、通常は外部・外陣・内陣のそれぞれを区切っている仕切が練供養の時だけは、全て開かれ、外部から内陣にある浄土を描いた曼荼羅図を見通すことを可能にする一つの道が形成される（図37）。

建物の形態の変化はこれに加えて、正面北側の縁の上に法会のための室礼が施されることなどが挙げられるが、その他に大切なことは、通常、「本堂」、「曼荼羅堂」と呼ばれているこの建物が、練供養が行われる時にのみ「極楽堂」と名前を変え、「娑婆堂」に相応してある場所として、場所の意味と秩序を変えていくことにある。通常は当麻寺の中心的な場所である「本堂」が、名前と形を変えることによって、当麻寺の中での中心から、「娑婆」に相対する絶対的な場「極楽」を名のる場所となっていくのである。

六　来迎橋の空間構造

練供養の舞台となるのは、上述の娑婆堂、極楽堂に加えて、この両者の間をつなぐ「来迎橋」と名づけられた仮設の橋である。「来迎橋」は、脚のついた幅一m四五㎝、長さ二m七〇㎝、厚さ一五㎝程の長方体の板片を三十六個つなぎ合わせてつくられている（口絵10、図34、35）。その板片には、それぞれ「当麻講中」、「勝根講中」などと記されており、橋が、当麻周辺に分布する「菩薩講」と呼ばれる講組織によって奉納されてできていることがわかる。練供養自体、通常は各地に点在している講組織の講員に支えられて行われており、講員は練供養の開催を機に一同に帰して練供養の菩薩となるのであるが、練供養の舞台も練供養開催時に分散した板片がつながれて「来迎橋」という一つの舞台を形成してできているのである。

この「娑婆堂」と「極楽堂」の間を架橋するように設営される「来迎橋」は、境内の西方に位置する「極楽堂」の高さ二m七〇㎝程の床面から、水平方向に、板片をつなぎながら一〇〇m以上離れた東の「娑婆堂」の方に伸びている。板片をつないだ橋の全長は約九六・五mであるから、現実には、橋の東端は「娑婆堂」に接しているわけではなく地面につけられており、橋の東端から数メートル東へ離れたところに「娑婆堂」が位置している（口絵9、図23、36）。

図 34　来迎橋と極楽堂

図 35　来迎橋の部材に記された講の名前

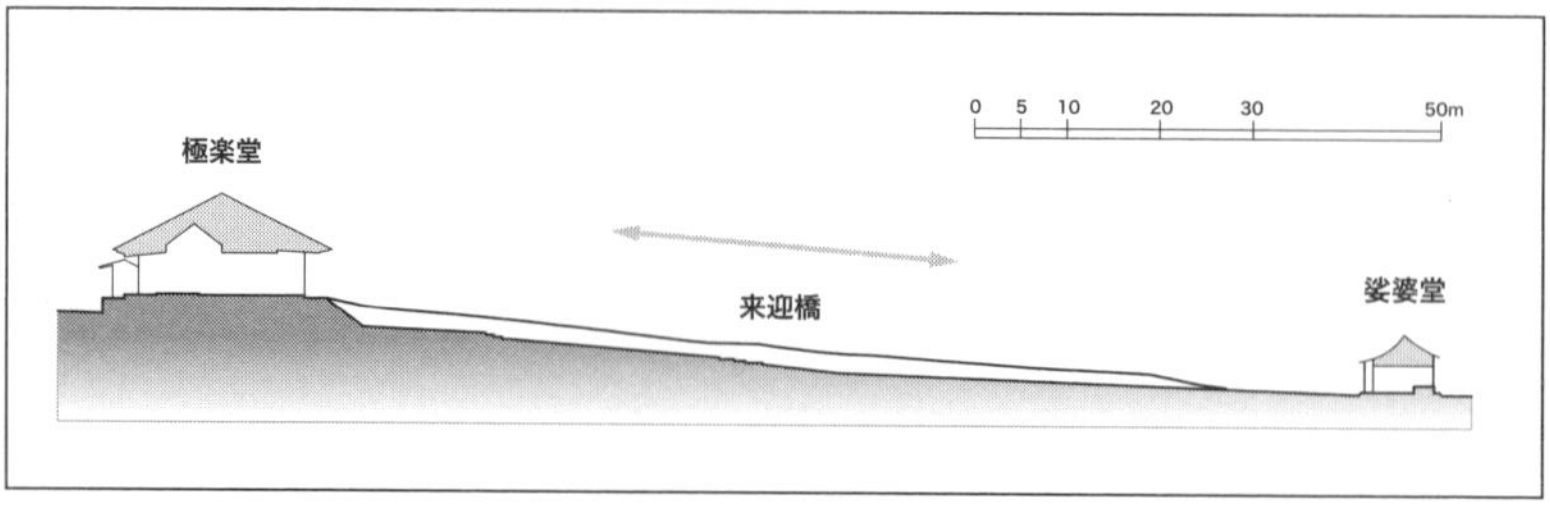

図 36　練供養時における舞台の断面構成

表3　来迎橋を構成する部材寸法

番号	講の名前	高さ（東側）(mm)	長さ（mm）
1	當麻共同墓地監理委員会　付記：奉納昭和60年5月	2170	1600 ＋ 2200
2	坂本一雄	2000	2700
3	磯壁講中	1900	2700
4	植田佳男、植田メリヤス（株）	1820	2700
5	當麻建設	1730	2700
6	仁尾寿男、今在家講中	1620	2700
7	當麻講中　G.L.に段差あり 630mm	1610	1800
8	辰巳寅司	2000	1160 ＋ 1540
9	中之坊講中、竹ノ内講中	1900	1120 ＋ 1580
10	（株）奥本工務店	1850	2700
11	疋田講中、田中講中	1770	2700
12	常磐薬品工業株式会社	1650	2700
13	勝根講中	1570	2700
14	染野講中	1460	2700
15	狐井講中	1420	2700
16	磯壁講中　G.L.に段差あり 700mm（4段）	1360	1800
17	奥本建設、當麻講中	1960	1970 ＋ 1600
18	當麻講中	2005	1800
19	木戸講中	1980	2700
20	植本芳雄	1980	2700
21	西辻講中	2000	2700
22	畑講中	2000	2700
23	常磐薬品工業株式会社	1900	2700
24	常磐薬品工業株式会社	1800	2700
25	乾工務店、松浦工務店	1700	2700
26	五位堂講中、磯壁講中	1630	2700
27	竹本中将堂	1530	2700
28	忍海講中	1440	2700
29	岡橋講中	1380	2700
30	七洋工芸（株）	1370	2700
31	観音寺講中	1340	2700
32	北川昭徳、木下博文	1310	2700
33	村井設計事務所	1260	2700
34	當麻講中	83	2700
35	奥田忠壹	38	2700
36	畑講中	15	2700
	橋の端から、娑婆堂西面まで17歩		96470 幅1450

この橋は、通常我々が眼にし、渡ることのできる橋と異なって、同じ高さの水平面の間をつないでできているものではない。橋の西端を極楽堂の床面に、東端を地面につけ、西から東へゆるやかに傾斜している橋なのである。かなり特殊な形態をもった橋であると言うことができよう。では、なぜ「来迎橋」は、このような形をしているのであろうか。以下、舞台の上で行われる練供養との関わりを通してこの問題について考えてみたい。

七　二十五菩薩練供養における空間体験と舞台空間の構造

（一）　二十五菩薩練供養の式次第

これまで練供養の内容に触れることなく舞台空間の構成を見てきたが、以下では、舞台の上で行われる法会の進行とともに秩序化される舞台空間の構造について考察を進めていきたい。先ず、一九九八、一九九九、二〇〇〇年五月一四日の三年間の記録を総合した資料によって、練供養の様子を見ておこう。

（資料は、一九九八、二〇〇〇年は極楽堂の中、一九九九年は娑婆堂の傍に立って調査した記録に拠って作成した。）

[午後三時五〇分（一九九八 二〇〇〇）]　堂内より練供養のはじまりを伝える太鼓の音が鳴る。

[午後三時五一分（一九九九）]　境内に集う人々に向けて、練供養の説明が放送される。

[午後三時五二分（一九九八）]　本堂内陣にて法要の準備。

[午後三時五三分（一九九八）]　中将法如尼像が載っている輿が護念院より出てくる。そのまま、本堂正面の階

段を上り、堂から来迎橋を渡って、娑婆堂へ向かう。

[午後四時〇〇分（一九九八）]　太鼓の音が鳴る。

[午後四時〇九分（一九九九）]　大勢の人々の間をかきわけて輿に載せられた中将法如尼像が娑婆堂に入る（口絵7）。

[午後四時〇三分（二〇〇〇）]　来迎橋の東先端に取り付けられた階段から僧侶四人が橋にあがり、本堂へ向けて橋を渡り浄める。

[午後四時〇六分（二〇〇〇）]　橋の東方から来た僧侶が外陣を通って内陣に入る。

[午後四時〇七分（二〇〇〇）]　内陣の曼荼羅図の前で法要がはじまる。法要を終えた僧侶の一部は堂の後方へまわり、そこから正面の北側に出て、仮設された台の上にあがる。他の僧侶は、内陣で法要を終えた後、外陣で待機する。

[午後四時一七分（二〇〇〇）]　稚児がすべて本堂を出た後、僧侶が外陣から娑婆堂へ向かい、続いて雅楽隊が娑婆堂へ向かう。

[午後四時三二分（一九九九）]　本堂（極楽堂）から来た僧侶達が全て娑婆堂に到着する。極楽堂から面や装束を身に纏った菩薩聖衆が来迎橋を渡って娑婆堂へ向かってくる。

[午後四時三五分（一九九九）]　娑婆堂で念仏がはじまる。菩薩聖衆が娑婆堂につくころ、観音・勢至が手足を同時に前後させる奉奏舞の型をくりかえしながら橋を渡って娑婆堂に向ってくる（口絵6）。

[午後四時五〇分（一九九九）]　娑婆堂に到着した観音と勢至が地に立ち、堂内の中将法如尼を極楽浄土へ迎え

入れる。次の瞬間には、法如尼化生像と名づけられた尊像が現れ、中将法如尼の極楽往生の奇蹟が知らされる。観音・勢至が娑婆堂内部の南北軸上で向き合い中将法如尼の往生を讃歎するしぐさをする。その後、化生の尊像とともに観音・勢至は西方に向きを取り、菩薩聖衆を引き連れて再び橋を渡って西の極楽堂へ還っていく（口絵8、9、12）。

観音・勢至に続いて、菩薩聖衆、僧侶、稚児が極楽堂へ還る（口絵11）。

［午後五時〇二分（一九九九）］

（五月一四日は旧暦の三月一四日にあたり、この日は当麻寺で中将姫が阿弥陀聖衆に迎えられ往生したと伝えられる日である。）

（二）　二十五菩薩練供養における空間体験

練供養は、当麻寺に伝来する「中将姫の物語」を視覚化する往生劇と阿弥陀仏率いる菩薩聖衆、臨終行者、結縁之者による往生劇である「迎講」とが重ねられて行われている宗教儀礼である。『中将姫物語』とは、横佩朝臣の息女中将姫の受難と救済、発心と感得を主題とする縁起物語で、身に宿した悪縁に苛まれながらも仏・菩薩の力によって曼荼羅を織り上げ、臨終時に西方極楽浄土へ帰っていく女人の姿を描いた物語である[31]。また、迎講とは、源信が行った法会のように、阿弥陀聖衆が娑婆世界の臨終行者を迎えに来て西方極楽浄土へ連れ還るさまを演じるもので、結縁者がそれを見て「往生の業を結ぶ[32]」という宗教儀礼である。それ故、練供養に集まる人々には、一連の往生劇を見ることによって、娑婆世界において極楽往生を願いながら死を迎える中将姫の臨終と往生の現場に立ち会い、中将姫が極楽世界へ往生するという奇蹟の一瞬をともにすることが期待されている。

以下改めて、上述した練供養の進行とその内容に拠りながら、舞台と儀礼の関わりの様子を見ていきたい。練供養は、中将法如尼像を載せた輿が娑婆堂に入る頃からその内容が明確になってくるのでそのあたりから見ていこう。

先ず、東向きの中将法如尼像は、娑婆堂に入った後、土間の上で向きを変えて西向きに安置される。この場所にこのような姿で安置された法如尼像は『中将姫物語』の「やがて十三日の夜沐浴して身を清め手を洗い口をすゝぎ西方に向って端座され合掌して往生の時がくるのを静かに念仏を唱えながら待っておられました[33]」という場面を想起させる。物語の中将法如尼は、「私は、前の出来事が心に深く残って辛く思っております。世の中の名誉や栄華などには少しも惹かれません。ただ一心に争いや諍いのない本当に平和な安楽浄土を願い念仏を称えるばかりでございます。霊峰二上山麓の當麻寺は西方極楽浄土を思わす仏法の霊場です。そこで心静かに修行し暮らしたいと思っております[34]」と言って仏門に入りこの時と場所を迎えた尼である。

図 37　極楽堂から娑婆堂へ向かう観音菩薩

やがて、本堂の方では、内陣の曼荼羅図の方を向く僧侶によって法要が行われる。法要が始まるのと同じ頃、護念院から本堂の中に菩薩聖衆が入り、本堂は「極楽堂」と名前を変えていくのに相応しい様相を現してくる。当麻寺の中心としての「本堂」から、「直西超過十萬億刹[35]」の所にあり「争いや諍いのない本当に平和な安楽浄土[36]」である「極楽」という意味を分有する「極楽堂」へと建物のもつ意味の次元を変えていくのである。つまり、練供養の進行とともにこの建物は、「娑婆堂」に相対しながらも、絶対的な場「極楽」への通路としてはたらく場所に成っていくのである。

法要が終わると、僧侶は堂の内陣から、外陣へ移り、外部の縁にさしかけられた橋へと歩みを進め、東方へ向かう。（ここでは、本堂の内陣・外陣という対照的な空間構造は破られて、「極楽堂」と「娑婆堂」という空間構成に引き寄せられて空間が構造化される。両者とも二項対照的な空間構造であるが、大きな違いは、後者の場合、二項の「境界」となる場所が強調され、「来迎橋」として形象化されている所にある。）その後、しばらくして、極楽堂の中にいる菩薩聖衆が「極楽堂」から「来迎橋」を渡って「娑婆堂」に向かう。菩薩の中でも観音・勢至だけは特別で奉奏舞の型をくりかえしながら、地面の上に立つ「娑婆堂」に入ってくる。

先述したように、「娑婆堂」は、無常なる人間の現実世界として意味づけられた場所である。普段は、全ての開口部が閉じられて外に開かれることはないが、この十四日だけは、それを開き、西方に開かれた「娑婆堂」と成っている。そのような場所に応じて法如尼像が西向きに安置されている。そこへ、観音・勢至が入ってくるのである。『中将姫物語』は、その中将法如尼の臨終の様子を次のように記している。少し長いが参考のために引用しておく。

遂に十四日午の刻（正午）に紫の雲があたりに満ち何とも言えない香りが漂い、妙なる音楽が空の上に響き渡り、その雲間から一条の光明がさし阿弥陀如来を始め多くの仏菩薩が、そのお姿を現わされ、如来の白毫から放たれた一筋の光明が中将法如のお顔を照し出し給うたと思うや、中将法如はそのまゝ優しく微笑を湛えられたまま眠る様に息を引き取られ、諸仏諸菩薩に見守られながらお浄土へお帰りになられました。この中将法如の臨終に集って来た人々は、老若貴賤を問わず随喜の涙を流し、口々に念仏を唱えて中将法如の遺徳を讃えたと言う事です(37)。

図 38　観音菩薩と法如尼化生像

次に、西方から東向きで娑婆堂の土間に入った観音・勢至は向きを変え、観音は南、勢至は北向きになり両者が相向かう姿勢を取る。その時、中将法如尼像の体内から取り出された金色の小坐像が観音菩薩の捧持する蓮台の上に置かれる。この小像は中将法如尼の生まれ変わった姿、すなわち「化生像(38)」である。つまり、この時点で娑婆に於いて中将法如尼が極楽往生し、化生したということがそれを見ている人々に知らされることになるのである。その様子はまた、「仮装され巧まれた虚構たる祭式は、現実世界の枠組を変え、そこに裂け目を作って、〝極楽浄土〟という他界を人々に望見させる(39)」と言われている。娑婆堂・来迎橋・極楽堂を舞台として、往生劇という虚構が演じられることによって、娑婆世界における極楽往生の成就という奇蹟的な出来事が成立し、人々は、現実の世界において極楽往生が成就するという両義的な空間体験を共有することができるのである。

その後、勢至菩薩は中将法如尼の往生を讃歎するしぐさをし、法如尼化生像をのせた蓮台を捧持した観音菩薩は、西方へ向きを取り、「娑婆堂」の外へ出る。そのまま、観音菩薩は、行きとは逆に西方に歩みを進め、地面から「来迎橋」を渡り、「極楽堂」へ向かう。観音菩薩はやはり奉奏舞を舞いながら西方へ向かうため、「来迎橋」の両脇に集う人々は、中将法如尼が生まれ変わったことを知らせる法如尼化生像を目の当たりにすることになる（図38）。「来迎橋」は一〇〇m近くあり、その周囲に参拝する人々が集まっているので、その間、当麻寺の境内に集う人々にこの奇蹟が知らされることになり、観音菩薩のこの歩みは、いわば奇蹟の軌跡を描く行動になっている。つまり、この時、「来迎橋」を貫く東―西軸は、極楽往生の成就を知らせる超越的な方向をもつ軸として現象している。

これまで見てきたことから、上述の虚実入り交じる時の空間体験は、往生劇を演じる者とその往生劇を見る者の両者が、練供養の舞台を単に人間不在の建造物と見なすのではなく、これらの舞台を極楽堂・来迎橋・娑婆堂で構成された意味のある場所と見、人々がそのように意味づけられた場所によって構成された意味世界を生きていることの了解をともなって成り立ち得ていると言えよう。そして、練供養の場合、これらの三つの建物は単に「極楽堂」、「来迎橋」、「娑婆堂」という名前を与えられているだけの物ではなく、その意味に相応した形をもっていることも確認できたであろう。すなわち、三つの舞台のうち、極楽堂は全面床が張られているのに対して、娑婆堂は人間が大地の上を離れることができないことを知らせる土間空間を主として建物が構成されていた。また、極楽堂は東面の建物であり、「極楽」から東方へ向けての通路が形成されていたのに対して、娑婆堂は無常なる人間世界を象徴しながら建物の開口部を西方にあけ全体として西方への方位づけを明確に表す建物であった。両者はそのような対照的な形をもって、極楽と娑婆との意味の異なりを際立たせていた。他方、「来迎橋」は、その西端を極楽堂の床につけ人の身長よりも高く位置づけられているのに対して、東端を地面につけ、東西方向に傾斜した特殊な形をした橋であった。練供養では、その橋が架けられることによって、極楽世界と娑婆世界の往還が可能になり、虚実入り交じった時が現れていたことは見てきた通りである。つまりこのような非日常的な時の空間体験が現象し得たのは、「来迎橋」が、極楽世界と娑婆世界との境を強調し、また、断絶した両者をつなぐという両義的な意味をもつ支えとして造形化されていたからであると考えることができる。逆に、「来迎橋」が上述したような特殊な形をしていたのは、絶対の安らぎとしての極楽への往生という超越的な空間体験を成立させるためであったと言うことができよう。

結

見てきたように、練供養では通常は見えない東西軸が、「極楽堂」と「娑婆堂」の境界を形づくる「来迎橋」によって視覚化され強調されていた。そして練供養が実際に行われることによって、この東西軸が、極楽堂—来迎橋—娑婆堂という三つの舞台を貫き絶対超越的な場「西方極楽浄土」へ導く向きをもった超越的な軸として現象することが確かめられた。すなわち、練供養が行われることによって、我々の世界を縁取り限定しているが通常はそれを見ることがない「境界」が「来迎橋」という形ある物によって図化される。そして、その「境界」の上で往生劇が演じられることによって、平板なモノに陥りがちな現実の日常世界が、意味のない閉塞した世界などではなく、「境界」によって限定されながらも「境界」を超える世界へと通じゆく可能性をもつ世界であることを示してくるのである。練供養において架けられる「来迎橋」は、そうした日常世界の境界に秘められた世界の重層性を我々に垣間見せ、我々の生活世界が、厚みをもち深まりゆく可能性をもっていることを直接知らせてくれる意義ある導きの橋であると言うことができよう。

そしてまた、この練供養によって極楽への超越的な方向をもっている軸であることが明示される東西軸は、「伽藍の軸線も東西軸が南北軸に優越するようになった」[40]と言われているように、現在では、当麻寺の伽藍の主軸になっている。今ここで、当麻寺の伽藍の主軸がいつ変わったのかと言うことを明らかにするだけの史料は持ち合わせていないが、現在では、古代的な伽藍配置を基礎づけた南北軸ではなく、上に見てきた東西軸が、当麻寺の伽藍形成の基底となっている。そして、練供養と舞台との関わり合いに着眼し、建築を建築論的に見ていくことによって、現在の東西軸を主軸とする伽藍形成の趣向の根底に、見てきたような極楽往生の成就という超越的な宗教体験があるということを確認することができると言えよう。

〔追記〕

上述したように、練供養は「講」という当麻寺近郊に点在する家のグループの集まり（個別の宗派に拠らない）によって行われている。改めて、このような社会システムに注目して練供養を見ると、「来迎橋」の架橋という社会行為が、全ての人間の命の限りを縁取る「死」（共通性・連帯性）をふまえて行われている〈まちづくり〉のひとつのあり方を示しているように思われてくる。

〔註〕

1　当麻寺の迎講に関して、大串純夫は、「迎講とは弥陀来迎を悲願する僧侶や信徒が、弥陀三尊及び聖衆の来迎の有様を、寺院や個人の邸宅などを舞台として演出し、浄土往生の助業とする一種の宗教的演劇であって、古く平安時代から行われ、現在でも奈良県＝当麻寺・金剛山寺・久米寺、大阪市＝大念仏寺、京都市＝泉涌寺、神戸市＝藤之寺、兵庫県

＝浄土寺、東京都＝浄真寺などにその名残をとどめている儀式である。これらの諸寺に行なわれる迎講はいずれもみな似た形式のものではあるが、なかでも当麻寺のものが最もよく古い形式を伝えているように思われる」としている。（大串純夫『来迎芸術』、一八～一九頁、法蔵館、一九八三年）

2　稲城信子「当麻寺菩薩講」、（元興寺仏教民俗資料研究所編『当麻寺来迎会民俗資料緊急調査報告書』、三六頁、国書刊行会、一九七五年）

3　關信子「〝迎講阿弥陀像〟考Ⅰ――当麻寺の来迎会と弘法寺の迎講阿弥陀像」、『佛教藝術』二二二、一〇一頁、毎日新聞社、一九九五年。この論文には「現在もしくは過去に行道面を用いて来迎会が行われていた寺院」に関する表が載せられている。また、上掲『当麻寺来迎会民俗資料緊急調査報告書』には、「当麻寺来迎会のほかに来迎会が施行されている（又施行されていた）寺院」に対して行われたアンケートが表形式で載せられている。

4　当麻寺の迎講に関する文献に関して、「大阪・大念仏寺は、当麻寺同様、現在も練供養が行われている寺だが、歴史的に見て当麻寺とは浅からぬ関係があった。この大念仏寺で、貞和五年（一三四九）、当麻寺の来迎会を真似て「来迎会の練供養」を始めたことが、寺の『融通念仏宗　三　祖略伝』中の「中祖法明上人伝」の「来迎供養並に円寂の事」に述べられている。史料価値を見極めなくてはいけないが、この記事によって、よく知られた『大乗院寺社雑事記』の当麻寺迎講の記事よりも百年余り早く、その存在を文献上に確認できるかもしれない」という報告もある。關信子「〝迎講阿弥陀像〟考Ⅱ――当麻寺の迎講阿弥陀像」、『佛教藝術』二二三、九二頁、毎日新聞社、一九九五年

5　竹内理三編『増補　史料大成』第二七巻、一三五頁、臨川書店、一九九四年

6　竹内理三編『増補　史料大成』第三六巻、三三四頁、臨川書店、一九九四年

7　竹内理三編『増補　史料大成』第三六巻、四一四頁、臨川書店、一九九四年

8　毛利久編『大和古寺大観　第二巻　当麻寺』、解説七八頁、岩波書店、一九七八年

9　同上書、解説一二頁

10　關信子「〝迎講阿弥陀像〟考Ⅱ――当麻寺の迎講阿弥陀像」、『佛教藝術』二二三、八〇頁、毎日新聞社、一九九五年

11　浜田隆「当麻寺本堂屋根裏発見の板絵・光背・台座等について」、奈良県教育委員会事務局文化財保存課『国宝当麻寺本堂修理工事報告書』、二二三〜二三七頁、奈良県教育委員会、一九六〇年

12　浅野清、直木孝次郎、鈴木嘉吉、蓮実重康、佐和隆研「座談會　當麻寺をめぐって」、『佛教藝術』四五、九八頁、毎日新聞社、一九六一年。以下、その前後の文章を引用しておく。

「佐和　それからたくさん雑多なものが發見されましたね、天井裏から……。あれなんかも……。
鈴木　いろいろの説が出ておりますが、定説はちょっと難かしいでしょうけれども……。あれもだれか出していただかないとこっちは釋然としないことばかりで……。あんなふうに光背がたくさん出て來たり、臺座が出て來たりして、しかも臺座に佛像が立っていた枘穴がないということになると……。
佐和　痕跡がないんでしょう。
鈴木　ありません。
直木　臺座だけが出て來たのですか。
佐和　臺座に佛像をはめ込んだ孔がないんです。
鈴木　あそこに何かそういう佛像を造る工場があって、それが途中でやめたという説があったり。（笑）
佐和　ちょっと飛躍しすぎるね。
鈴木　いろいろあるんですが、もっと穿った説は、實はあれは當麻のお渡りです。聖衆來迎のお渡りのためのものだという説がありますね。臺座と光背だけあるのは結局そこに立つのは人間だという説があるんです。
佐和　それは唐招提寺の森本長老の說ではないですか。
鈴木　いろいろそういう說があるんです。
佐和　それはちょっと面白い見方かも知れない。工場があったということよりもそのほうが眞實性がありますね。

鈴木　だけれども、そういうことがあり得るんですかね。
佐和　ほかにはちょっとないでしょうが、考え得ることですね。
浅野　菩薩の面なんかたくさんあるじゃありませんか。
鈴木　あれ自身は時代がそんなに上るものではないでしょう。
佐和　その面を使って行う來迎の會式のはじまりは寺では、寛仁頃だといっておりましたよ。
鈴木　ぼくは當麻寺でそれがはじまるのは鎌倉ではないかと思うんです。一般的にいえば京都ではじまるのは平安朝でもいいんですが……。
直木　その臺座や光背の年代はいつごろになるんですか。
鈴木　それはかなり古いものです、とにかく板光背ですからね。同じ時に造ったものでなく、だいぶ時間差がある、大小さまざまある。坐像のもあるんです。立っているのもあるし、坐ったのもあるんですが、人間が坐ってやれるものですかね。當麻寺にはっきり淨土が入るのは性空さんぐらいでないですか。
佐和　そこで問題なんですが、來迎會というのは淨土宗だからやったんでないと思うのです。以前に來迎美術展を奈良博物館でやったでしょう。あの時に來迎圖をかなりくわしく見たんですが、あれを見てると雑多の系統の來迎圖があります。一番目につくのは空中に何か飛ばしておるでしょう。それに大日如來を中心にした五佛があったりいろいろのものがあるんです。結局佛教的には雑多な系統の來迎圖があって、そこに描かれている尊像の數も十體であったり十六體であったり數がきまらない。いわゆる二十五菩薩とはっきり描いているのは天台宗からはじめて、それを直接に受けた淨土教系のものです。淨土教の中心寺院のものは全部二十五菩薩です。ところが、平安朝にのぼると二十五菩薩でなくてもっと多いものもありますね。高野山の來迎圖みたいに三十三尊も描いている。結局阿彌陀淨土の信仰は超宗派的な信仰でなかったかと思う。したがってその派生的信仰としての來迎信仰というものも淨土信仰を中心とする宗派ができて後には淨土教信仰というふうにいわれて區別されるようになって來ただけの話で、はじめの頃の阿彌陀信仰を考える場合には宗派的系統の違いはそう問題にしないでもよいと思うのです。たとえば東大寺の別當が天台から出たり、眞言から出たり、明治以後のように明瞭な區別がなかったのと思えます。結局中世以後でないですか、そういう區別が明瞭になったのは……。

鈴木　だから、當麻の場合、あれだけの曼荼羅があるんですから、そういう點では別に淨土系でもなんでもないんですね。

佐和　何か密教系の解釋の仕方というものもあるんだということを松村（實照師）さんが今日いっておりましたがね。弘法大師がなんとかしたという話があるんだという、近世の記録でないと出て來ないでしょうが……。」

13　須田勝旃仁「当麻寺の迎講」、（伊藤唯真編『民衆宗教史叢書　阿弥陀信仰』所収、三二六頁、雄山閣出版、一九八四年）

14　前掲『当麻寺来迎会民俗資料緊急調査報告書』、三六頁

15　阿部泰郎「当麻寺の練供養（奈良）」、『国文学　解釈と鑑賞』第五三巻五号、一一四頁、至文堂、一九八八年

16　三条西実隆『実隆公記』、二九五頁、続群書類従完成会太洋社、一九五八年

17　真保亨「資料紹介　当麻寺縁起（享祿本）」、『日本佛教』一五、五八頁、日本佛教研究会、一九六二年

18　『大和古寺大観　第二巻　当麻寺』前掲書、一七六～一七七頁

19　「迎講には基本的な構成要素として、極楽と現世を結ぶ橋があり、その橋の上をお練りする行道の一種であることが、現行の祭礼から概観することができる。しかし、矢田寺のように極楽が地獄に変っている場合もあり、また極楽から出発するものや、極楽に向けて出発するものもある。しかし、この極楽や地獄のような他界と現世を結ぶために、橋がかけられていることは共通である。また面をかぶり、菩薩の衣装をつけることも共通している。ともかく迎講には、

他界・橋・現世という三つの要素と、お練りや行道という行為が必須の条件であることがわかる。そして橋をはさむ二つの世界に、通常その世界を代表させる「お堂」がある。当麻寺の場合は、曼陀羅堂である本堂を極楽とし、娑婆堂を現世としている。この堂と堂とを往来することが、この迎講のメインエベントであるといえる」と言われている。

20 須田勝蔪仁「当麻寺の迎講」、(伊藤唯真編『民衆宗教史叢書　阿弥陀信仰』所収、三一四頁、雄山閣出版、一九八四年)

21 当麻町史編集委員会編『當麻町史』、六九五頁、当麻町教育委員会、一九七六年

22 田中日佐夫、『二上山』、一四～一五頁、学生社、一九六九年

22 同上書、一四四頁

23 『大和古寺大観　第二巻　当麻寺』前掲書、解説七頁

24 当麻町史編集委員会編『當麻町史　続編』、五二〇頁、当麻町教育委員会、一九七六年

25 『大和古寺大観　第二巻　当麻寺』前掲書、解説八頁

26 一九九七年一〇月三一日、護念院、中之坊で練供養に関する調査を行った。

27 新村出編『広辞苑　第五版』、岩波書店、一九九八年

28 岡田英男「建築史からみた当麻曼荼羅の周辺」、『奈良大学紀要』二十二号、二七頁、奈良大学、一九九四年

29 『大和古寺大観　第二巻　当麻寺』前掲書、解説一〇〇頁

30 岡田英男前掲論文、二七～五四頁を参照。

31 阿部泰郎「中将姫説話と中世文学」、『日本浄土曼荼羅の研究』、二九〇～三二〇頁、中央公論美術出版、一九八七年や阿部泰郎「当麻寺の練供養（奈良）」、『国文学　解釈と鑑賞』第五三巻五号、一一四～一一七頁、至文堂、一九八八年を参照。

32 鎮源「楞厳院源信僧都伝」、(比叡山専修院、叡山学院編『恵心僧都全集』第五巻、六五七～六六〇頁、思文閣出版、

一九八四年）
33　川中光教編『中将姫物語』、六〇頁、當麻寺、一九九五年
34　同上書、四七頁
35　善導「観無量寿仏経疏」、『大正新脩　大蔵経』第三七巻経疏部五、二四五～二七八頁、大正新脩大蔵経刊行会
36　『中将姫物語』前掲書、四七頁
37　同上書、六〇頁
38　關信子「〝迎講阿弥陀像〟考Ⅰ――当麻寺の来迎会と弘法寺の迎講阿弥陀像」、『佛教藝術』二二一頁、一二四頁、毎日新聞社、一九九五年を参照。
39　阿部泰郎「当麻寺の練供養（奈良）」、『国文学　解釈と鑑賞』第五三巻五号、一一五頁、至文堂、一九八八年
40　山岸常人「伝説の地に建つ中世仏堂」、『国宝と歴史の旅二　仏堂の空間と儀式』、三三～四四頁、朝日新聞社、一九九九年

結語

本論考によって明らかになったことを以下簡略に記しておきたい。

第一部第一章では、臨終の場所を「建てる」ことのあり方を明らかにするために、『栄花物語』に出てくる「心たくみ」「建てる」「住む」という言葉に注目し、個人が設計主体となって行われている平安中末期の建築的行為のあり方を明らかにすることを試みた。

論考によって、「心たくみ」という建築的行為が、建て主であり住み手である「殿」の生を根源から否定する死の自覚とともに動機づけられた行為であり、「殿」と内的に響きあって形成される生きた場所に関わる制作行為であることを指摘することができた。

また、その行為の目的が、絶対の安らぎとしての「浄土」への往生に定められていることを確認した。ともに、浄土の在処が「心」に見い出されていることから、「心たくみ」という行為の目的が「単に外のユートピアを要求するということではなく、人の最も内的なところにおいて「浄土や極楽」が現れるという仕方で自己自身が内から改められていく」という内的自覚の願成というところにあることを指摘した。

そしてまた、その行為の方法に関して、通常は、「建てる」ことと「住む」こととの関係は目的―手段の関係にあると見なされるが、ここでは、「建てる」ことと「住む」ことが別々の事柄ではなく、「両者が互いに生きた連関をなし、両者が融合することによって、創造行為としての建築的行為が実践されている」という方法によって行われていることを確認した。

総じて、臨終の住まいが営まれる「御堂」の建築は、人間の内的なはたらきでありながら、同時に超越的な浄土が存在し得る両義的な場所である「心」が見出されることに拠って成立しうる行為であり、死すべきものとして生を全うし、この世において往生極楽の願いを実践するといった重層的な行為であることが明らかになった。

第二部第二章では、「臨終の住まい」のあり方を明らかにするために、先ず『栄花物語』の「殿」の臨終場面の解釈を試みた。ここでは以下のようなことが明らかになった。

「殿」の臨終場面では、「阿弥陀堂」の「母屋」に「佛」、「廂」に「殿」、「簀子」に「尼」が配置され、「母屋」は〈人間世界と絶対超越的な仏の世界を繋ぐ媒体としてはたらく「佛」が存在している場所〉、「廂」は〈極楽往生の成就を信じてこの今を生き抜いている「殿」個人の志向性がはたらく場所〉、「簀子」は〈極楽往生成就への願いを実践する「殿」への関係を三人称から二人称へと深めている人物集団の志向性がはたらき、第三人称的な人物が「殿」の臨終場面に参与し、臨終と往生の時と場を共にすることを可能にする場所〉として意味づけられ構造化されており、「殿」の臨終場面において、「母屋」、「廂」に加えて「簀子」が重要な意味をもっていることが明らかになった。他方、「母屋」・「廂」・「簀子」はそれぞれが関係を持ち得ない場所としてあるわけでなく、それぞれがそれぞれの仕方で「極楽」への関わりを形成し、三つの場所がともに、この世から極楽への往生、現実世界から理想世界への次元変換、を可能にする場所として秩序づけられており、「阿弥陀堂」が全体として「極楽」との相関性に基づく重層構造を形成していたことを明示した。

総じて、『栄花物語』の「殿」の臨終場面では、死すべき者としてある人間の生き様が、三つの人称に象られながら表現されるとともに、死に向かうあり方の相違が、人物の立っている場所の相違に即して語られていたのであるが、同時に、それら三つの立場は、極楽往生を可能にする「阿弥陀堂」という一つの場所によって秩序化され、諸場所の限定を越える重層的なあり方を可能にするという仕方で、両義的に造形されていたことを明らかにした。


第三章では、『往生要集』の読解を通して「臨終の住まい」の究明を試みた。『往生要集』では、人間世界が不浄、苦、無常なる世界であるとの自覚をふまえて、厭離穢土・欣求浄土が示され、「念仏」のあり方が具体的に記されていた。「臨終の住まい」は、その「念仏」を主として行うことによって成立するものであり、その事から、「念仏の場所」のあり方、「念仏」のあり方の解明を介して、「臨終の住まい」のあり方を明らかにすることを試みた。

「念仏の場所」は、不浄、苦、無常なる「歪んだ一重世界」からの解脱と「極楽浄土」への往生をめざして建てられており、そのことが、不浄・浄、闇・光という両義的にはたらく空間の開示と統合という仕方で重層的に形象化されていた。

そのような重層的な場所において行われる『往生要集』の「念仏」は、世界を「濁世末代」、自己を「頑魯の者」と自覚することを動機とし、厭離穢土・欣求浄土という指針を頼りに、閉塞的に輪転しつづける歪んだ一重世界からの解脱とこの身に受けた不浄、苦、無常の克服、そして衆生の往生極楽をめざして行われるものであった。具体的には、「観想」を主として行われるものであることから、「念仏」は、「見仏」、すなわち、「行者」と「仏」の間で営まれる「みる」ことのあり方として捉え直され、それが本来的に成立するのは、〈観る・観られる関係〉自身を見る〉という重層した関係が築かれる時であることを指摘した。

また、「臨終の住まい」は、そのような「念仏」を行うことによって営まれるが故に、「仏」と「行者」の間の〈観る・観られる関係〉を形象化し、その形象によりながら、見仏、往生極楽をめざすという仕方で営まれていた。とともに、「臨終の住まい」の成立にあたっては、「行者」と生の基盤をともにして「看る」眼が要請され、「看病人」との関わり合いが大切にされていた。

すなわち、「臨終の住まい」は、全ての人間が受容しなければならない「死」という共通性を基盤として、〈観る・観られる〉看る〉という関係を構築するという仕方で営まれるとともに、「仏」、「病人」、「看病人」という三者の立場の重層によって営まれるべきであることを明示した。

第四章では、『往生要集』に規定されている「臨終行儀」の読解を通して、「臨終の住まい」が営まれる空間が、三つの形式を要として構築されていることを確認した。それは、(A)超越的存在である「仏」を象徴する「仏像」を安置する場所の確保とその場所を基点として「病者」の位置を規定するという形式。(B)「仏像」、「病者」ともに超越的世界である西方極楽浄土に定位され、そのような超越的世界への定位を可能にする空間形式が構築されていること。(C)「仏」と「病者」との関係を傍らで看まもる「看病者」の居場所を構築することであった。

また、『栄花物語』、山越阿弥陀図・地獄極楽図屛風、『法然上人絵伝』に描写されている臨終行儀に着眼し、「臨終の住まい」が建築的に形式化されていく様子を見た。考察から、これらの臨終行儀も『往生要集』で規定された「臨終行儀」と同様に、〈(仏像―病者)看病者〉によって構成される形式(A)、(B)、(C)を基礎構造として営まれていることが確かめられた。とりわけ、病者の周囲空間の形象化は具体的であり、屛風や障子など仮設の調度で閉じつつ開くという両義的な囲いの形式をもって室礼されていることを特徴としていた。加えて、看病者の居場所が、仏像―病者の居場所を形づくる建築と一体的に構築されており、臨終の住まいの構築にあたって、看病者のあり方への配慮が重要な意味をもっていることを確認することができた。

第三部第五章では、『往生要集』以後の「臨終の住まい」の様子を明らかにすることを試みた。具体的には、源信と関連の深い二十五三昧結衆による活動を通して生の連帯性を基盤として営まれた「臨終の住まい」のあり様を明らかにした。

先ず、寛和元年(九八五年)著の『往生要集』にみられる「臨終の住まい」が、病者と看病者の間に築かれた生の連帯性を基盤に営まれることを重要視していることを確認した。そして、他人同志が「死にゆく者」として同じ限りある人間であることを自覚し、その事実をふまえて、臨終の時まで互いに助けあい浄土の業をともにしようとして結成されたのが、横川首楞厳院二十五三昧結衆であったことが寛和二年(九八六年)五月二十三日に記された『楞厳院二十五三昧根本結衆二十五人連署発願文』に記されることを確認した。

同寛和二年(九八六年)九月十五日には、『八箇条』が記されており、上述の仏教集団のための起請が明示されていた。それには結衆のための施設として「往生院」と「花台廟」を建てるべきことが記述されており、「往生院」が、単に病者一人の「臨終の住まい」を営むための場所ではなく、「看取り」の場所のことも考慮して建てられるべきことが説かれていた。他方、「花台廟」も、単に亡者を葬るだけの施設ではなく、亡者をそこに葬ることによって「一国受生之縁」が深められる場所として建てられていることが明らかになった。
また、永延二年（九八八年）六月十五日には、源信によって『十二箇条』が撰述され、あらたに結衆のあり方が定められていた。それにも『八箇条』と同様に、「看取り」の場所を大切にして建てられる「往生院」の事が記されていた。また、亡者（尊霊）、結衆、極楽の関係を明示する「安養廟」を建立すべきことが記されていたことをみた。

さらに、「正暦年中」（九九〇～九九五年）には「霊山院」と呼ばれる建物が建てられており、そこで「釈迦講」が行われていたことを確認した。『霊山院過去帳』には寛弘四年における二十五三昧結衆の生存者のほとんどの名前を確認することができ、霊山院での活動が二十五三昧結衆とは無縁ではないことが知られた。また、上述の起請が毎月十五日に念仏を行うことを定めていたのに対して、霊山院では毎月晦日に法華経の講説が行われるとともに、そこが結衆の力を合わせて「霊鷲山」で行われた説法の現場をひらくことをめざす場所であったことを指摘した。

その霊山院に対して、長保三年（一〇〇一年）に「花台院」と呼ばれる建物が建てられていた。花台院では、阿弥陀如来が臨終行者に迎接する時の様子、すなわち「臨終の住まい」のあり様を形式化した「迎講」が行われていた。そして、「迎講」が単なる演劇ではなく、そこに集う人々がともに往生の業を結ぶことをめざして営まれている連帯的行事であることが確認され、花台院がその迎講を実践する場所として建立されていることが明らかになった。

第六章では、「臨終の住まい」の形式化という観点から、「迎講」の形式と内容、そして「迎講」の形式変化の様子を明らかにした。

ここでは特に、第四章で見出された「臨終の住まい」の三つの要点が、「迎講」においても継承されていたことを確認した。「臨終行儀」では仏像を安置するだけであったものが、「迎講」では形式Ⓐ、Ⓑの構成規模が拡大し、極楽を象徴する「極楽堂」(「花台院」、「来迎堂」等)が建てられていた。同様に、病者の居場所を確保するだけであったものが、病者の居場所である娑婆世界を見立てて「娑婆屋」(「草庵」)が仮設されていた(Ⓐ)。また、両者の間を、阿弥陀如来、観音・勢至をはじめ二十五菩薩が往還するというのが迎講の基本的な形式であり、両者を結ぶ道の重要性が指摘された。時代が下ると、この道が「橋」として形づくられ、迎講が一層規模を拡大して行われていたことが確認された(Ⓑ)。さらに、「迎講」においても仏と病者との関係を看まもる第三者の眼(「結縁之者」)が常にあり、「極楽堂」と「娑婆屋」を結ぶ線に沿ってその眼がはたらいていたことも確かめられた(Ⓒ)。

第七章では、形式変化をともなって史的に展開してきた「迎講」の集大成的な位置づけを担っている当麻寺の練供養の舞台空間の構造と意義をその形と意味に着目して明らかにすることを試みた。

練供養では、極楽堂と娑婆堂をつなぐ「来迎橋」が両者の境界を強調するように架けられていた。その境界の上で、練供養が行われることによって、極楽往生という超越的な宗教体験が成就し、当麻寺の境内に極楽堂—来迎橋—娑婆堂という三つの舞台を貫く超越的な向きをもった東西軸が現れることが確認された。ここでは、そのような宗教儀礼が年々行われることによって当麻寺の東西軸が現在の伽藍配置の基底となる軸として定着してきていることを確認した。

他方、練供養における「来迎橋」の架橋によって、我々の世界を縁取り限定している「境界」が図化され、さらにその上で往生劇が演じられることによって、平板で閉塞した状況に陥りがちな現実の日常世界が「境界」によって限定されながらも「境界」を超える世界へと通じゆく場所に成り得るという練供養の内的意義を指摘した。すなわち、練供養の時に架けられる「来迎橋」は、年に一度しか架けられることのない仮設の構築物であるが、日常世界の境界に秘められた世界の重層性を我々に垣間見せ、我々の生活世界が厚みをもち深まりゆく可能性をもっていることを直接知らせてくれる意義ある導きの橋であることを示した。

以上、視覚表現を重視した『往生要集』を軸として展開した「住まい」のあり方を見てきたのであるが、見てきたように、そこでは、世界を不浄、苦、無常と見る自己理解を動機とし、厭離穢土・欣求浄土というあり方を実践することを基本として「住まい」が営まれていた。その「住まい」の具体として『栄花物語』、『往生要集』、二十五三昧結衆の活動、迎講、当麻寺の練供養を見てきたのであるが、ここでは、一貫して、絶対の安らぎとしての浄土への往生を目的とし、仏との関わりをアクチュアルなものとして実践する営みを通して建築がかたちづくられていた。さらに、これら一連の活動の中では、第一人称的な役割を担う臨終行者が仏との関係をみのりあるものとして成就する際に、必ずその関係自身を看る第三の眼が要請されて世界が構築されていたことも見てきたとおりである。つまり、端的に言うならば、本研究が問題とする「臨終の住まい」は、仏、行者、看病人の三者の立場の重層的関係、すなわち〈観る・観られる〉看る〉という関係を実践し形成することを原理として営まれていたことを確かめることができたと言うことができよう。

初出一覧

本書を構成する各章は既発表の論文を含んでおり、以下に初出掲載紙およびその発表年月を記す。

第一部　臨終の場所を「建てる」ということ
第一章「心たくみ」ということ　『日本建築学会計画系論文集』第五四三号、二〇〇一年
第二部　「臨終の住まい」のあり方
第二章『栄花物語』の場合　『日本建築学会計画系論文集』第五八〇号、二〇〇四年
第三章『往生要集』の場合　『日本建築学会計画系論文集』第五五三号、二〇〇二年
第四章　臨終行儀にみる「臨終の住まい」の形式的特質　『日本建築学会計画系論文集』第五九〇号、二〇〇五年
第三部　「臨終の住まい」の諸相
第五章『往生要集』以後の「臨終の住まい」の展開　『日本建築学会大会梗概集』（北海道）、一九九五年
第六章　迎講の展開　『日本建築学会大会梗概集』（近畿）、二〇〇五年
第七章　当麻寺の練供養　『民族藝術』第十七号、二〇〇一年

図版出典一覧

図1　法成寺寺域図（工藤圭章・西川新次『原色日本の美術　第6巻　阿弥陀堂と藤原彫刻』一五七頁、小学館、一九八三年）
図2　寝殿造住宅模型（『甦る平安京』一二五頁、京都市、一九九四年）
図3　清水擴による法成寺伽藍配置図（清水擴『平安時代仏教建築史の研究——浄土教建築を中心に——』五七頁、中央公論美術出版、一九九二年）
図4　肥後和男による法成寺伽藍配置図（肥後和男『日本文化』一五五頁、弘文堂、一九三九年）
図5　鶴飼嶺生による法成寺伽藍配置図（鶴飼嶺生「法成寺抄」、『史跡と美術』第二二輯の七、二二五号、三三四頁、史跡美術同攷会、一九五二年）
図6　杉山信三による法成寺伽藍配置図（杉山信三『院家建築の研究』三九六頁、吉川弘文館、一九八一年）
図7　福山敏男による法成寺伽藍配置図（福山敏男『福山敏男著作集　五　住宅建築の研究』二一七頁、中央公論美術出版、一九八四年）
図8　浄瑠璃寺本堂内部（石田瑞磨・宮次男『全集　日本の古寺　第8巻　京の浄土教寺院』口絵、集英社、一九八四年）
図9　当麻曼荼羅縁起　部分　神奈川県・光明寺（京都国立博物館編『浄土教絵画』九七頁、平凡社、一九七五年）
図10　頬焼阿弥陀縁起　神奈川・光触寺（『浄土曼荼羅　極楽浄土と来迎のロマン』七八頁、奈良国立博物館、一九八三年）

図11　地獄極楽図屏風　京都・金戒光明寺（石田瑞麿他『京の浄土教寺院』一一〇〜一一一頁、集英社、一九八四年）
図12　法然上人臨終場面　法然上人絵伝　京都・知恩院（中央公論新社より原板貸借）
図13　薗田太郎成家臨終場面　法然上人絵伝　京都・知恩院（中央公論新社より原板貸借）
図14　真観房感西臨終場面　法然上人絵伝　京都・知恩院（中央公論新社より原板貸借）
図15　楞厳院廿五三昧結衆過去帳　宮内庁書陵部（石田瑞麿他『京の浄土教寺院』六三頁、集英社、一九八四年）
図16　霊山院釈迦堂毎日作法　滋賀・聖衆来迎寺（京都国立博物館他編『天台宗開宗一二〇〇年記念　最澄と天台の国宝』七七頁、読売新聞社、二〇〇五年）
図17　二河白道図　兵庫・香雪美術館（滋賀県立琵琶湖文化館『浄土教の世界――苦悩する精神史――』六頁、一九九二年）
図18　練供養菩薩御札
図19　当麻寺縁起絵巻（享禄本）第七段（毛利久編『大和古寺大観　第二巻　当麻寺』一七六〜一七七頁、岩波書店、一九七八年）
図20　二上山と当麻寺（『朝日百科　日本の国宝別冊　国宝と歴史の旅2　仏堂の空間と儀式』三四頁、朝日新聞社、一九九九年。撮影：W.P.E.宮崎一雄）
図21　当麻寺周辺の略図（田中日佐夫『二上山』学生社、一九六九年の図をもとに作成）
図22　当麻寺伽藍配置（當麻町全図4、一：二五〇〇、昭和四六年測量、平成六年三月集成の地図をもとに作成）
図23　練供養の舞台の配置（當麻町全図4、一：二五〇〇、昭和四六年測量、平成六年三月集成の地図をもとに作成）
図24　娑婆堂内部に架けられている札
図25　当麻寺娑婆堂　立面図（筆者実測）
図26　当麻寺娑婆堂内部

後記

本書は、二〇〇二年京都大学に提出した博士論文『臨終の住まいの建築論的研究――浄土教建築を通して――』を加筆訂正して纏めたものである。博士論文の内容は、その提出と前後して発表した論文がもとになっている。それらと本書の対応関係を記すと先の初出一覧の通りである。

本書に纏めた研究内容は、九州大学建築学教室前川研究室在籍時に卒業研究として取り組んだ研究を端緒とするものである。さらにその研究動機は前川道郎先生の西洋建築史の講義を受講したことにある。その第一回目の講義は森田慶一先生が解釈された「建築」という言葉の意味の説明によってはじまるものであった。すなわち、『建築論』（東海大学出版）一六一頁にある「ギリシア人が建築を単なる職人あるいは手技の工人の術ではなく、原理的知識をもち、職人たちの頭に立ち、諸技術を統べ、制作を企画しうる工匠の技術と理解し、そのようなものと規定していた」というくだりである。「建築」という言葉を単に事物的な「建物」としか理解していなかった私にとってこの動的でしかも根源的な解釈は少しのショックを与えるものであり、またこのような深みのある学問を学ぶことができることに大きな喜びと期待をおぼえたものである。その感動は私の同級生も同様に経験したようであり、その後も常にこの感動を友人同志で確かめ合うことが多くあった。本書の第一章を構成する論文の中心概念である「心たくみ」は、この時の感動に導かれて、「建築」という言葉の意味を、別の切り口で、日本の文化事象の中から明らかにしようという試みであった。すでに『栄花物語』に見られるこの言葉は伊東忠太先生も着眼しており、小林文次先生が「意匠」の意味を尋ねた際に「こころ（意）の「たくみ（匠）」だと答えられたそうである。その言葉の意味をなんとか『栄花物語』の文脈の中から明らかにしようとしたのが本論文である。

前川先生の講義で受けた教えは、もちろん第一講の「建築」という言葉の意味だけではない。そもそも前川先生のご専門は教会建築であり、特にその「超越的空間」ということの意味を明らかにすることであった。先生はそのことを「空間」「聖」「象徴」という言葉をたよりにして解明する論攷を発表されたのであるが、西洋建築史の講義ではそのような哲学的な論攷以上に宗教的意味をになった教会建築の生々しさを身振り手振りを交えて熱心にご教授くださった。講義があったのは、ちょうど建築の設計演習も具体的な課題が出される三年生の頃であり、同時に何を根拠にして設計をすればいいのかということがわからなくなっていた頃であった。当時はバブル期の建築ブームの中で、「脱構築」という言葉をキーワードに柱や壁が斜めになった不思議な外観の建物が雑誌を飾っている頃であり、本来的な建築の根拠が見失われていく頃であった。そのような時に、内部空間の重要性を説き、建築が本来もたなければならない内実を身を以て示して見せてくださったように思われる。そして、その内部空間を問題にするということが単に建物を調査分析するだけで明らかになるわけではないことを教えてくださったのが、当時前川研究室で助手をされていた西垣安比古先生であった。

西垣先生はその頃ちょうど博士論文を纏められたばかりでまさに新進気悦の研究者として私の眼に写った。先生は朝鮮の「すまい」の研究をご専門とされていたのであるが、内的空間の問題が人間のあり方との関係の中で見出されるとし、その「すまい」のあり方を儀礼や文献の中から明らかにされているところであった。そこへのこのこと押しかけて行き、「空間論というのはどういう学問なのでしょうか。」とあまりに不勉強な質問をしてしまったことをよく憶えている。質問に対し「それは君がつくるものだ。」と言われた言葉を真に受け、入門してしまった。多くの同学の士がそうであったが、先生は我々が部屋を訪れるたびに、その場では憶えきれないほどの書物を紹介してくださった。そのほとんどが今までは見たこともない哲学書であったり、文学、民俗学の書物であった。また、先生の先生にあたる増田友也先生、玉腰芳夫先生、田中喬先生の書物も紹介していただいた。しかしながら、初学の私にとってそのほとんどが難解に感じられ、「ほんとうにこんな文章を理解しているひとがいるのだろうか。」という戸惑いの念をぬぐい去ることができずにいた。そんななか、西垣先生は大学近くの喫茶店で建築に関するいろいろなお話をしてくださった。そうしたお茶を飲みながらの雑談や、先生の熱心な設計教育を通して、建築論研究の意味を教えていただいたように思われる。それは、寺小屋で行われていたであろう、頭だけの理解ではなく身につけていくという仕方で行われる実践的な教育であったように思われる。九州大学での研究期間はたった三年間でしかなかったが、この間にその後の方針がほぼ決まった。宗教建築に関する研究を行うこと。超越的空間という事象を問題にすること。さらに、具体的に玉腰先生が取り組んでおられた浄土教建築の建築論的研究を研究課題とすることなどである。そして、研究の取りかかりとして『栄花物語』を研究材料として研究を行うことを西垣先生に勧められたのであるが、『源氏物語』と異なり歴史物語というジャンルに属するこの書物からどのように建築論を構築していくのか、全く検討もつかなかったというのが実情である。それでもそのなかから建築的事象と思われる記述を探り、なんとかまとめたのが『道長臨終における場所の構造――『栄華物語』の場合――』という修士論文である。これは本書第二章の原本となるものであるが、本論考がまとまりを得て日本建築学会の査読付論文という形をとるのに、実に十年かかった。

九州大学で修士論文を提出後、五年間京都大学の加藤邦男研究室で研究を行った。京都大学では多くの研究者と交流することができた。それまでは研究室の中だけでの活動で逆に自分の立場を見出すことができていなかったが、様々な分野の研究者との交流の中で自分の研究立場が限定されて見えてきたことがなによりであった。特に加藤研究室にはフランスに留学する学生が多く、またフランスからの留学生も多数在籍していたため、異なる角度からの着眼点を学び、また逆に日本的なるものに対する多様な質問攻めから、自明のこととしてみていたことに対する再点検の機会をも与えられた。さらに当時加藤研究室で助手をされていた中村貴志先生が中心となって行われたハイデッガーゼミに参加させていただき、そこでハイデッガーが建築家を前にして講演したと言われる「Bauen Whonen Denken」を詳しく勉強する機会に恵まれた。これが「心たくみ」の論文を書く際に大きな原動力となった。また、当時講師をされていた前田忠直先生から、増田友也先生の著作集の原稿の校正をする機会を頂いた。これにより、増田先生が挑まれていた仏教を介して論じる建築論の足跡を辿ることができたように思う。道元の言葉をひとつひとつ丹念に読み解かれながら展開される建築論のあり方は、本書第三章にあたる「臨終の場所の建築論的究明」を執筆する際に、たよりともなり、励ましにもなった。

加藤先生の退官とともに、次に同じく京都大学の人間・環境学研究科に研究環境がうつった。ちょうどタイミングよく西垣先生がそこの助教授として赴任されることになり、うつることができたのである。既に研究を始めてからそれなりの年月が経っていたが、論文というものを一本も書けずにいる状態であった。しかし、当初は読むことができなかった田中喬先生の書物もこの頃には理解することができるようになった。田中先生の熱く歯切れのよい講義を受講することができていたこともあって、難解であると思いこんでいた田中先生の書物が、実に論理的で、また建築の根本問題を真正面から引き受けて書かれたものであることがわかり始めてきていたのである。建築の問題をただ論ずればそれが建築論になるわけではなく、原理的にそして本質的に問い、それに対して知的に体系的にそして詩的にこたえていくいき方を教えていただいたように思われる。

また、この頃、彫刻家の久木一直先生に教えを請う機会を得た。久木先生は芸術・文化に関して造詣が深く、制作者の立場からの作品の見方を教えていただいた。とりわけ、彫刻家の人間造形に関する視点は、理論に偏りそうになっていた私の建築論のあり方を見直すきっかけとしてはたらいた。それと同時期に、成安造形大学で非常勤講師をさせていただく機会を得、そこで磯野英生先生に教えを請うことができた。磯野先生は、「造形」という観点から建築を捉え直し、建築教育の中での建築造形の重要性を説き実践しておられた。実際磯野先生から教育を受けた学生の造形能力は伸び、学生が作り出す作品群もこれまでの常識を覆すくらいに迫力のあるものがあった。幸いにも、私は非常勤講師という立場でありながら、磯野先生から建築造形教育のあり方を直接教えて頂くことができた。奇遇なことに久木先生と磯野先生とは既に懇親の仲であり、お二方から「造形」の意義を学ぶことができたのは大きな賜であった。本書後半の内容が理論編から実践編へうつる際に「造形」という言葉が鍵語になっているのは、このような貴重な出会いがあったからであろうと思われる。

このほかにも多くの先学の学術的な恩恵をいただく機会に恵まれて、本書は成立していると思っている。この場をかりてすべての方に心より感謝とお礼を申しあげたい。

本書の公刊は、初めて出版のお誘いの言葉をかけていただいた時から数年間この日を待ち続けていただいた中央公論美術出版の小菅勉氏のおかげであり、助成申請・編集出版作業等で多大なお世話になった日野啓一氏、鈴木拓士氏のおかげである。ここに厚くお礼を申しあげたい。

平成二十年十二月

西村　謙司

人　名

索　引

事　項

建物名

索　引

文献・絵図

[著者略歴]

西村 謙司（にしむら・けんじ）

1969 年　広島県福山市生まれ

1992 年　九州大学工学部建築学科卒業

1994 年　九州大学大学院工学研究科建築学専攻修士課程修了

1995 年　日本学術振興会特別研究員

1999 年　京都大学大学院工学研究科建築学専攻
博士後期課程単位認定退学

2002 年　京都大学大学院人間・環境学研究科人間・環境学専攻
博士後期課程修了　博士（人間・環境学）

現在　日本文理大学工学部建築学科准教授

建築意匠・建築論 専攻

2004 年　日本建築学会奨励賞受賞
受賞論文：『栄花物語』にみる「心たくみ」の場所論的解明

臨終の住まいの建築論 ©

平成二十一年一月二十五日印刷
平成二十一年二月　十　日発行

著　者　西村　謙司
発行者　小　菅　勉
印　刷　藤原印刷株式会社
製　本　山田大成堂
用　紙　北越製紙株式会社

中央公論美術出版
東京都中央区京橋二丁目八―七
電話〇三―三五六一―五九九三

ISBN978-4-8055-0587-8